„Mihi ipsi scripsi"

Friedrich Nietzsche

„Für mich selbst habe ich es geschrieben"
— aber ich lege es auch anderen ans Herz.

In diesem Sinne widme ich das Buch meinen Lieben,
meiner Frau Ingeborg,
unseren beiden Töchtern, Veronika und Marita,
und unseren Enkeln,
Thassilo, Maximilian, Florian und Katharina.

„Man sieht nur mit dem Herzen gut,
das Wesentliche ist für die Augen unsichtbar"

Antoine de Saint-Exupéry,
Schriftsteller

„Ubi caritas et amor, deus ibi est"
(„Wo Barmherzigkeit und Liebe ist, da ist Gott")

Augustinus, Bischof von Hippo,
Kirchenlehrer

„Halt an, wo läufst du hin,
der Himmel ist in dir;
suchst du Gott anderswo,
du fehlst ihn für und für"

Angelus Silesius (Johannes Scheffler),
Arzt, Theologe, Mystiker

„Geh deinem Gott entgegen bis zu dir selbst"

Bernhard von Clairvaux,
Ordensgründer

Hans Georg Sergl

Antwort auf die Gretchenfrage

So kann ich glauben

© 2017 Hans Georg Sergl

Verlag: tredition GmbH, Hamburg, www.tredition.de

Taschenbuch	ISBN 978-3-7439-8368-7 (Paperback)
Gebundene Ausgabe	ISBN 978-3-7439-8369-4 (Hardcover)
e-Book	ISBN 978-3-7439-8370-0 (e-Book)

Printed in Germany

Layout/ Grafische Gestaltung: www.vero-signo.de

Bildnachweis:
Titelbild „Hesperus Nebula" © Ali Ries, Casperium Graphics
Portrait Hans G. Sergl © Fotostudio portrait atelier, Romina Hager
Vorschau „Im Kraftfeld der Liebe Gottes" © Ali Ries, Casperium Graphics

Inhalt

Vorwort und Einführung

Wer kennt sie nicht, die vielzitierte Frage Gretchens in Goethes Faust(I)? An Faust gewandt spricht sie: „Nun sag, wie hast du's mit der Religion? Du bist ein herzlich guter Mann, allein ich glaub, du hältst nicht viel davon". Faust weicht der Frage aus, aber Gretchen lässt nicht locker: „Du ehrst auch nicht die heil'gen Sakramente. Zur Messe, zur Beichte bist du lange nicht gegangen. Glaubst du an Gott?" Sie bringt die Unterredung damit rasch auf den Punkt, an dem sich die Geister scheiden.

Wenn man im Alltag von der **Gretchenfrage** spricht, meint man eine Frage, die ohne große Umschweife auf das Wesentliche und Entscheidende zielt. Im Faust ist der Prüfstein die Frage nach dem **Glauben an Gott**. Natürlich verfolgt Gretchen damit eine Absicht. Sie will Fausts Charakter prüfen, in der Annahme, dass ein religiöser Mann sich ehrlich und anständig erweist und ein geschwängertes Mädchen nicht sitzen lässt – aber das ist hier sekundär.

Die Gretchenfrage ist eine sehr **persönliche** Frage, die man als taktvoller Gesprächspartner einem Fremden nicht stellt. Sie setzt eine Vertrautheit voraus, wie sie zwischen Gretchen und Faust zweifellos gegeben war; schließlich hatte er ihr seine Liebe gestanden und sie die Liebeserklärung erwidert. Man kann die Frage auch losgelöst von einer konkreten Unterhaltung aufwerfen.

Insbesondere kann man sich selbst Rechenschaft ablegen, wie man in dieser Sache denkt. Da es wenige Menschen geben dürfte, die sich diese **existenzielle Frage** nicht irgendwann im Laufe ihres Lebens stellen, vielleicht sogar mehrmals oder immer wieder stellen, lohnt es sich, darüber eingehend zu **reflektieren.**

Das vorliegende Buch habe ich zu allererst für mich selbst geschrieben, um meine eigenen Gedanken zu ordnen und schriftlich festzuhalten. Manches kann sich bei längerem Nachdenken klären. Dabei werden Meinungen in Frage gestellt, fremde und eigene. Sie werden gefestigt oder verworfen und durch neue Einsichten ersetzt. Im Zuge des Niederschreibens erwacht nicht selten ein **Mitteilungsbedürfnis,** vor allem, wenn man an Menschen denkt, die einem nahestehen, Kinder und Enkel z. B. An sie möchte man **gewonnene Überzeugungen** weitergeben, mündlich, am besten aber schriftlich. Von hier bis zur Idee einer Veröffentlichung in Buchform ist dann nicht mehr weit.

Der **Leserkreis,** der mir vorschwebt, könnte sich aus der großen Gruppe derer rekrutieren, die ihren überkommenen Kinderglauben, wenn sie je einen solchen hatten, abgelegt haben und nun verunsichert sind und sich nicht im Stande fühlen, den Glaubensanforderungen einer Kirche, der sie vielleicht noch angehören, gerecht zu werden. Ich denke an Menschen, die in sich eine Neigung und Bereitschaft zu religiösen Gefühlen spüren aber nicht wissen, worauf sie ihre Sehnsucht richten sollen, Menschen, die den metaphysischen Grundfragen „woher kommen wir, wohin gehen wir und was ist der Sinn unseres Lebens" nicht ausweichen möchten, aber die Grenzen des Erkennens leidvoll erfahren.

Das Buch möchte also primär die interessierten **Zweifler** ansprechen. Wenn meine Überlegungen etwas zu ihrer Orientierung, zu mehr Sicherheit, innerer Ruhe und Gelassenheit beitragen könnten, hätte das Buch seinen Zweck erfüllt. Wenn ich darüber hinaus alle jene, die Gott und seinen Willen ganz genau zu kennen glauben, etwas verunsichern würde, wäre das zwar nicht mein primäres Ziel, aber ich würde es nicht bedauern.

Von jemandem, der über Religion schreibt, möchte man vermutlich wissen, welch Geistes Kind er ist. Daher bekenne ich mich vorab als **gottgläubig**, erzogen in einer religiös geprägten Familie, aufgewachsen in einem traditionell katholischen Umfeld meiner Heimat Bayern. Allerdings wird der Leser feststellen, dass mein **Gottesbild** etwas von dem bekannter kirchlicher Glaubenslehren abweicht. Auch nehme ich an, dass manche meiner Äußerungen Traditionalisten zum Widerspruch herausfordern. Und ich bin mir ziemlich sicher, dass die – katholische – kirchliche Obrigkeit dieses Buch, wenn sie davon Notiz nähme und wir im vorvorigen Jahrhundert lebten, auf den „Index der verbotenen Bücher" setzen würde. Manch einer würde das heute als Auszeichnung für sich reklamieren, mich stimmt es eher traurig. Denn es ist nicht meine Absicht, mich als Kirchenkritiker zu profilieren, auch wenn dieser Eindruck entstehen könnte. Der Ausdruck „Mutter Kirche" ist für mich, trotz vieler Vorbehalte und trotz mancher Abweichung in den Auffassungen, ein emotional positiv besetzter Begriff. Bisher habe ich es in meiner Umgebung so gehalten, dass ich die Katholische Kirche nach innen kritisiert habe, wo ich meinte, es tun zu müssen, aber nach außen gegen Unverständnis, böswillige Angriffe und Verleumdungen verteidigt habe, wie man es eben gegenüber seiner leiblichen Mutter tun würde.

Aus dieser **Einstellung** heraus, als jemand, der seiner Kirche nicht schaden möchte, habe ich mich wiederholt gefragt, ob ich meine Überzeugung nicht für mich behalten sollte. Dann habe ich an Menschen gedacht, die mir persönlich nahestehen, solche, die der Kirche längst den Rücken gekehrt haben, und solche, die bereit sind, dies zu tun, sobald sie aus ihrer Lethargie erwacht sind. Diesen Menschen könnten, wie ich meine, eine Korrektur ihres Gottesbildes und eine begründete Fortentwicklung ihres Glaubens helfen, religiöse Menschen zu bleiben und vielleicht den letzten Faden zu ihrer Kirche nicht zu durchtrennen, vorausgesetzt, diese duldet, dass es in ihr Gläubige gibt, die nicht „alles glauben".

Bei einem **Sachbuch** – um ein solches handelt es sich hier – darf man auch danach fragen, was den Autor dazu befähigt. Als **Experten** in Sachen Religion und Gott wird man spontan am ehesten die Theologen, eventuell auch noch die Philosophen, nennen. In keinem dieser beiden Wissensgebiete bin ich ein ausgewiesener Fachmann. Allerdings zweifele ich an der besonderen Eignung dieser „Experten", wenn es darum geht, überzeugend darzulegen, warum jemand an Gott glauben sollte. Das ist zumindest meine eigene Erfahrung mit Büchern von Theologen. Dabei muss ich erklärend vorausschicken, dass meine Lektüre sich nur auf eine kleine, eher zufällige Auswahl des sicher umfangreichen einschlägigen Schrifttums bezieht, was man von einem **Laien** wohl nicht anders erwarten kann. So konnte ich die Schriften eines zu höchsten kirchlichen Ehren gekommenen Theologen wegen der Gelehrsamkeit des Autors bewundern, aber sie lösten nichts in mir aus, was mich Gott näher gebracht hätte. Ähnlich ging es mir mit dem für mich schwer verständlichem Buch eines der wohl am häufigsten zitierten deutschsprachigen Theologen. Bei einem mit der kirchlichen Obrigkeit in Konflikt geratenen, aber von den Medien hoch gelobten Theologieprofessor gewann ich den Eindruck, dass er seine Fragen in einer auch dem Laien gut verständlichen Sprache spannend entwickelt, aber seine Antworten waren für mich enttäuschend. Man konnte sie in einem Satz zusammenfassen: Über Gott kann man nichts Sicheres aussagen. Ich kann mir nicht vorstellen, dass man als Ungläubiger durch eine solche Lektüre zum Glauben gelangt. Viel eher könnte dies der Fall sein, wenn er die Bücher von Jörg Zink (1922–2016) liest, einem evangelischen Pfarrer, der seine Leser am Ort ihrer Alltagsnöte abholt und sie behutsam mit wundervollen poetischen Sprachbildern an Orte der Gottesnähe führt.

Theologen mögen viel über Religionsgeschichte wissen, über Kirchengeschichte, über Exegese (Auslegung heiliger Schriften), über Dogmatik (Glaubenslehre) und über Liturgie (Formen des religiösen Kults), aber sie sind keine Experten, wenn es um die menschliche Psyche geht. Dabei hat Religion sehr viel mit Denken, Fühlen und Bewusstsein zu tun, auch mit dem Unbewussten. Auch die Philosophie kann wenig zur Fundierung eines persönlichen Glaubens beitragen, wie schon Goethe (1749–1832) feststellte, als er in einem Brief an Eckermann (1.9.1829) schrieb: „Zudem sind die Natur Gottes, die Unsterblichkeit, das Wesen unserer Seele und ihr Zusammenhang mit dem Körper ewige Probleme, worin uns die Philosophen nicht weiterbringen".

Religion ist eine sehr **persönliche Angelegenheit**, bei der es um die eigene Antwort auf eine existenzielle Frage geht. Was immer auch Theologen und Philosophen über Gott sagen, es erspart dem kritischen Laien nicht die Mühe des **eigenen** Nachdenkens und Nachspürens. Aus dieser Position heraus ist das Buch geschrieben, aus der Position des **theologischen Laien,** der sich damit an andere Laien wendet. Ihnen fühle ich mich schicksalhaft verbunden. Ein Dialog mit Theologen liegt mir fern.

Beim Abfassen dieses Buches bin ich lange von der Illusion ausgegangen, mir den Laienstatus und mit ihm die Naivität im Herangehen an bestimmte Fragen vollkommen erhalten zu können. Ich wollte mich möglichst frei und unbelastet auf einem mir abgesteckten Terrain bewegen, wie gesagt, eine Illusion. Ich gebe freimütig zu, dass mich immer wieder die Neugier gepackt hat. Je länger ich mich mit dem Thema beschäftigte, desto mehr griff ich zu Büchern und mir zufällig in die Finger gekommenen Zeitungsartikeln, die mir neue Anregungen gaben, die mir Bestätigung verschafften oder mich zum Widerspruch herausforderten. Vom „theologischen Experten" blieb ich bei dieser literarischen Zufallsauswahl weit entfernt, absichtlich und mit Bedacht. Denn ich sehe mich ganz in der **Rolle des Laien,** an den sich die „kirchliche Verkündigung" richtet. Sollte ich aus der Lektüre theologischer Diskurse wirklich einmal etwas missverstanden haben, so geht das in diese Rolle mit ein. Der Leser möge entscheiden, ob er seine Situation in meinen Darstellungen wiederfindet.

Einen Expertenstatus nehme ich allerdings für mich in Anspruch. Denken, Fühlen, Bewusstsein sind psychische Leistungen, zu denen ein **Psychologe** Fachkundiges beitragen kann. Ein vor Jahren abgeschlossenes Zweitstudium der Psychologie sollte mich befähigen, Vorgänge und Inhalte, deren man im Zuge der Innenschau beim Denken und Fühlen über Gott gewahr wird, zutreffend zu beschreiben und richtig zu deuten. Das ist nichts Außergewöhnliches, was einen wissenschaftlichen Anspruch erhebt, sondern liegt nahe an einer

Alltagspsychologie, deren sich jeder intuitiv bedient, und die auch der gebildete Laie gut nachvollziehen kann.

Eine Schwierigkeit, mit der sich jeder Sachbuchautor konfrontiert sieht, ist der unterschiedliche **Kenntnisstand** der potentiellen Leserschaft. Ich bin überzeugt, dass es Leser geben wird, die sich an der einen oder anderen Stelle dieses Buches zu der Bemerkung veranlasst sehen: „Das weiß ich schon lange", oder: „davon weiß ich mehr". Dieses Risiko meine ich eingehen zu müssen, weil ich bei dem Leser, der im Fokus meiner Aufmerksamkeit steht, eher geringe Vorkenntnisse in Religion und Religionsgeschichte unterstelle. Bei den übrigen bitte ich um Verständnis und Nachsicht.

Da ich das **Gottesbild**, die Vorstellung, von Gott, als den Schlüssel für die Lösung aller weiteren Fragen zum Thema Religion ansehe, versuche ich in diesem Buch zunächst mein persönliches Gottesbild aus der Betrachtung von all dem zu gewinnen, **was man über die Welt, die Natur und den Menschen weiß.** Es ist mein Bild, das mir stimmig erscheint, und von dem ich glaube, dass es auch für andere stimmig sein könnte. Dabei folge ich den Fragen: „wer oder was ist Gott", „wo können wir Gott finden" und „welche Eigenschaften schreibt man Gott zu". Als Berührungspunkt mit Gott wird der menschlichen „Seele" eine eingehende Betrachtung gewidmet. Wichtige Züge des Göttlichen werden auch unter den Aspekten „Gott und das Böse" und „Gott und das Leid" angesprochen. Der Kernsatz in dem gesamten Beschreibungsversuch aber lautet: „Gott ist die Liebe".

Ein weiterer Abschnitt der Überlegungen, die in diesem Buch angestellt werden, ist den **Wegen zum Gottglauben** und ihrer Beurteilung gewidmet. Der **Vernunft**, die lange als das einzig taugliche Instrument galt, um die Existenz Gottes zu beweisen oder zu widerlegen, wird in diesem Zusammenhang eine untergeordnete Bedeutung beigemessen. Dagegen könnten **innere Erfahrungen**, bewusst werdende Gefühle und Reaktionen aus dem Unbewussten, auf eine übernatürliche Realität hindeuten und das Tor zu einer anderen Welt öffnen. Kritischer werden die von Religionsstiftern berichteten „**Selbstoffenbarungen Gottes**" und die daraus abgeleiteten religiösen Lehren betrachtet. Vor allem die Verbindlichkeit religiöser Glaubenssätze und der Anspruch einer Kirche, alleine im Besitz ewiger Wahrheiten zu sein, werden hinterfragt.

1 Religion
– ein Phänomen

Gott im Bewusstsein der Menschen

Jeder erwachsene Mensch lebt auch in einer Welt von Gedanken, die eng mit dem Denken anderer in einer langen Denktradition verwoben sind. Darum sind wir an manches so sehr gewöhnt, dass es uns ganz selbstverständlich erscheint, obwohl es uns in Erstaunen versetzen müsste. Das gilt auch für die **Annahmen**, die Menschen über die Ursachen ihrer eigenen Existenz machen. Diese und alles, was wir daraus ableiten, müssten uns höchst **seltsam** erscheinen.

Um ihre Ungeheuerlichkeit voll ermessen zu können, müsste man den Blickpunkt wechseln und das **Phänomen Religion** aus der Perspektive eines Außerirdischen betrachten, der eben auf der Erde gelandet ist und beobachtet, was hier vor sich geht. Er würde erfahren, dass viele Menschen sich und die ganze Welt als von einem mächtigen Wesen geschaffen verstehen, dem sie eine Reihe von Eigenschaften zuschreiben, das sie verehren, mit dem sie in eine geistige Beziehung zu treten versuchen, dem sie sich verantwortlich fühlen und von dem sie nach ihrem Tod ein Weiterleben in einer neuen Seinsweise und in ewiger Glückseligkeit erhoffen. Das alles ohne hinreichende Evidenz und in einer ganz anders anmutenden zivilisatorischen Umgebung.

Er würde auch feststellen, dass die Erdenbewohner viel Aufwand treiben in der Erfüllung dessen, was sie meinen ihrem **Gott**, wie sie das Wesen nennen, schuldig zu sein, z. B. indem sie riesige Bauwerke errichten, in denen sie ihm huldigen. Er könnte auch beobachten, dass sich nicht alle Menschen diesbezüglich gleich verhalten. Viele scheinen sich an der öffentlichen Huldigung nicht zu beteiligen. Noch erstaunter müsste der Außerirdische sein, wenn er Gelegenheit fände, an verschiedenen Orten der Erde mit Menschen in Kontakt zu treten und deren weit voneinander abweichende Vorstellungen von besagtem Wesen und deren verschiedenartige religiöse Bräuche kennen zu lernen.

Religion ist also ein eigenartiges, ein **rätselhaftes Phänomen**. Dass es die ihr zugrundeliegende **Idee** von der Existenz eines übernatürlichen Wesens in der Welt gibt, ist ein unbestrittenes, bemerkenswertes Faktum, unabhängig von der Frage, ob dieser Idee eine Realität entspricht. Der **Glaube an Gott** ist weit verbreitet, aber nicht überall gleich intensiv und auch bei weitem nicht von allen Menschen akzeptiert.

Auch ohne Vorliegen empirischer Daten darüber darf man annehmen, dass sich die **Gottesidee** auf die einzelnen Individuen verschieden **auswirkt**. Zunächst ist festzuhalten, dass die Kunde davon nicht alle Menschen erreicht, denn manche sterben bereits kurz nach ihrer Geburt. Andere haben einen schweren geistigen Defekt, der sie vermutlich nie einen klaren, sinnvollen Gedanken denken lässt. Natürlich könnte und sollte man meinen, dass Gott, wenn es ihn gibt, verborgen auch in ihnen wohnt. Aber dass die Gottesidee in ihrem Bewusstsein heimisch wäre, ist unwahrscheinlich. Manche Menschen hören schon in ihrer frühen Kindheit von Gott, eventuell in gereimter Sprache, weil eine liebe Person an ihrem Bettchen sitzt und mit ihnen ein Nachtgebet spricht. Solche Erfahrungen können sich in abgewandelter Form vielfach wiederholen, bis sich die Betreffenden selbst die **Gretchenfrage** stellen. Wieder andere kommen mehr oder weniger zufällig mit Religion in Berührung, aber aufgrund einer areligiösen Umgebung gewinnt die Nachricht für sie **keine Bedeutung**. Die **Lebensumstände**, das Milieu, die Persönlichkeitsentwicklung und der Lebensstil dürften Einfluss darauf haben, ob sich die Gottesidee etabliert und Gestalt annimmt.

In unserer Gesellschaft gibt es einen breiten Konsens darüber, dass Religion eine **Privatangelegenheit** ist. Trotzdem gibt es in der Öffentlichkeit ein erstaunlich großes aktuelles **Interesse** an diesem privaten Bereich. So vergeht kaum eine Woche, in der sich nicht auf einem der Fernsehkanäle eine Diskussionsrunde in einer Talkshow mit diesem Thema beschäftigte. Die Teilnehmer sind jeweils so ausgewählt, dass sie gegensätzliche Standpunkte vertreten. Solche Diskussionen werden ungewöhnlich emotional geführt. Selbst die Moderatorinnen oder Moderatoren können ihre Erregung kaum verbergen. Daraus kann man schließen, dass Religion ein Thema ist, das die Menschen umtreibt, auch diejenigen, die sich zum Atheismus bekennen. Offensichtlich werden dabei für sie existenziell wichtige Fragen berührt.

Eine Erklärung für diese **Emotionalität** kann die Sozialpsychologie liefern. Der Mensch sehnt sich nach Bestätigung seiner eigenen Art zu denken. Wo er auf abweichende Überzeugungen stößt, drängt es ihn, sich zu äußern und für seinen Standpunkt zu werben oder zu kämpfen. Die sicherste Art, die ersehnte Bestätigung zu finden, ist es, sich in die Gesellschaft von Menschen zu begeben, von denen man bereits weiß, dass sie ähnlich denken. Darum suchen Gottgläubige die **Glaubensgemeinschaft** und Atheisten eine Gruppe, in der ihre Weltanschauung gilt. Jeder Hinweis auf die Überlegenheit der eigenen Anschauung, jede öffentliche Würdigung, jedes sichtbare Zeichen von Geltung erleichtert die **Identifikation**, während jede öffentliche Schmähung, jeder Skandal, jeder Mitgliederschwund wie ein Angriff auf die persönliche Integrität empfunden wird.

Den engagierten, kämpferischen **Atheisten** und antiklerikalen Kreisen geht es nicht anders, als den Gottgläubigen. Sie leiden darunter, dass Religion offensichtlich immer noch nicht ausgestorben ist. Jedes Lebenszeichen ist für sie wie eine Provokation. Immerhin gibt es noch Kirchen, Synagogen, Tempel und neuerdings hierzulande auch Moscheen. Es gibt noch Kruzifixe und andere religiöse Symbole in Schulen, wenn auch nicht in allen, in konfessionellen Kindergärten, Krankenhäusern und Altenheimen. Man kann Kreuze oder Bildstöcke auf Berggipfeln, in Feld, Wald und Flur sehen. Schmuckkreuze an Halsketten zieren die Träger, die freilich nicht immer an Christus glauben. An manchen Autos findet man als Aufkleber den Fisch als Symbol für *Jesus Christus* (griechisch: Ichthys = Fisch, Akronym aus den Anfangsbuchstaben von Jesus, Christus, Gottes Sohn, Erlöser). Es gibt einen Amtseid mit der Anrufung Gottes, wenn auch nicht obligatorisch. Auf der amerikanischen Dollarnote steht, dass die amerikanische Notenbank „im Vertrauen auf Gott" den Gegenwert garantiert und auf einem brasilianischen Geldschein soll „Deus seja louvado" (Gott sei gelobt) zu lesen sein. Alle großen Rundfunk- und Fernsehanstalten und alle großen Zeitungen unterhalten Redaktionen, die sich mit Religion und kirchlichen Angelegenheiten beschäftigen.

Unter www.theopop.de gehen Studenten und Dozenten der evangelisch-theologischen Fakultät der Universität Tübingen der Frage nach, wie Religion in der Popkultur dargestellt wird und kommen zu dem Ergebnis, dass die Popkultur voll von religiösen Anspielungen ist. Auf den großen Buchmessen ist meist eine ganze Halle für die konfessionellen Publikationen reserviert. Und immer wieder hört man **öffentliche Bekenntnisse** prominenter Politiker, Wissenschaftler, Künstler, Manager, Sportler und Journalisten zu ihrem Gottglauben.

Religion ist auch sehr stark in unserer **Alltagssprache** verankert, etwa in den Redewendungen „Gott sei Dank" (Ausdruck der Erleichterung), „in Gottes Namen" (Ausdruck des Nachgebens), „um Gottes Willen" (Ausdruck der Verwunderung), „Gnade dir Gott" (Drohung), ferner: „vergelt's Gott", „gütiger Gott", „so Gott will", „dein Wort in Gottes Ohr", „grüß Gott", „behüt dich Gott", „Gott befohlen". Das Wort Gott ist also **in aller Munde**, auch wenn die Redewendungen aus einer Zeit stammen, in der religiöses Denken und davon geprägtes öffentliches Handeln noch weit verbreitet waren. Zum Ärgernis kämpferischer Atheisten haben sie den gesellschaftlichen Wandel bis jetzt überlebt.

Religion ist also noch **nicht verschwunden** trotz Aufklärung, trotz der sensationellen Fortschritte der modernen Naturwissenschaften und der Technik, trotz der damit verbundenen Fortschrittsgläubigkeit, trotz einer „Philosophie ohne Gott", trotz religionsfeindlicher Ideologien, trotz Psychologie, Neurowissenschaften und Psychoanalyse, trotz atheistischer Diktaturen, trotz Liberalismus, Antiklerikalismus und praktischem Materialismus. Aus der Sicht der Religionsgegner muss es sich bei diesem Phänomen geradezu um eine Hydra handeln.

Mehr noch, während sich im Westen die Kirchen leeren, erblüht in Russland nach Jahrzehnten der Unterdrückung und des staatlich verordneten Atheismus eine **neue Religiosität**. Ich zitiere aus einer aktuellen Reportage des Journalisten *Ulrich Pleitgen*: „Religion füllt in Russland das ideologische Vakuum auf, das nach dem Zusammenbruch des Kommunismus entstanden ist". Vielleicht ist die Verwunderung über die Präsenz von Religion dort, wo man sie nicht mehr erwartet, auch ein Grund für das besagte öffentliche Interesse und die Aufmerksamkeit, die das Thema hier in neuester Zeit erfährt.

Dies ist die eine Seite des Bildes, das Religion in der Öffentlichkeit abgibt. In zunehmendem Maße kann man auch **andere Tendenzen** beobachten. So wird z.B. von Schulen und Kindergärten verlangt, religiöse Symbolik zu vermeiden. Aus dem Christbaum wird so der Weihnachtsbaum oder der Lichterbaum. Um keine Irritationen bei Kindern aus einem ungläubigen Elternhaus aufkommen zu lassen, soll nicht mehr vom Christkind gesprochen werden, sondern von der Weihnachtsfee. Das erinnert an den Versuch der sowjetischen Kommunisten, Weihnachten durch das „Fest zu Ehren von Väterchen Frost" zu ersetzen. Dazu passt die Forderung, den bei Kindern beliebten Martinszug in „Sonne-, Mond- und Sterne-Zug" umzubenennen, weil der Heilige Martin als Symbolfigur der christlichen Nächstenliebe gilt. Gläubige lassen sich durch derartige Meldungen meist nicht irritieren. Die größere Gefahr für den christlichen Glauben erwächst aus der weit verbreiteten **Gleichgültigkeit** gegenüber allem Religiösen.

Ursprung und Anfänge von Religion

Religion ist ein einzigartiges, echtes **Kulturgut** der Menschheit. Meines Wissens gibt es im Tierreich, selbst bei den biologisch nächsten Verwandten des Menschen, nichts, was auch nur im Entferntesten auf Religion hin gedeutet werden könnte oder auf religiöse Gefühle schließen ließe. Dabei gibt es für andere menschliche Regungen, wie Liebe, Hass, Trauer, Freude, soziale Gesinnung, Imponiersucht oder Durchsetzungsdrang, analoge Ausdruckserscheinungen bei Tieren, die es erlauben, zumindest rudimentäre Gefühle dieser Art zu unterstellen.

Ich kann mich allerdings an das Foto eines Zwergschimpansen (Bonobo) erinnern, der mit dem Gesichtsausdruck der Verwunderung, des **Staunens**, eine tote Taube auf seiner Hand hielt und betrachtete. Hier könnte man zumindest fragen, was diesem Affen durch den Kopf gehen mochte. Vielleicht ist das Staunen tatsächlich der **Uraffekt**, der in Richtung Religion gedeutet werden könnte.

Das führt zu der Frage, **seit wann** es so etwas wie Religion gibt. Datierungen sind außerordentlich problematisch, weil es schwierig ist von archäologischen Funden auf einen kultischen Akt zu schließen. Wenn z. B. berichtet wird, dass Skelette des Homo Heidelbergensis in einer Bestattungsgrube zusammen mit einem Faustkeil aus Rosenquarz – ein als Werkzeug und Waffe verwendbarer, wertvoller Gebrauchsgegenstand – gefunden wurde, so könnte dieser als **Grabbeigabe** gedeutet werden, der auf einen **Opferritus** hindeutet. Aber diese Deutung ist nicht zwingend. Die bei Ausgrabungen in Atapuerca gewonnenen Fundstücke sind ca. 500 000 Jahre alt. Ein Alter von gerade einmal 27 000 Jahren schreibt man der „Venus von Willendorf" zu, einer kleinen Statuette, die vor ca. 100 Jahren in der Wachau bei den Arbeiten für eine Bahnlinie gefunden wurde. Die Art der Darstellung weist auf eine Muttergottheit oder Fruchtbarkeitsgöttin hin. Ähnliche **Skulpturen** wurden an verschiedenen Orten Europas – ab einer Zeit von 40 000 v. Chr. – entdeckt. Von welchem Zeitpunkt man auch immer ausgeht, eine als solche eindeutig identifizierbare „**Gottesidee**" ist in dieser Welt **neueren** Datums. Die meiste Zeit, die seit dem Urknall vergangen ist, hätte man dergleichen vergeblich gesucht.

Wenn man sich die Lebensbedingungen der frühesten Menschen, die in den Höhlen Mittel- und Südwesteuropas hausten, vorstellt, erkennt man: Ihr Überleben hing von den Tieren ab, die sie jagten, und von den Pflanzen, deren Früchte und Wurzeln sie sammelten. Deren Gedeihen sicherte ihr Überleben. Und dieses hing vom Klima ab, von der Temperatur, vom Licht und vom Niederschlag. Das **Schicksal magisch zu bannen** und zu beeinflussen, könnte eine der ersten gemeinsamen **metaphysischen** Anstrengungen gewesen sein. Es spricht vieles dafür, dass dieses Bemühen an Erscheinungen in der Natur gekoppelt war, an das Werden und Vergehen, an den Tod der nächsten Verwandten und Stammesmitglieder (Totenkult), an den Lauf der Sonne, des Mondes und der Sterne, an die Jahreszeiten, an Sturm, Gewitter und Regenbogen und alle außergewöhnlichen Erscheinungen in ihrer natürlichen Umgebung.

Wenn ich in der Vergangenheit von ähnlichen Gedanken gehört oder gelesen habe, waren diese oft mit der Vorstellung verbunden, damit sei Religion als eine Erfindung des Menschen, als ein Produkt der menschlichen Phantasie, entlarvt und so ihres übernatürlichen Charakters beraubt. Ich kann an einer solchen **Entstehungsgeschichte** von Religion nichts finden, was mich stören könnte, und kann diese vermeintlich primitive Vorgeschichte ohne Schwierigkeit mit liebevollem Verständnis in mein Gottesbild integrieren. Alles andere würde mich irritieren. Man muss versuchen, die Phänomene dieser Welt, wie sie sich durch wissenschaftliche Erkenntnisse immer klarer darstellen, zu einem **Gesamtbild** zusammenzufügen.

Religion als ein **System gemeinsamer Überzeugungen** und **kultischer Handlungen** eines Volkes ist noch jüngeren Datums. Ausgrabungen am Göbekli Tepa in Ostanatolien haben eine Kultstätte ans Tageslicht gebracht, die aus der Zeit von ca. 9000 Jahren v. Chr. stammt. Dort dürften Menschen, die sich am Übergang von der Kultur der Jäger und Sammler zur Kultur des Ackerbaus befanden, in großer Zahl zusammengekommen sein. Die vermutlich für einen **Totenkult** errichtete Anlage mit kunstfertig gestalteten Steinfiguren – nach der Deutung des Grabungsleiters „Wesen aus einer anderen Welt" – war eine gewaltige **Gemeinschaftsleistung**, die für eine ausgeprägte Organisation und eine Gemeinsamkeit in den **Jenseitsvorstellungen** spricht. Für die Zeit von vor ca. 6000 Jahren (4000 v. Chr.) sind Religionen in Ägypten und in Mesopotamien überliefert, mit einer Vielzahl von Göttern, die zum Teil durch Tiergestalten symbolisiert waren. Auch diese Religionen waren stark von den damals geltenden Jenseitsvorstellungen geprägt. Ihre Verehrungsriten und kultischen Feiern dienten hauptsächlich dem Totenkult.

Um den Sinn eines Begriffes besser zu verstehen, ist es empfehlenswert, seine sprachlichen Wurzeln zu kennen. Das Wort **„Religion"** kann man von zwei verschiedenen lateinischen Wörtern ableiten. „Religare" heißt: „zurückbinden". Die Vorstellung, sich an etwas Großes und Ewiges zu binden oder sich darauf zu beziehen, erscheint sinnvoll. Religion kann man aber auch von „relegere" mit der Wortbedeutung „erwägen, bedenken" herleiten. Damit in Übereinstimmung findet man im lateinischen Wörterbuch unter „religio" die deutschen Begriffe „Bedenken, Zweifel, Gewissen, religiöse Verehrung".

Das Wort **„Gott"** erscheint im Alt- und Mittelhochdeutschen als „got", im Angelsächsischen als „god", im Altnordischen und Schwedischen als „gud" und bedeutet übereinstimmend ein übernatürliches Wesen. Alle diese Formen werden auf das Germanische „guda" zurückgeführt, das dem „ghuto" (= angerufen) entspricht. Damit war bei unseren Urvorfahren Gott das **Wesen**, das **angerufen** wurde. In den romanischen Sprachen gibt es für Gott Bezeichnungen, die auf das lateinische „deus" zurückgehen, das seinerseits auf den Himmelsgott „deiwos" im Urindogermanischen verweisen könnte. Auch das griechische „theos" könnte damit in Zusammenhang stehen. Dieses wird oft auch von „thyein" (= opfern) hergeleitet und meint dann das Wesen, dem **Opfer dargebracht** werden.

In der islamischen Welt steht bekanntlich **„Allah"** für Gott. Das Wort könnte aus „al–Ilâh" entstanden sein, der Bezeichnung für den Stadtgott von Mekka, die dort bereits vor *Mohammed* geläufig war. Ähnlich klingende Bezeichnungen gab es im gesamten semitischen Sprachraum, sie bedeuteten übereinstimmend der „uneingeschränkt Mächtige". Manche Moslems wehren sich dagegen, dass Allah von anderen Glaubensgemeinschaften für Gott benutzt wird. Nach dem Urteil eines Gerichts im überwiegend moslemischen Staat Malaysia ist es dort Christen verboten, das Wort „Allah" für ihren Gott zu gebrauchen. Das schafft insofern ein Problem, weil es in der Landessprache keinen anderen Gottesbegriff gibt.

Sprache ist eine der großen Kulturerfindungen der Menschheit. Da das Denken in sprachlichen Begriffen geschieht und diese voraussetzt, brachte die Sprache einen gewaltigen Schub in der weiteren kulturellen Entwicklung, nicht zuletzt auch deswegen, weil durch dieses Kommunikationsmittel eine Vernetzung und eine Kombination vieler menschlicher Denkleistungen möglich wurden. Die Qualität intellektueller Gemeinschaftsleistungen hängt von der Differenzierungsfähigkeit der betreffenden Sprache, der Sprachbeherrschung der beteiligten Individuen, d. h. der Präzision ihres sprachlichen Ausdrucks, und ihrer Sprechdisziplin ab. Dies gilt besonders auch für das Sprechen über innerseelische Vorgänge und Zustände, wie Empfindungen, Gefühle, Anmutungen und Emotionen, auch für das Reden über Gott und Religion.

Wenn z.B. in Talkshows die Diskutierenden bei den Gesprächen über Religion immer wieder aneinander vorbeireden und letztlich nichts Vernünftiges dabei herauskommt, dürfte das mit diesem **Kommunikationsproblem** zusammenhängen. Gerechterweise muss man jedoch zugeben, dass man beim Thema Religion rasch an die Grenzen der sprachlichen Ausdrucksmöglichkeit stößt.

Das Problem wird dadurch kompliziert, dass die **Semantik**, der Bedeutungsgehalt von Ausdrücken, in einem lebendigen Organismus, wie der Sprache, keine feststehende Größe ist. Sie ist zeitlich variabel und zeigt generell eine gewisse **Unschärfe**. Dazu kommt auch die interindividuell variierende **Bedeutungsaura** von Begriffen. Diese wird in der Sozialpsychologie mit Methoden, wie dem „Semantischen Differenzial", untersucht. Dabei wird gemessen, welche anderen Inhalte bei Verwendung eines Begriffes durch ein Individuum oder eine Gruppe mitschwingen.

Der jüdische Religionsphilosoph *Martin Buber* (1878–1965) hatte sicher Recht, wenn er sagte: „Das **Wort „Gott"** ist das beladenste aller Menschenworte. Alles Mögliche an menschlichem Schutt wird auf diesem Wort abgeladen". Auch der große Theologe *Karl Rahner* (1904–1984) klagte, dass „mit dem Wort „Gott" Grässliches und Törichtes getrieben" wurde. Es sei das „dunkelste aller Worte" und könne nicht in die übrigen Wörter der menschlichen Sprache als eines unter anderen eingeordnet werden. „Vernutzt wirkt das Wort Gott", meint *Gotthard Fuchs* in seiner Betrachtung „Überall ist er und nirgends" (Christ in der Gegenwart, 66. Jg., Nr. 10, Herder Verlag, Freiburg 2014). Das Reden über Gott birgt generell eine Gefahr, vor allem wenn es, wie im kirchlichen Bereich oft üblich, gewohnheitsmäßig und unreflektiert geschieht. Sehr leicht wird dann das Große, Geheimnisvolle zurechtgestutzt und verfügbar gemacht. Aber der Begriff ist **unverzichtbar**, wenn man über Gott reden möchte.

Wie müsste die **Sprache**, in der wir zu anderen und zu uns selbst über Gott sprechen, beschaffen sein, ganz unabhängig von der Schwierigkeit, sich dabei adäquat auszudrücken? Ich meine, sie müsste tiefe menschliche

Gefühle ansprechen und so in einen Zustand der Ergriffenheit versetzen. Dies könnte am ehesten durch die Verwendung von Bildern, Symbolen und Ausdrücken erreicht werden, die dem Geheimnis Rechnung tragen. Allerdings geht eine inhaltsarme, verschleiernde Diktion zu Lasten der Ansprüche des Verstandes. Die **Glaubenssprache** sollte daher bei aller Gefühlsbetonung möglichst einfach, transparent und für den Hörer nachvollziehbar sein. In der Gleichnissprache *Jesu* sehe ich diese Forderung weitgehend verwirklicht, im Gegensatz zur „Verkündigungssprache" der Kirchen, die im Laufe der Zeit einen schwer verständlichen „ideologischen Überbau" aufgetürmt haben.

Wurzeln der Religiosität

So interessant die Überlegungen sein mögen, warum Menschen in der Jungsteinzeit religiöse Anmutungen hatten und warum sich daraus Religionen entwickelten, sie sagen nichts über die **Motive** von Menschen der Gegenwart. Kein Mensch muss heute an Gott glauben und ihn verehren. Wenn er es dennoch tut, darf man nach dem Warum fragen.

Die einfachste Antwort ist die mancher Gottgläubiger: Weil es Gott gibt und der Mensch einen „**Sinn für das Göttliche**" besitzt. Da sich das aber nicht belegen lässt, werden viele mit einer solchen Antwort nicht zufrieden sein. Die Annahme, Religion könnte etwas mit der **Selbstreflexion**, unserem **Bewusstsein** und unserem

Kausalitätsbedürfnis zu tun haben, ist nicht von der Hand zu weisen. Aber auch das führt nicht wesentlich weiter. Eine Vermutung von Psychologen dürfte den Atheisten entgegenkommen. Sie besagt, dass der Gedanke, es müsse ein hilfreiches überirdisches Wesen geben, aus der **Angst** geboren wurde, der Angst vor Unheil, vor allem vor dem Tod, vor der Vergänglichkeit. Der Mensch ahnt, dass er nicht sein könnte, und das ist für ihn nur erträglich im Glauben an einen Gott, der ihn ins Leben gerufen hat und ihm ein Weiterleben nach dem Tod zusagt.

Gottgläubige legen großen Wert darauf, **Aberglauben** als etwas von ihrem Gottglauben Unterscheidbares zu betrachten. Atheisten dagegen sehen beides als Ausfluss derselben abergläubischen Natur des Menschen, nämlich der Neigung Zusammenhänge anzunehmen, wo es keine gibt, und deuten Religion als das Ergebnis einer **Scheu vor der Erklärungslosigkeit** (Horror vacui). Entspringen vielleicht nicht doch beide derselben Wurzel, dumpfen Ängsten vor dem Ungewissen, und dem Bemühen, das Schicksal zu seinen Gunsten zu beeinflussen, im einen Fall durch die Anrufung Gottes, im anderen durch magische Praktiken? Das lässt sich nicht leicht entscheiden, zumal es abergläubische Formen der Frömmigkeit auch im Umfeld traditioneller Religionen gibt, etwa das Tragen geweihter Amulette, das Berühren von Reliquien, das Aufsuchen bestimmter Orte und das Einhalten absurder Regeln. Solche Praktiken wurden überwiegend aus der naiven Volksfrömmigkeit geboren, von den Kirchen aber zumindest geduldet. Es gibt vereinzelt auch Beispiele einer Amalgamierung von Religion und Aberglaube, wie z. B. in Brasilien, auf Kuba und Haiti, wo die aus Westafrika stammenden und von Sklaven dorthin verbrachten spiritistisch-animistischen Bräuche eigenartig anmutende Verbindungen mit römisch-katholischen Elementen eingegangen sind. Dieser „**Voodoo-Zauber**" war sicher nicht im Sinne der Kirche, konnte von ihr aber nicht verhindert werden. Auch wenn man Ängste als Triebfeder von beiden, Religion und Aberglaube, nicht ausschließen kann, in einem Punkt unterscheiden sie sich. Wahres Gottvertrauen kann dem Menschen Halt geben, Aberglaube eher nicht. Aberglauben findet man vornehmlich dort, wo Gottvertrauen fehlt, weswegen manche im Aberglauben einen Religionsersatz sehen.

Verbreitung des Gottglaubens

Auf der Internet-Seite der Zeitung „Die Welt" waren die Ergebnisse aus dem ISSP (International Social Survey Programme) 2008 nachzulesen. Der Feststellung „Ich glaube an einen persönlichen Gott" wurde von den in verschiedenen Ländern befragten Personen unterschiedlich oft zugestimmt. Die höchste Zustimmungsrate gab es mit 91,9 % auf den Philippinen (mit einem hohen Anteil von Katholiken in der Bevölkerung), gefolgt von Chile (71,8 %), USA (67,5 %), Israel (66,5 %), Irland (64,1 %) und Polen (59,6 %). Deutschland wurde wegen vermuteter Unterschiede in West- und Ostdeutschland aufgegliedert. Westdeutschland nahm mit 32,0 % einen mittleren Platz ein, noch hinter Russland mit 40,8 %. Unser Nachbarland Frankreich kam nur auf 18,7 %. Noch weniger Gottgläubige gab es in Tschechien (16,1 %). Die geringste Zustimmung verzeichnete man mit 8,2 % in Ostdeutschland. Die Hoffnung der Kirchen, dass sich der **Atheismus** in den neuen deutschen Bundesländern mit zeitlichem Abstand zum Ende des DDR-Regimes verringern würde, hat sich bis jetzt nicht erfüllt. Der Vergleich der bei den jährlich durchgeführten ISSP Untersuchungen gewonnenen Untersuchungsergebnisse ergab eine **Abnahme der Gottgläubigkeit** in fast allen Ländern.

Aus einer Allensbach-Umfrage von 1989 geht hervor, welche Akzeptanz die einzelnen Aussagen des **Glaubensbekenntnisses** bei Katholiken und Protestanten damals in Deutschland fanden. Die Prozentzahlen reichten von 83 % der Katholiken für die Aussage „ich glaube an Gott" bis 24 % der Protestanten für den Satz „empfangen durch den Heiligen Geist". Das besagt, dass selbst Kirchenmitglieder bei weitem nicht alles glauben, was sie nach Auffassung der Kirchen glauben sollten.

Mit dem Gottglauben in Zusammenhang steht die **religiöse Praxis** der Gläubigen. Auch hierzu gibt es statistische Daten, die aus Zählungen und Befragungen gewonnen wurden. So ist der „regelmäßige, wöchentliche Kirchenbesuch" in der Katholischen Kirche Deutschlands zwischen 1950 und 2009 von 50,4 % auf 13 % zurückgegangen (Quelle: DBK). In der Evangelischen Kirche lag er 2008 bei 4,2 % der Kirchenmitglieder. Das sind Zahlen, die den Verantwortlichen der beiden großen christlichen Kirchen in Deutschland Sorge bereiten.

Wie bei jeder Persönlichkeitseigenschaft gibt es auch für die **Religiosität** große **interindividuelle Unterschiede**, d.h. die Ausprägung schwankt zwischen „Fehlanzeige" und einer spirituellen Haltung, wie sie nur in der Abgeschiedenheit eines Klosters nach langen Zeiten des Übens möglich erscheint. Dass manche Persönlichkeitseigenschaften miteinander korrelieren, ist bekannt. Das müsste auch für die Religiosität gelten. So sollten Eigenschaften wie Friedlichkeit, Ehrlichkeit, Offenheit, Toleranz, Hilfsbereitschaft durchschnittlich eher bei den Menschen anzutreffen sein, die an Gott glauben, ungeachtet einzelner Beispiele, die das Gegenteil zu belegen scheinen. Das muss nicht heißen, dass jemand nur deswegen hilfsbereit ist, weil er gottgläubig ist. Man muss eher danach fragen, ob diese Merkmale nicht eine gemeinsame Ursache haben, etwa in dem Einfluss der **Familie und des Milieus**, in dem die Betreffenden aufgewachsen sind. „Religion ist keineswegs speziell für Dumme und Arme", hieß es in der Überschrift eines Artikels in der Frankfurter Rundschau (20. Mai 2015), der sich auf Untersuchungen des Religionssoziologen *Detlef Pollack* (geb. 1955) bezog. Dass Gottglaube und Religiosität häufiger bei älteren Menschen anzutreffen sind, könnte auf eine vermehrte Nachdenklichkeit der Alten zurückzuführen sein. Dabei ist allerdings zu berücksichtigen, dass die Alten in einer anderen Zeit und damit unter anderen Bedingungen gelebt haben.

Vereinzelt findet man in der **individuellen Lebensgeschichte** eines Menschen leicht einsehbare Gründe für eine tiefe **Aversion** gegen Religion und Kirche. Diese reichen nicht selten weit zurück, oft bis in die Kindheit. In den erwähnten Talkshows sind mir besonders die Unsachlichkeit und die verbalen Entgleisungen in manchen Redebeiträgen aufgefallen. So erinnere ich mich an die Darlegungen eines kämpferischen Atheisten aus der Schweiz. Die geschilderten Beispiele, die ihm für die Zeichnung eines stark verzerrten Bildes der Kirche als Material dienten, stammten vorwiegend aus seiner Kindheit. Ich konnte aus den Erfahrungen meiner eigenen Kindheit in einer katholisch geprägten, ländlichen Umgebung das Elend seiner Kinderseele gut nachempfinden und deswegen auch ein gewisses Mitgefühl aufbringen. Vermutlich hatte ihn seine fromme Mutter gezwungen, wenigstens alle vier Wochen zur Beichte zu gehen und widerwillig seine kleinen Verfehlungen zu bekennen und manche ungeliebte religiöse Übung mitzumachen. Er musste wohl **Abwehrmechanismen** gegen die tatsächlichen und vermeintlichen Ansprüche der Institution Kirche entwickelt haben. Der innere Kampf war bei ihm, wie man deutlich spüren konnte, noch voll im Gange.

Das Wesen von Religion

Religion ist, auch wenn sie innerhalb einer Gemeinschaft ausgeübt wird, von ihrem Wesen her etwas sehr **Persönliches**. Es geht dabei, kurz gesagt, um eine **Antwort auf die Fragen**: woher komme ich, wohin gehe ich, welchen Sinn sehe ich in meinem Leben. Jeder muss sich entscheiden und Stellung beziehen oder die Antwort verweigern, weil ihm die Möglichkeiten des Erkennens nicht ausreichend erscheinen. Wenn er aber an dem Punkt angelangt ist, dass er die „Gretchenfrage" für sich positiv beantworten kann, muss er wissen, dass dieser Glaube mit **Konsequenzen** verbunden ist: Der Glaube verlangt eine **angemessene Haltung** gegenüber der Existenz Gottes.

Religion hat also mit dem Menschen und seinem **göttlichen Du in ihm** zu tun. Da jeder Gläubige seine ureigenste Beziehung zu seinem Gott hat, kann man auch sagen, dass es so viele Religionen gibt, wie Menschen auf dieser Erde leben. **Seine** Religion (Gottesbeziehung) ist für den Menschen zugleich die **richtige und wahre**, auch wenn es sich im Einzelfall um eine dürftige oder ungewöhnliche Beziehung handeln mag. Man kann sich sogar fragen, ob nicht jeder, auch derjenige, der sich selbst für einen **Atheisten** hält, **Ansätze einer verborgenen Gottesbeziehung** in sich trägt.

Eine Definition, die besagt, Religion sei nicht mehr als „eine sehr grundlegende, spezifische und umfassende **Weltsicht**" (*Ronald Dworkin*: „Religion ohne Gott", Suhrkamp, Berlin 2014), halte ich für ungeeignet. Weltsicht ist, wie der Name sagt, die Art, wie Menschen die Welt wahrnehmen und verstehen. Religion dagegen ist das **Ergebnis** einer spezifischen Sichtweise, an deren Ende **Gott** steht. Der Begriff „Religion" ist somit belegt und nicht frei verfügbar. Insofern macht auch *Dworkins* Satz „Religion ist etwas Tieferes als Gott" keinen Sinn. Religion ist **mehr** als ein **Gefühl**, sie basiert auf der Annahme, dass hinter dem Gefühl eine **Realität** steht.

Eine **Gottesbeziehung** kann nur im Innersten des Menschen entstehen. Darum gilt es den Blick dorthin zu lenken. Im **Bewusstsein** finden wir den Zugang zu unserem „**Innenleben**", indem wir durch Selbstreflexion auf das achten, was wir denken, was wir fühlen und was wir wollen. Im Zuge der psychischen Entwicklung entstehen Netzwerke wiederkehrender **Gedanken**, die miteinander assoziiert sind und häufig gemeinsam ins Bewusstsein treten. Die Gedanken sind mit ebenfalls bewusst werdenden **Erinnerungen**, **Gefühlen** und **Emotionen** verbunden. Einer dieser geistigen Bereiche umfasst die **Inhalte**, die mit **Religion** und Spiritualität zu tun haben. Aus der wiederholten Beschäftigung mit solchen Inhalten erwachsen **Einstellungen** und **Haltungen**, die eine gewisse Konstanz besitzen und unser Selbstbild prägen.

Wer sich von früher Jugend an **religiöse Überzeugungen** angeeignet und **Vorlieben** für einen **religiösen Kult** entwickelt hat, betrachtet diese als etwas, was zu seiner Person gehört, eventuell sogar als einen **Schatz**, den er pflegt und verteidigt. Diese Wertschätzung kann sich auch auf das Verhältnis zu einer **Glaubensgemeinschaft**, der man angehört, und auf deren religiöse Bräuche übertragen.

Wenn man Religion als Beziehung des menschlichen Individuums zu seinem Gott definiert, was sind dann die bekannten **Religionen** oder **Konfessionen**? Das sind **Lehren** über Gott und sein Wirken, die sich irgendwann in der Menschheitsgeschichte aus gemeinsamen Überzeugungen und Bräuchen eines Volksstammes oder aus dem Gedankengut eines **Religionsgründers** entwickelt haben, das in „heiligen Schriften" niedergelegt und von Generation zu Generation weitergegeben wurde. Hinter solchen Lehren stehen Kirchen bzw. Religionsgemeinschaften mit einer bestimmten Organisation, einer Priesterschaft und dem Volk der Gläubigen. Diese folgen dem in ihrer Gemeinschaft geltenden Glaubens- und Moralkodex und verehren Gott nach einem festgelegten Ritus.

2 *Der menschliche Erfahrungshintergrund*

D er Glaube an ein göttliches Wesen ist ein seelischer Vorgang, der sich im Bewusstsein des gläubigen Menschen abspielt, über den er reflektieren und anderen berichten kann. Um diesen besonderen Aspekt menschlicher Existenz richtig verstehen, bewerten und einordnen zu können, erscheint es notwendig, sich die **Existenzbedingungen** des Menschen genauer zu betrachten, sich insbesondere zu vergegenwärtigen, wie Menschen sich und ihre Umgebung subjektiv erleben (subjektives Weltbild) und was die Menschheit, genauer gesagt die Wissenschaft, mit dem Anspruch von Objektivität über die Welt in Erfahrung gebracht hat (objektives Weltbild).

Leben geschieht immer in einer Auseinandersetzung mit der Umgebung, in Form von Anpassung an Lebensbedingungen und Durchsetzung gegenüber Konkurrenz. Die Umwelt ist entscheidend dafür, ob Leben in einer bestimmten Form möglich ist. Auch für das menschliche Selbstbewusstsein als Merkmal mutmaßlich höchster Lebensform ist die Umgebung, d. h. die erfahrbare Umwelt, Gegenstand der Auseinandersetzung und wichtige Bezugsgröße für Überlegungen zur menschlichen Existenz. Eine gedankliche Beschäftigung mit Gott setzt voraus, dass man sich Rechenschaft über den eigenen Erfahrungshorizont gibt, d. h. sich fragt, wie man die Welt und sich selbst in dieser Welt sieht, subjektiv und, so weit wie möglich, auch objektiv.

Subjektives Weltbild

D er Mensch findet sich irgendwann als denkendes Ich in einer für ihn – teilweise – erfahrbaren Umgebung. Er realisiert, dass er als Ergebnis der von ihm bis dahin gemachten Erfahrungen mehr oder weniger unreflektiert eine **Vorstellung von seiner Umwelt** entwickelt hat. Sein Weltbild, das dem anderer Individuen ähnlich sein dürfte, ist also das Produkt von Wahrnehmungen und Lernprozessen.

Wahrnehmen kann der Mensch jeweils nur die Phänomene seiner Umgebung, für die er **Sinnesorgane** besitzt. So werden z.B. Sinneszellen auf der Netzhaut seiner Augen (Stäbchen und Zapfen) durch elektromagnetische Wellen in einem Frequenzbereich von 400 bis 800 Billionen Schwingungen pro Sekunde erregt. Die Erregungen werden in Nervenbahnen weitergeleitet und im Sehzentrum des Gehirns zu optischen Eindrücken verarbeitet. Schallwellen mit einer Frequenz von 16 bis 200 000 Schwingungen pro Sekunde liefern die adäquaten Reize für Sinneszellen im Innenohr, um akustische Wahrnehmungen zu erzeugen. Für optische wie akustische Reize gilt, dass für jede Frequenz eine bestimmte Intensitätsschwelle erreicht werden muss, um eine Wahrnehmung entstehen zu lassen.

In ähnlicher Weise besitzt der Mensch Sinneszellen für Geruch und Geschmack, ferner für Tastempfindungen, für Schmerz, sowie für Kälte und Wärme. Aufgrund von Muskel-, Lage- und Gleichgewichtssinnen empfängt der Mensch Botschaften für eine Reihe weiterer für ihn wichtiger Befindlichkeiten. Um aus den Sinnesreizen **Wahrnehmungen** werden zu lassen, sind komplizierte Schaltungen im Gehirn erforderlich. Diese ermöglichen Lernvorgänge, die dem Ganzen Kontext und **Bedeutung** geben.

Was wir sehen und wie wir es wahrnehmen, hängt bis zu einem gewissen, gar nicht so geringen Grad von uns selbst ab. Ob die Welt z. B. bedrohlich für uns ausschaut, hängt von unserer Ängstlichkeit ab. Ob die Welt es lohnt, sich mit ihr auseinander zu setzen, wird von unserem Optimismus oder Pessimismus bestimmt, wie interessant sie uns vorkommt, von unserer Neugier. Was für den optischen Sinneskanal gilt, trifft in gleicher Weise für alle anderen Sinnesmodalitäten zu. Wie sehr uns z. B. die Dinge im täglichen Leben und wie viele davon „stinken", entscheidet sich nicht nur im Augenblick der Reizung unserer olfaktorischen Sinneszellen sondern wird mitbestimmt von unserer über lange Zeit geprägten, antizipierend wirkenden **Einstellung**. Was uns erschüttert, was uns schmeckt, ist ebenfalls schon weitgehend vorherbestimmt, noch bevor wir die Vibration spüren bzw. unsere Geschmacksknospen auf der Zunge, im Gaumen- und Rachenraum stimuliert werden.

Zur menschlichen Lebenswirklichkeit gehört auch, dass wir in einer Welt der sinnlichen Wahrnehmungen leben, denen eine ganz **andere Form von Realität** entspricht. Wir sind beeindruckt von den Bildern, die sich vor unseren Augen auftun, und von den Geräuschen und Tönen, die an unser Ohr dringen. Wir sind an die empfundene Schwere oder Leichtigkeit der Gegenstände gewöhnt. Wir wissen und schätzen, wie sich Stein, Erde, ein Tierfell oder menschliche Haut anfühlen. Diese Wahrnehmungen und die Erinnerung daran konstituieren das Gesamtbild von unserer Umgebung, unsere subjektive Welt.

In Wirklichkeit aber besteht die **Materie in uns und um uns** aus unsichtbaren Kleinstteilen, den Atomen und ihren Substrukturen, die man grob so beschreiben könnte: Ein winziger Kern, viel leerer Raum, also nichts, und viel Energie der um den Kern kreisenden geladenen Teilchen. Der taktile Reiz beim Berühren des Fingers resultiert aus dem Aufeinandertreffen der sich bewegenden atomaren Strukturen der Haut und der des berührten Objektes. Unsere wahrgenommene, subjektive Welt hat zwar in der physikalischen ihre Ursache, ist aber in ihrer Wesensart eine ganz andere. Sie ist ein uns gewohntes **Abbild**. Ich meine, wir sollten in unser Meditieren über Gott und die Welt diesen interessanten, fundamentalen Unterschied unbedingt einbeziehen. Unsere Dinge haben etwas mit dem Urknall zu tun und allem Geschehen in der physikalischen Welt seit diesem Ereignis. Das muss unser Gottesbild nicht völlig umwerfen, aber es muss sich in ihm wiederfinden. In diesem Sinne ist z. B. die Frage erlaubt, ob wir glauben sollen, dass Gott, der in so vielfältiger Weise Elektronen um unendlich viele Atomkerne kreisen lässt, die „Bosheit" der Menschen beeindruckt. Was ich damit sagen will, ist, dass das Gottesbild vieler Religionen und vieler religiöser Menschen korrekturbedürftig sein könnte.

Auch ein Hinweis darauf sollte erlaubt sein, dass unsere große subj**ektive Welt wesentlich kleiner ist als die objektive.** Unser wunderbarer Sinnesapparat erlaubt uns nur einen Teil der Vorgänge zu erfassen, weil er nur für einen Teil der Modalitäten den Zugang eröffnet. Fledermäuse z. B. orientieren sich mit Hilfe der Reflexion von ihnen selbst ausgesandter Ultraschallwellen, in der menschlichen Erfahrungswelt ein „blinder Fleck". Unsere Umwelt ist voller Strahlungen, die wir nicht oder nur analog mit hohem technischem Aufwand erfassen können. Dieses Faktum liefert zwar nichts Charakterisierendes für das Gottesbild, aber es macht noch demütiger und zurückhaltender, wenn man antritt, Aussagen über Gott zu machen.

Das **Weltbild** des Menschen ist **veränderlich**, dynamisch, und wird aufgrund neuer Informationen oder des Ausbleibens der nötigen Wiederholung und Bestätigung alter immer wieder aktualisiert. So entspricht die Welt des ungeborenen Kindes im Mutterleib einer nährenden und schützenden, reizarmen Umgebung. Sie besteht aus Schaukelbewegungen in einem gleichmäßig warmen, feuchten Milieu, angereichert durch gedämpfte akustische Reize – eine kleine aber bei einer nicht allzu ausschweifend (Alkohol, Drogen) lebenden Schwangeren gar nicht so unangenehme Welt. Die Erfahrung der Geburt ist die eines leider oft recht gewaltsamen Durchtritts durch einen engen Schlauch. Psychologen meinen nicht ganz grundlos, dass es in tiefen Schichten des menschlichen Gedächtnisses von diesem zeitlich kurzen, aber unter Umständen dramatisch verlaufenden Eintritt in die „Welt" ebenso Spuren gibt, wie von der vorausgegangenen Phase im Mutterleib.

Nach der Geburt besteht die Welt des Säuglings weitgehend aus Berührungsreizen, die in der Mundhöhle, an der Zunge und an den Lippen entstehen. Etwas übertrieben ausgedrückt kann man sagen: Die Grenzen der Welt des Neugeborenen liegen einige Zentimeter vor seinen Lippen.

Die Natur hat alles darauf konzentriert, dass das Weiterleben mit großer Sicherheit gewährleistet wird. Ein komplizierter Vorgang, das Saugen, muss in dieser Phase, in der der Säugling sonst so gut wie nichts kann, voll funktionieren. Dafür hat das Neugeborene nicht nur Sinneszellen sondern auch Nervenbahnen und schon zu diesem frühen Zeitpunkt voll ausgereifte neuronale Zentren, die die eingehenden Reize weiterleiten, verarbeiten und für die adäquaten motorischen Impulse sorgen. Wenige andere Areale im menschlichen Gehirn sind zu diesem Zeitpunkt so weit entwickelt.

Aber die Welt des Kindes wächst. Es weitet den Erfahrungsraum aus bis zur Reichweite seiner sich zunehmend lebhafter bewegenden Extremitäten, vor allem der Arme und der immer geschickter greifenden Hände. Irgendwann ist das Kind in der Lage, sich aufzurichten, zu krabbeln und irgendwann, so um den ersten Geburtstag, alleine erste Schritte zu gehen. Damit kann es den Standort, von dem aus es die Welt erkundet, selbständig verändern. Die Ausflüge, allein und in Begleitung, werden größer, in der Wohnung, im Haus, im Garten, auf der Straße, auf dem Weg zum Kindergarten, zum Besuch bei Großeltern, Freunden und Bekannten. Da moderne Eltern sich durch ihre Kinder den eigenen Aktionsradius nicht gerne einengen lassen oder – bei Alleinerziehenden – können, nehmen sie die Kinder schon im zarten Alter mit auf Wege zur Arbeit, Besuche beim Arzt, Gang zu Behörden und vor allem Urlaubsreisen. Mein ältester Enkelsohn war mit seinen Eltern mit ca. zwei Jahren in Brasilien. Kurz nach seiner Rückkehr erklärte er seiner Großmutter die Farben der Verkehrsampel so: Rot, „mango", grün. Die Dimensionen der „Welt" werden für den heranwachsenden Menschen normalerweise immer größer. Aufgrund beruflicher

Aktivitäten oder Urlaubsreisen umspannen sie eventuell den ganzen Globus. Das Weltbild kann aber auch durch alters- oder behinderungsbedingte Verkleinerung des Aktionsradius und verblassende Erinnerungen wieder schrumpfen, bis es irgendwann im Tod auf einen Punkt zurückgeführt wird.

Die Wege und Stationen des **Erfahrungserwerbs** konstituieren zusammen mit den jeweils gesammelten Eindrücken die Welt des Menschen, seine Welt. Was dabei mit welchem **Bedeutungsgehalt** in das Gesamtbild eingeht, darüber entscheiden verschiedene Faktoren, so die jeweils gegebene individuelle Aufmerksamkeit, körperliche Befindlichkeiten, vor allem aber die emotionale Beteiligung.

Genau genommen, leben wir als Erwachsene nicht in einer homogenen Welt, sondern einer, die sich aus **Teilwelten** zusammensetzt, der Berufswelt, der privaten Umgebungs- und Beziehungswelt, der Nachrichtenwelt und der Innenwelt – das sind die wiederholten Erfahrungen mit dem eigenen Ich, jeweils aktualisiert beim inneren Sprechen. Manche leben gleichzeitig in parallelen Scheinwelten, z. B. der virtuellen Computerwelt. Die über die Umwelt gemachten und gespeicherten Erfahrungen werden von Zeit zu Zeit erinnert, zum Teil in neuem Zusammenhang gesehen, neu verknüpft, unter Umständen auch anders bewertet. Das heißt, dass auch die **Organisation der Erfahrungen** einer Dynamik unterliegt.

Das Weltbild des Menschen dient der **Orientierung**. Dahinter steht ein wichtiges Faktum der Motivationspsychologie. Wir lernen im Zusammenhang mit Motivbefriedigungen und das über die Gelegenheiten zur Motivbefriedigung (Orte, zeitliche Umstände) und ihre aktive Herbeiführung (Bedingungen, Wege) Gelernte ermöglicht und erleichtert künftige Motivbefriedigungen – ein wichtiges Lebensprinzip.

Die **Organisation von Wahrnehmungen** und die Ausbildung von ordnenden Konzepten beginnen im Leben schon relativ früh. Dazu gehören z. B. die Vorstellung vom Raum und die Zuordnung von oben und unten. Dass die räumliche Ordnung nicht angeboren sondern erworben ist (Empirismus contra Nativismus), konnte in Experimenten der frühen Wahrnehmungspsychologie gezeigt werden. So setzten sich Innsbrucker Psychologen, *Prof. Erismann* und seine Schüler, Umkehrbrillen auf, mit denen sie die Welt auf dem Kopf stehend erlebten. Es war nicht leicht, sich damit zurechtzufinden. Sie wagten es sogar damit Ski zu laufen. Es dauerte einige Tage, bis dieser Eindruck unsicher wurde und sich die Welt trotz Umkehrbrille wieder in der gewohnten aufrechten Ordnung befand. Wie vermutet, löste nun das Abnehmen der Brille den Eindruck des auf dem Kopf Stehens aus. Die Rückkehr zur normalen Sichtweise vollzog sich dann aber in wenigen Stunden. Auch für die Zeit, die Bewegung und die Geschwindigkeit kennt man interessante Phänomene, die in unser Weltbild eingehen, z. B. das Phänomen, dass die Abfolge von Einzelbildern ab einer bestimmten Frequenz zu deren Verschmelzung führt, sodass wir sie als Bewegung erleben (eine Vorbedingung des Kinofilms). Auch die Qualitäten der gewonnenen Eindrücke finden sich in unserem Weltbild wieder, z. B. wie uns die Erde trägt, aufgrund der Anziehungskraft der Körper, wie sich die Aggregatszustände von Stoffen für uns anfühlen, vor allem die Luft, die uns wenig Widerstand entgegensetzt und das Wasser, das bekanntlich keine Balken hat. Sich fühlen, wie der Vogel in der Luft –ein alter, heute vielfach verwirklichter Menschheitstraum – oder wie der

Fisch im Wasser – auch das grundsätzlich nachfühlbar. Wärme und Kälte, diese energetischen Zustände der physikalischen Umgebung sind nicht nur für die entsprechenden Empfindungen verantwortlich, sie liefern auch die Kategorien für Qualitäten unseres Innenlebens; wir benutzen sie als Analogien, etwa wenn wir von einer warmen oder frostigen Reaktion sprechen. Ähnliche Bedeutung haben die Wechsel von hell und dunkel, die Jahreszeiten und das Klima.

Die individuelle Außenwelt, oder besser gesagt das Bild von ihr, und die Innenwelt stehen in einer **wechselseitigen Beziehung**. So beeinflusst z. B. unsere Phantasie unser Bild von der Welt, dehnt es unter Umständen aus bis zu den Sternen, zumindest temporär, und bereichert es mit Attributen und Assoziationen. Der Zusammenhang zwischen subjektivem Weltbild und innerer Befindlichkeit lässt sich bis in die Psychopathologie hinein verfolgen. Während die Welt des Menschen mit einer Manie kaum Grenzen kennt, schrumpft das Weltbild des Depressiven zu einem einengenden Käfig.

Eine Erfahrung, die wesentlich zu unserem irdischen Weltbild gehört, ist in unserem Bewusstsein nicht immer präsent, weil wir sie zuweilen ausblenden, das **Werden und Vergehen**. Sie gehört aber unabweislich zu unserem Erleben in der Natur und in der sozialen Umwelt und hält die Vorstellung von unserer eigenen Begrenztheit und unserer Vergänglichkeit wach. Das ist insofern ein wichtiger Teil unseres subjektiven Weltbildes, weil hier der Ansatzpunkt für ein Weiterdenken des Menschen liegt.

W enn wir vom Weltbild sprechen, meinen wir
freilich eher das, was wir über die Welt **wissen**.
An dieser Stelle ist nochmals daran zu erinnern,
dass wir die Umwelt ohnehin nicht wahrnehmen, wie
sie ist, sondern aufgrund der Sinneseindrücke, für die
wir Rezeptoren besitzen, ein Abbild von ihr gewinnen.
Vieles bleibt uns verborgen. Es war vermutlich für den
Fortbestand unserer Gattung nicht wichtig genug, dass
die Natur uns dafür mit Sinnesorganen ausgestattet hätte.

Andererseits verdanken wir dem menschlichen
Erfindergeist Apparaturen, die physikalische Wellen, für
die wir über keine Sinnesorgane verfügen, transformieren
und davon analoge Bilder liefern. Durch diese Erweiterung
unserer Sicht auf die Welt und durch das gesamte Potenzial
der naturwissenschaftlichen Forschungsmethoden sind
wir heute in der Lage, die Vorgänge um die Entstehung
der Welt und die in ihr geltenden Naturgesetze erstaunlich
gut zu beschreiben.

Kosmologie

Das Wissen über die Welt fließt in unser persönliches
Konzept, das wir Weltbild nennen, mit ein. Vieles, was
uns selbstverständlich ist, z. B. dass die Erde annähernd
die Form einer Kugel besitzt, können wir nicht selbst
überprüfen, wenn wir nicht gerade nonstop um die Erde
fliegen. Der Horizont, in einer Ebene oder am Meer
betrachtet, zeigt sich nicht so stark gekrümmt, dass man
auf eine Kugelform der Erde schließen müsste. Aber wir

kennen Globen, also Nachbildungen der Erdkugel, und Bilder, die von einem Satelliten oder vom Mond aus von der Erde aufgenommen wurden. Darum zweifeln wir heute keinen Augenblick an der Kugelform. In der Antike herrschte noch die Vorstellung, die Erde habe die Form einer Scheibe. Es war dann die Epoche der Seefahrer, der Entdecker und Geographen, in der sich die Auffassung von der Erde als einer Kugel durchsetzte.

Der Blick auf den Himmel aber gab der Menschheit noch viele Rätsel auf. Zwar waren schon die Astronomen der alten Ägypter und Sumerer in der Lage, astronomische Ereignisse, wie Mond- und Sonnenfinsternis, und bestimmte Konstellationen der Sterne voraus zu berechnen, aber noch lange Zeit hielt sich das **geozentrische Weltbild** des *Ptolemäus* (90–168 n. Chr.), d. h. die Annahme, dass die Sonne und andere Gestirne sich um das eine Zentrum, die Erde, drehten. Die Wissenschaft stand unter dem Einfluss der Kirche, die unter Berufung auf die Bibel lehrte, dass der von Gott geschaffene Mensch die Krone der Schöpfung sei. Um ihn und seinen Aufenthaltsort, die Erde, hatte sich alles zu drehen.

Was im Buch Genesis der jüdisch-christlichen Religion über die Erschaffung der Welt geschrieben steht, findet sich in ähnlicher Weise in alten Überlieferungen anderer Religionen und entspricht einem alten Mythos der Menschheit. Dass es sich dabei um eine bildhaft-symbolische Darstellung handelt, hätte klar sein müssen. Trotzdem konnte sich die Forderung der Kirche, die Schöpfungsgeschichte der Bibel wörtlich zu nehmen, lange Zeit halten. Die sogenannten Kreationisten tun das angeblich heute noch, gegen die eindeutig anderslautenden Forschungsergebnisse der modernen Naturwissenschaften.

Das geozentrische Weltbild hätte schon durch die Erkenntnisse des aus Thorn stammenden Theologen und Astronomen *Nikolaus Kopernikus* (1473–1543) überholt sein müssen. Da die Veröffentlichung seiner Ergebnisse mit einem Vorwort versehen wurde, das sie als hypothetisches Modell ausgab, und die kirchliche Öffentlichkeit von seinen Schriften wenig Notiz nahm, entging er dem harten Zugriff der Kirche. *Johannes Kepler* (1571–1630) musste als evangelischer Theologe in Tübingen, der sich der Astronomie und Mathematik widmete, von seiner Kirche außer Unverständnis ohnehin nichts befürchten. Aufgrund seiner Berechnungen bestätigte er das kopernikanische Modell, korrigierte es aber dahingehend, dass es sich bei den Umlaufbahnen der Planeten nicht um Kreise, sondern um Ellipsen handelte.

Dagegen traf den italienischen Mathematiker, Physiker und Philosophen *Galileo Galilei* (1564–1642), der aufgrund seiner exakten astronomischen Beobachtungen und Berechnungen das neue Weltmodell bestätigte und zum Begründer der modernen Naturwissenschaften wurde, die Wucht kirchlicher Repression.
Er wurde 1632 vor die römische Inquisition geladen, wo man ihn zwang, seine „Irrlehre", das **heliozentrische Weltmodell**, zu widerrufen. Rund fünfzig Jahre später wurde *Galilei* von den sich immer stärker durchsetzenden exakten Naturwissenschaften eindrucksvoll bestätigt. Der englische Mathematiker, Physiker und Astronom *Sir Isaac Newton* (1643–1727) lieferte mit seinen experimentell belegten Gesetzen der Mechanik ein überzeugendes Erklärungsmodell für die Bewegung der Himmelskörper.

Eine weitere bahnbrechende Änderung in der Sichtweise und dem Verständnis physikalischer Vorgänge brachte dann zu Beginn des 20. Jahrhunderts *Albert Einstein*

(1879–1955) mit einem neuen Weltmodell, das sich aus den Grundgleichungen seiner „**Allgemeinen Relativitätstheorie**" ableiten ließ. Diese kennt nur eine absolute Konstante, die Lichtgeschwindigkeit, während die Konstanten im *Newton'*schen System, Gravitation, Raum und Zeit, relativiert werden. In dem schwer vorstellbarem System *Einsteins* gibt es eine neue physikalische Größe, die „**Raum-Zeit**". Masse krümmt Raum und Zeit, also ist **Schwerkraft** die Krümmung der Raum-Zeit durch die in ihr enthaltenen Massen. Diese Theorie konnte während einer totalen Sonnenfinsternis dadurch bestätigt werden, dass die vorausgesagte Krümmung des Lichts entlegener Himmelskörper an einem massiven Stern (Sonne) tatsächlich nachgewiesen werden konnte. *Einstein* hatte als Konsequenz seines theoretischen Systems auch das Auftreten von sogenannten **Gravitationswellen** als Folge bestimmter kosmischer Ereignisse postuliert. Diese konnten jüngst in den USA mit enormem technischen Aufwand tatsächlich nachgewiesen werden – zugleich ein Beweis für die Richtigkeit der *Einstein'*schen Theorie.

Auf einen wichtigen Aspekt des Universums machten der amerikanische Physiker *Edwin P. Hubble* (1889–1953) und der Astrophysiker an der Universität Löwen Abbé *Georges Lemaitre* (1894–1966) aufmerksam, die Tatsache nämlich, dass sich unser Weltall mit rasender, zunehmend beschleunigter Geschwindigkeit in alle Richtungen ausdehnt. Die Theorie impliziert die Annahme, dass dieser Vorgang einen Anfang hatte, den sogenannten **Urknall**.

Vor **13,7 Milliarden Jahren**, begann, so besagt dieses weitgehend anerkannte Modell, mit einer unvorstellbaren kosmischen Explosion die **Entwicklung des Universums**, ausgehend von einem überaus kleinen Urfeuerball, in dem Materie mit größter Dichte und höchster Temperatur komprimiert waren. Die Experten sind sich darüber weitgehend einig, dass zum Zeitpunkt des Urknalls ganz bestimmte Bedingungen erfüllt sein mussten: eine kosmische Feinabstimmung von Energie und Masse. Es erfolgte eine rasche Ausdehnung nach allen Seiten unter gleichzeitiger Abkühlung. Schon ganz zu Beginn der ersten Sekunde (einige Millionstel Sekunden) dürften sich aus extrem energiereichen Photonen schwere Elementarteilchen, Protonen, Neutronen und ihre Antiteilchen, sowie leichte Elementarteilchen, nämlich Elektronen und Positronen, gebildet haben. Durch Fusionsprozesse wurden Heliumkerne aufgebaut, einige Hunderttausend Jahre später neutrale Wasserstoff- und Heliumatome.

Nach ca. 20 Millionen Jahren kondensierte das Gas durch die Schwerkraft zu vermutlich 100 Milliarden Galaxien mit jeweils mehr als 10 Milliarden Sternen. In diesen fanden unter anderem Kernreaktionen statt, die neben Wasserstoff und Helium auch schwere Elemente, wie Kohlenstoff, Sauerstoff und Stickstoff hervorbrachten. Manche Sterne explodierten wieder, wobei sich erneut massereiche Gaswolken bildeten, die sich wieder zu Sternen der zweiten Generation verdichteten, die nun auch schwerere Elemente enthielten. Nach etwa 9 Milliarden Jahren bildeten sich unsere **Sonne** und deren Planeten. Von da an vergingen nochmals einige Milliarden Jahre bis unser Planet, die **Erde**, nach vielfältigen Umgestaltungen soweit war, dass darauf Leben entstehen und schließlich der Mensch auf den Plan treten konnte.

Die Kosmologen (Himmelsforscher) hatten in ihrer Wissenschaft von jeher mit großen **methodischen Problemen** zu kämpfen, unter anderem damit, dass sie als Beobachter von Vorgängen im All zugleich Teil des von ihnen beobachteten Universums sind. Aber sie haben gelernt mit diesem Problem umzugehen. Neben der bloßen Beobachtung mit immer leistungsfähigeren Fernrohren registrierten sie mit Radioteleskopen Signale aus den Tiefen des Weltraums. Besondere Aufmerksamkeit schenkten sie der Messung der Lichtstärke beobachteter Objekte und den Verschiebungen der Farbanteile ihres Lichtes. Darüber hinaus wurde die Kosmologie zu einer Domäne der Mathematik und des konzeptionellen Denkens.

Da das, was aus dem Weltall kommend gemessen werden kann, entsprechend den großen Entfernungen lange unterwegs war, kündet das Gemessene zum Teil von weltgeschichtlich lange zurückliegenden Ereignissen. Vor allem die Messung der „kosmischen Hintergrundstrahlung" ist zu einer wichtigen Informationsquelle geworden. Dabei handelt es sich um eine elektromagnetische Mikrowellenstrahlung aus dem „heißen Universum" in der zeitlichen Nähe des Urknalls, als die Materie bei einer Temperatur von ca. 4000°C lichtdurchlässig wurde. „Zu dieser Zeit hatte sich die vorhandene Materie noch nicht zu Galaxien zusammenklumpen können, trotz der Gravitation, weil der Strahlungsdruck des heißen Universums jede Verdichtung wieder zerstäubt hätte", erklärte *Martin Bojawald* („Zurück vor den Urknall", 5. Aufl. S. Fischer, Frankfurt a. M., 2009).

Himmelserscheinungen, wie die Supernovae, sind in der Astrophysik zu messtechnischen Standards für die Vermessung des Universums geworden. Manches, was in der Astrophysik diskutiert und wie eine Realität gehandelt wird, kann man nur indirekt als Abweichungen von erwarteten Messergebnissen erschließen. Dazu gehören Begriffe, wie „weiße Zwerge",

„Neutronensterne", „schwarze Löcher", „dunkle Energie" und „dunkle Materie". Die dunkle Materie z. B., die man salopp auch den Weltraumkitt nennt, ist bis jetzt für die Wissenschaftler nicht darstellbar, vermutlich weil sie nicht an Lichtquellen gekoppelt ist. Aber es muss sie geben, weil anders die Gravitationswirkungen auf die sichtbare Masse nicht zu erklären sind. Dieses Postulat ist eine der wichtigsten offenen Fragen der Kosmologie. Das vieldiskutierte Lambda-CDM-Modell, das die bekannten und die angenommenen Bestandteile des Universums in einen theoretischen Zusammenhang bringt, geht von 23 % Masseanteil der dunklen Materie und nur 4 % der gewöhnlichen Materie aus. Der Rest von 73 % fällt auf die sogenannte dunkle Energie.

Modern denkende **Theologen** haben den biblischen Schöpfungsbericht unter dem Eindruck des veränderten naturwissenschaftlichen Weltbildes dahingehend umgedeutet, dass ein **göttlicher Schöpfer** den Entstehungsprozess der Welt **mit dem Urknall gestartet** hat. So sehr diese Interpretation unser Kausalitätsbedürfnis befriedigt, sagt sie doch nichts darüber aus, was vorher war und woher Gott den Stoff für diese Welt genommen hat. „Ex nihilo nihil" (aus nichts entsteht nichts), lautet ein philosophischer Grundsatz. Vorsicht ist auch deswegen geboten, weil sich auch die Physiker über den Urknall nicht einig sind.

In der interessanten populärwissenschaftlichen Abhandlung „Zurück vor den Urknall" versteht der Physiker *Martin Bojawald* den Urknall nicht als zeitliche Grenze. In der sogenannten Schleifen-Quanten-Gravitation sieht er eine der Varianten, die derzeit für eine Kombination der Allgemeinen Relativitätstheorie und der Quantentheorie gehandelt werden.

Diese liefere einen durch mathematische Gleichungen darstellbaren Ansatz für eine **nicht-singuläre Beschreibung des Urknalls**. Nach seiner Vorstellung gab es schon vor dem Urknall ein Universum. Dieses befand sich im Zustand der fortschreitenden Kontraktion, die zum Zeitpunkt des Urknalls in eine Expansion umgeschlagen ist, in der sich das All noch heute befindet, bis eines Tages der Punkt erreicht sein wird, in dem sich der Prozess wieder in Richtung Kontraktion umkehrt. Eine solche Betrachtungsweise läuft auf ein **zyklisches Weltmodell** hinaus. Ein einmaliger Schöpfungsakt dagegen würde ein **lineares Modell** fordern. Sollte sich je ein zyklisches Modell bewahrheiten, würde das den Beginn der Welt ins Unendliche hinausschieben. Ursache und Sinn der Vorgänge wären damit keinesfalls erklärt.

Mikrokosmos

Weitere Stationen wichtiger naturwissenschaftlicher Erkenntnisse betreffen den Mikrokosmos: die Erforschung der **Atome** und ihres Aufbaus. Im Jahr 1910 hat der deutsche Physiker *Max Planck* (1858–1947) die sog. **Quantentheorie** entwickelt, wonach elektromagnetische Energie nur in Portionen, den Quanten, abgestrahlt oder absorbiert wird. Der Däne *Nils Bohr* (1885–1962) entwickelte ein **Atommodell**, das besagt, dass ein positiv geladener Atomkern von negativ geladenen Elektronen umkreist wird. Auf dessen Schüler *Werner Heisenberg* (1901–1976) geht das Gesetz der **Unschärferelation** zurück: Wenn man weiß, an welchem Ort ein Elektron sich befindet, kann man nicht wissen, was es macht (Impuls), denn man kann nicht beides gleichzeitig messen.

Der Kernphysik, genauer gesagt, der **Teilchenphysik**, wie sie im Teilchenbeschleuniger CERN, einer unterirdischen, 27 km langen, ringförmigen Forschungsanlage in der Nähe von Genf betrieben wird, ist es vor kurzem gelungen, die Situation, wie sie unmittelbar nach dem Urknall (ein Millionstel einer Sekunde) gegeben war, mit großem Aufwand experimentell nachzubilden. Es wird Jahre dauern, bis die dabei angefallenen Datenmengen ausgewertet sind und daraus gewonnene neue Erkenntnisse formuliert werden können. Allerdings glauben die Physiker, dass ihnen mit diesen Experimenten schon jetzt der Nachweis des lange gesuchten *Higgs*-Teilchens (*Peter Higgs*, britischer Physiker und Nobelpreisträger, geb. 1929) gelungen ist, des letzten noch fehlenden Puzzlesteins in ihrem Standardmodell. Sie nennen dieses Teilchen auch **„Gottes Teilchen"**.

Schaut man auf die Arbeiten der großen Berühmtheiten der Physik in den letzten hundert Jahren oder besser auf die populärwissenschaftlichen Übersetzungen ihrer komplizierten Theorien, stößt man immer wieder auf das Bemühen, eine einfache **Weltformel** zu finden, die alles, was uns in der Welt begegnet und was sich den Wissenschaftlern in ihren Experimenten zeigt, überzeugend erklärt. An solchen Formeln arbeiteten *Einstein, Heisenberg* und andere, im Grunde erfolglos. Man könnte den Eindruck gewinnen, dass es den Forschern darum ging, die Entstehung der Welt als zwangsläufig darzustellen und den Gedanken an einen **göttlichen Schöpfer aus dem System zu eliminieren**. Dieses Anliegen wird bei dem genialen, körperlich behinderten Physiker *Stephen Hawkins* (geb. 1942) schon in der Diktion deutlich, wenn er seine „große vereinheitlichte Theorie" (GUT) dem Konzept „Gott" (GOD) gegenüberstellt.

Eine **Alternative zu Gott** zu denken, was manche Gläubige als unangemessen empfinden, halte ich grundsätzlich für erlaubt. Ich selbst sehe keine Alternative und ich habe den Eindruck, dass alle genialen Naturwissenschaftler bis jetzt weit davon entfernt sind, die Mauer der Erklärungslosigkeit niederzureißen und einen Gottglauben damit überflüssig zu machen. Mein später noch zu beschreibendes Gottesbild lässt es aber nicht zu, anzunehmen, dass Gott, wenn es ihn gibt, es einem forschenden Geist verübelt, seine Nichtexistenz beweisen zu wollen. Man darf solche Bemühungen mit großer Gelassenheit verfolgen.

Wenn wir überlegen, was von den Erkenntnissen der modernen Naturwissenschaften in unser **persönliches Weltbild** eingehen sollte, so sind es in erster Linie die **ungeheuren Dimensionen in Raum und Zeit**: Fast 14 Milliarden Jahre vom Urknall bis jetzt und 78 Milliarden Lichtjahre Entfernung bis an die Grenzen des Alls. Das und der ungeheure **Aufwand** des Unternehmens „Welt" müssen Auswirkungen auf unser Gottesbild haben. Und es stellt sich immer wieder die Frage nach dem **Sinn**.

Die Bibel berührt diese Frage nicht im Buch Genesis sondern am Anfang des Johannes–Evangeliums wo es heißt: „Im Anfang war das Wort, und das Wort war bei Gott, und Gott war das Wort. Dieses war im Anfang bei Gott. Alles ist durch es geworden und ohne es ist nichts geworden, was geworden ist - in ihm war das Leben, und das Leben war das Licht der Menschen. Und das Licht scheint in der Finsternis und die Finsternis hat es nicht ergriffen" (Joh 1, 1–6). In diesem **Prolog zum Johannes–Evangelium** wird die Frage nach dem Ursprung gestellt. Im griechischen Text ist vom **Logos** die Rede, was zwar mit „Wort" übersetzt werden kann, hier aber besser mit Sinn, noch besser mit **sinnvollem Urgrund**, der mit **Gott** gleichzusetzen ist. Damit in guter Übereinstimmung hat der Heilige *Augustinus* die Auffassung vertreten, dass mit dem Licht, das Gott am ersten Schöpfungstag schuf, nicht die Sonne gemeint sei sondern der beginnende Erkenntnisprozess, mit dem der Mensch Gottes Wirken begreift. Auch *Goethes* Faust hat sich in seinem Suchen nach dem, „was die Welt im Innersten zusammenhält", spekulativ mit Übersetzungsversuchen von Logos im Johannes–Evangelium beschäftigt.

Vielleicht sollte man solche Texte als verehrungswürdiges **Mysterium** ungedeutet stehen lassen, wie im Wessobrunner Gebet: „Das erfuhr ich unter Menschen als Wunder größtes, dass Erde nicht war, noch Himmel darüber, noch irgendein Baum, noch Berg nicht war, noch irgendein Stern, noch Sonne schien, noch Mond nicht leuchtete, noch das gewaltige Meer. Als da nirgends nichts war an Enden und Wenden, da war doch der eine allmächtige Gott". Das für den Menschen Unvorstellbare wird hier in einem ehrfurchtsvollen, mystischen Gebet als eine Metapher für Gott schlechthin benutzt. Es bleibt ein Mysterium, auch wenn Theologen erklären, dass es vor der Welterschaffung keine Zeit gab, weil Gott mit der Welt die Zeit erschaffen hat. Dabei würde es genügen zu sagen, dass es unsere Vorstellungskraft übersteigt. Wir wissen es nicht.

Der Planet Erde

Die Betrachtung des „gestirnten Himmels", dieses winzigen Ausschnitts aus dem Universum, hat die Menschen von jeher stark beeindruckt. Unmittelbarer aber sind es die Wunder der Erde, die ihr Bild von der Welt prägen. Die Erde, der Heimatstern des Menschen, ist nur einer von

Milliarden Sternen in unserem Milchstraßensystem und dieses ist nur eines unter Milliarden ähnlicher Galaxien. Das **Alter** des Universums wird, wie gesagt, mit 13,7 Milliarden Jahren angegeben. Seit einem Drittel dieser Zeit, etwa 4,5 Milliarden Jahren, existiert der Planet Erde und seit ungefähr 3,5 Milliarden Jahren, schätzt man, gibt es Leben auf diesem Planeten.

Ob es auch auf anderen Sternen Lebensformen gibt, wissen wir nicht. Darüber wird viel spekuliert. Tatsache aber ist, dass die Erde über eine Reihe **besonderer Eigenschaften** verfügen musste, die für die Entwicklung von Leben und seinen Fortbestand Voraussetzung waren. So garantiert die Größe der Erde, genauer gesagt, ihre Masse, aufgrund der Gravitation eine durchschnittliche Entfernung von der Sonne, die hier im Gegensatz zur Situation auf anderen Planeten für eine **gedeihliche Temperatur** (Mittelwert 19°C) sorgt.

Im Zuge ihrer Entstehungsgeschichte ist die Erde mit einem relativ großen anderen Planeten kollidiert und verschmolzen, der viel flüssiges Eisen enthielt. Das hat der Erde erlaubt, ein **Magnetfeld** auszubilden, das die kosmischen Sonnenwinde ablenkt und so die Lebewesen vor einer schädlichen Strahlung aus dem Weltall schützt; es ist zugleich Ursache des Polarlichts.

Die auf der Erde vorhandenen chemischen Elemente und ihre Verteilung waren dafür verantwortlich, dass sich eine **Atmosphäre** ausbilden konnte. Diese schafft nicht nur die Voraussetzung für die Atmung von Luft zur Sauerstoffaufnahme, sie bildet auch eine schützende Hülle gegen den Meteoritenhagel. Kleine Meteoriten verglühen als Sternschnuppen in der Atmosphäre. Große Gesteinsbrocken werden durch die starke Gravitationskraft des auf einer äußeren Planetenbahn kreisenden, massereichen Jupiters von der Erde ferngehalten.

Das Vorkommen von **Wasser** ist eine unabdingbare Voraussetzung für Leben. Die meisten Lebewesen stammen aus Vorstufen, die sich in den Meeren entwickelt haben. Sie bestehen auch zum größten Teil aus Wasser, denn Wasser ist ein wichtiges Medium für viele Lebensvorgänge. Auch die Sauerstoff-Kohlensäure-Balance und die Vorgänge ihres Austauschs sind lebenswichtige Voraussetzungen, die auf der Erde gegeben sind.

Der **Mond** ist nicht nur eine willkommene Beleuchtung für nächtliche Wanderer, die Nähe eines so großen Erdtrabanten hilft eine Reihe wichtiger Bedingungen auf der Erde zu stabilisieren. Insbesondere bremst der Mond wegen seines Einflusses auf die Gezeiten die **Umdrehungsgeschwindigkeit** der Erde. Ohne den Mond gäbe es auf der Erde vielleicht Leben, aber keine zuträglichen Lebensbedingungen für den Menschen.

Die Summe dieser für das Leben **günstigen Voraussetzungen** ist in unserem Sonnensystem **einzigartig**. Ob es in den Milliarden weiterer Galaxien Sterne mit ähnlichen Bedingungen gibt, wissen wir nicht. Die Frage ist Gegenstand vieler Forschungsprojekte. Man hat sogar lange Zeit mit leistungsstarken Detektoren das Weltall nach Signalen abgesucht, die auf das Leben intelligenter Wesen hindeuten könnten, vergeblich. Würde man eines Tages doch Hinweise auf Leben finden, würde das für die Frage nach einem göttlichen Schöpfer nichts ändern, es könnte nur sein, dass die Rolle des Menschen neu definiert werden müsste.

Wie ist unser wunderbarer Heimatstern entstanden? Nach dem Urknall verteilte sich die Materie im Zuge der Expansion zunächst unregelmäßig. Die Ungleichheiten in der Materialdichte führten zu ersten **Gasansammlungen**, weil sich die Materie durch Gravitation und Zentrifugalkraft konzentrierte. Aus diesen Ansammlungen bildeten sich über Jahrmilliarden nach vielfachen Umgestaltungen die bekannten Galaxien. Der Vorläufer unseres Sonnensystems soll ein riesiger Sonnennebel gewesen sein, der sich durch seine Gravitation zusammenzog. Dieser als **Akkretion** bezeichnete Prozess führte im Zentrum zur Ansammlung von Masse mit so hoher Dichte, dass ein nuklearer Fusionsprozess einsetzte, die Geburt unseres **Energielieferanten**, der Sonne. Die übrige um die Sonne kreisende Materie ballte sich zu den Vorläufern der Planeten zusammen.

Die **Urerde** unterschied sich noch wesentlich von dem heute existierenden Planeten. Sie hatte noch keine feste Oberfläche und nahm an Größe ständig zu, weil sie noch weitere ungebundene Materie anzog. Ein außergewöhnliches kosmisches Ereignis in der frühen Entstehungsgeschichte der Erde, nämlich der Zusammenstoß mit einem relativ großen anderen Himmelskörper, bescherte uns den Mond. Das bei dem Aufprall ins All geschleuderte Material, das nun kreiste, wurde zum Teil von der Erde, zum Teil von ihrem neu entstandenen Mond durch Gravitation wieder eingefangen und ging in beiden auf.

Vor 4,2 Milliarden Jahren, im sog. Hadaikum, zeigte der Erdball aus glühender Lava eine zunehmende **oberflächliche Verkrustung**. Es bildeten sich erste Landmassen (Pangäa) aus Platten, die ihre Position auf der Erdkugel noch stark veränderten. **Plattenbewegungen** sind in wesentlich abgeschwächter Form auch heute noch nachweisbar; sie sind Ursache von Erdbeben und Vulkanausbrüchen. Die ausgestoßenen Gase bildeten die Uratmosphäre, die wieder verlorenging, sich neu bildete und mehrfach veränderte.

Neben den Produkten des Vulkanismus waren es die Bestandteile eingeschlagener Kometen, die die zweite **Atmosphäre** bildeten. Dabei gab es einen hohen Anteil an Wasserstoff. Das Wasser, das über Millionen von Jahren unter Blitz und Donner ständig vom Himmel fiel, konnte sich noch nicht auf der Erdoberfläche sammeln, weil es zu heiß war und daher sofort wieder verdampfte. Erst nachdem die Temperatur unter den Siedepunkt gesunken war, kam es aufgrund des langen Dauerregens zur **Ausbildung der Ozeane.**

Durch die hohe UV-Einstrahlung und die dadurch bedingten **fotochemischen Prozesse** sammelten sich Kohlendioxid und Stickstoff an. In der dritten Atmosphäre spielte der **Sauerstoff** eine wichtige Rolle. Er wurde im Sinne von oxygener **Photosynthese** durch Cyanobakterien gebildet und startete eine Kaskade **biochemischer Vorgänge.** Vor etwa 1 Milliarde Jahren erreichte die Sauerstoffkonzentration in der Atmosphäre ein Maß von 1%, wodurch einige 100 Millionen Jahre später eine erste **Ozonschicht** entstehen konnte. Seit ca. 350 Millionen Jahren liegt der Sauerstoffgehalt der Umgebungsluft konstant bei 21 %.

Wenn wir heute feststellen, dass die Erde mit ihrer besonderen Lage im All und ihren physikalischen Voraussetzungen ideale **Lebensbedingungen** bietet, so muss man auch festhalten, dass das nicht von Anfang an so war. Die Erde war die meiste Zeit unwirtlich und absolut lebensfeindlich. In der Bibel heißt es: „öd und leer". Erst nach knapp der Hälfte des bisherigen Erdzeitalters dürften die Voraussetzungen für ein primitives Leben vorhanden gewesen sein.

Leben

Wie kam Leben auf die Erde? Darüber gibt es verschiedene Theorien, die mehr oder weniger plausibel und allesamt recht kompliziert sind. Im Zuge der „**chemischen Evolution**" sollen im Hadaikum, genauer gesagt vor 4,2 bis 3,8 Milliarden Jahren, aus abiotischen, anorganischen Molekülen unter Einwirkung von Energie zunächst **organische Verbindungen**, also Kohlenstoff-Wasserstoff-Verbindungen, entstanden sein. Aus diesen **präbiotischen Molekülen** entstanden dann die ersten Lebewesen. Dieser zweite Schritt, die „**biologische Evolution**", ist noch weitaus komplizierter, weil er die Entstehung sich selbst replizierender und variierender chemischer Informationssysteme, wie sie in der Zelle gegeben sind, und die gegenseitige Abhängigkeit von Funktion und Information voraussetzt.

In sogenannten „Ursuppen-Experimenten" hat man versucht, die **Entstehungsbedingungen** zu simulieren. Über das Stadium der Hypothesenbildung ist man dabei nicht hinausgekommen. Als notwendige **Energielieferanten** wurden die damals allgegenwärtigen Blitze angenommen. Auch die hydrothermale Situation in der Umgebung der sogenannten „schwarzen Raucher", wie sie in der Tiefsee an vulkanisch aktiven Stellen noch heute beobachtet werden, wird als Bedingung für die Entstehung von Leben diskutiert. Nachdem sich primitives Leben auf der Erde erst einmal gebildet hatte, hat es sich rasch verbreitet und alle sich ihm bietenden Lebensräume eingenommen. Im Paläozoikum, vor ca. 542 Millionen Jahren, kam es zur sogenannten **kambischen Explosion**, einer sprunghaften Zunahme von Lebewesen, die das Bild der Erde stark veränderte.

Neue Lebensform

Vor einiger Zeit ging eine Meldung durch die internationale Presse, die viel Aufsehen erregte (dpa). Von der Entdeckung einer „neuen Lebensform" war die Rede. US-Forscher hatten „völlig überraschend" Bakterien ausfindig gemacht, die Arsen fressen. Die Biologen waren bis dahin von der Regel ausgegangen, dass Leben auf der Erde mit sechs chemischen Elementen auskommt: Phosphor, Kohlenstoff, Wasserstoff, Sauerstoff, Stickstoff und Schwefel. Das Neue, was man fand, war, dass Bakterien aus den Sedimenten eines kalifornischen Salzsees statt Phosphor das für den Menschen hochgiftige Arsen in Fette, Proteine und sogar in ihr Erbgut einbauten. Was dabei wenig beachtet wurde, war: Die Reaktion war nicht so „völlig überraschend". Arsen und Phosphor sind chemisch sehr ähnlich und der Stoffwechsel kann die Elemente in ihrer biologisch aktiven Form nicht auseinanderhalten. Weil die Forscher dies wussten, züchteten sie im Labor aus dem stark arsenhaltigen Sediment Bakterien, die sich über lange Zeit an das Arsen gewöhnt hatten. Sie erhöhten im Experiment allmählich die Arsenkonzentration des Nährmediums und hielten Phosphor fern. Sie überlisteten damit gleichsam die Bakterien.

Ich will das Außergewöhnliche an diesen Untersuchungsergebnissen nicht herunterspielen, aber das bedeutet doch nur, dass die Lebensprinzipien flexibler sind, als man bisher gedacht hatte. Das Universum ist also noch universeller und könnte für den kleinen menschlichen Geist noch manche weitere Überraschung bereithalten. Auf keinen Fall aber ist es damit weniger großartig und die Entdeckung nimmt dem Schöpfer nichts von seinem Nimbus, im Gegenteil.

Die ersten **primitiven Lebensformen** haben sich weiter entwickelt. Der **Stammbaum des Lebens** kennt drei Hauptäste (Domänen): die Archaeen, früher auch Archaebakterien genannt, die eigentlichen Bakterien und die sogenannten Eukaryoten. Den beiden ersten ist gemeinsam, dass diese Lebewesen keine Zellkerne besitzen (Prokaryoten). Die Archaeen, die entwicklungsgeschichtlich den Eukaryoten näher stehen als den Bakterien, sind gut an die früher häufig vorkommenden Extrembedingungen thermischer und chemischer Art angepasst. Bakterien sind außerordentlich zahlreich und vielgestaltig und erweisen sich, abgesehen von einem gewissen Gefährdungspotenzial für die Gesundheit anderer Lebewesen, überwiegend als nützlich. Aus den Eukaryoten mit Zellkern, sind unter anderem **Tiere, Pflanzen** und die **Pilze** hervorgegangen. Grenzformen des Lebens sind die **Viren**, die nicht zu den Lebewesen zählen, weil sie keinen Stoffwechsel besitzen. Aber diese Elemente haben die Fähigkeit, sich in einer Wirtszelle zu vermehren und Lebewesen zu infizieren.

Lebewesen sind organisierte genetische Einheiten mit der Fähigkeit zu Stoffwechsel, Fortpflanzung und evolutionärer Veränderung. Eine besondere Bedeutung bei den Lebensvorgängen haben der Energiehaushalt (Ernährung und Atmung), das Wachstum im Sinne von Zellvermehrung durch Zellteilung und die Selbstreproduktion (Kopie der DNA, Vererbung). Für die höheren Tierarten sind darüber hinaus die

Zelldifferenzierung, die dadurch ermöglichte Entstehung verschiedener Gewebe und die Ausbildung von Organen charakteristisch.

Die Vielfalt des Lebens wird durch die Neigung mancher Lebewesen, **Vergesellschaftungen** im Sinne von Symbiose mit gleichen oder andersartigen Lebewesen einzugehen, erweitert. So stellen z. B. die Flechten eine symbiotische Lebensgemeinschaft zwischen einem Pilz, dem sogenannten Mykobionten, und einem Partner, der zur Photosynthese befähigt ist, dar. Von besonderer Art und insofern schwer einzuordnen sind die Algen. Sie sind im Wasser lebende, Photosynthese betreibende, pflanzenartige Lebewesen. Grünalgen gehören zu den Pflanzen, Blaualgen, auch Cyanobakterien genannt, zählen dagegen zu den stammesgeschichtlich sehr alten Prokaryoten.

Setzt man das **Alter der Erde** mit einem Tag von 24 Stunden gleich, so gibt es Einzeller seit 15 Stunden, das Prinzip der Photosynthese seit 11 Stunden, die Eukaryoten, also Lebewesen mit Zellkern, Zellmembran, Organellen und einem relativ hohen Organisationsgrad, seit 7 Stunden, das Prinzip der Sexualität seit 5 Stunden, Vielzeller seit 3 Stunden, Wirbeltiere und Fische seit ungefähr 2 Stunden, Amphibien und Reptilien seit ca. 1,5 Stunden, Säuger seit 1 Stunde, Affen ungefähr seit 20 Minuten, Menschenaffen seit 10 Minuten, Prähominiden seit 3 Minuten, den aufrechten Gang seit 2 Minuten. Der Homo habilis lebt in diesem Maßstab seit 25 Sekunden und der Homo sapiens seit gerade einmal 2 Sekunden. Und erst seit 0,2 Sekunden kennt er Ackerbau und Viehzucht.

Evolution

Der Mensch kann heute auf eine übergroße Vielfalt von Lebensformen auf der Erde blicken und deren Entstehungsgeschichte studieren. Einige Forschernamen stehen in besonderer Weise für die geradezu atemberaubenden Erkenntnisse. Die Idee einer gemeinsamen **Abstammung** und der Umwandlung von Arten geht schon auf den griechischen Philosophen *Anaximander* zurück, der im 6. Jahrhundert v. Chr. lebte. Anfang des 19. Jahrhunderts ging *Lamarck* (1744–1829) von der Annahme aus, dass sich die Arten von Lebewesen den Umgebungsbedingungen anpassen und dass diese erworbenen Adaptationen weiter vererbt werden können. *Charles Darwin* (1809–1882) fand Mitte des 19. Jahrhunderts den Schlüssel zu den wichtigen Gesetzmäßigkeiten der **Evolution**, nämlich die Variation durch zufällige **Genmutationen** und die natürliche **Selektion**, die auftritt, weil Individuen einer Art mit Merkmalen, die einen Vorteil für das Überleben und die Fortpflanzung darstellen, mehr Nachwuchs produzieren können. Da bei beschränktem Lebensraum ein großer **Konkurrenzdruck** herrscht, überleben die Individuen und pflanzen sich fort, die besser angepasst sind (survival of the fittest). In jeder Generation geben die erfolgreich sich fortpflanzenden Individuen ihre vererbbaren Merkmale, zu denen auch solche gehören, die, wie gesagt, im Sinne genetischer Variabilität aus Genmutationen entstanden sind, an die nächste Generation weiter.

Die „Darwinsche Theorie" lieferte zusammen mit den **Gesetzen der Vererbung** von *Gregor Mendel* (1822–1884) die Erklärung für zahlreiche Phänomene in der Genetik. *Oswald Avery* (1877–1955) identifizierte 1944 die **DNA** als das Substrat der genetischen Information und *James*

Watson und *Francis Crick* entschlüsselten neun Jahre später deren Struktur.

Bestimmte gemeinsame Merkmale aller Lebewesen – so benutzen alle lebenden Zellen dieselben Nukleinsäuren als genetisches Material und haben denselben Satz von Aminosäuren zur Herstellung von Proteinen – legen die Vermutung nahe, dass alle Lebewesen auf einen **gemeinsamen Ursprung** zurückführbar sind. Die **Artenbildung** erklärt sich dadurch, dass sich über viele Generationen im Zuge der natürlichen Selektion unterschiedliche Anpassungen an Umweltbedingungen ergeben. Wenn genetische Differenzen innerhalb einer Population einer Art immer mehr und immer größer werden, kann sich die betreffende Art in neue Arten aufspalten.

Die genauen Verwandtschaftsbeziehungen am großen **Stammbaum** des Lebens sind gar nicht so leicht auszumachen. Darüber wurde viel geforscht und, ähnlich wie in der Astrophysik, ist man zu neuen theoretischen Modellen gelangt. So sollen sich aus **lebenden Urzellen**, denen man den Kunstnamen LUCA gab, die drei bereits erwähnten Hauptstämme entwickelt haben, die Archaeen, die Bakterien und die Eukaryoten; aus letzteren sind unter anderem die Tiere hervorgegangen. Die Verwandtschaft der Arten innerhalb der Stämme wird nach der Verwirklichung bestimmter **Lebensprinzipien** bestimmt. Diesen entsprechen meist morphologische Merkmale (Gestalt) der Individuen und deren Verankerung im Erbgut, genauer gesagt in der Abfolge von Grundbausteinen (Proteinen) innerhalb der DNA. Die Unterscheidung zwischen hoch entwickelten und weniger hoch entwickelten Arten wird in dieser Betrachtungsweise stark relativiert.

Bei den **Tieren** geht die Entwicklungsreihe von Amöben über verschiedene Arten von Würmern, über Fische, Amphibien, aus denen sich Reptilien, Eidechsen, Schlangen, Krokodile, Schildkröten und auch Vögel entwickelten, weiter zu den Säugetieren, zu denen die Unterarten Schnabeltiere, Raubtiere, Nagetiere, Huftiere, Wale und Halbaffen gehören. Letztere entwickelten sich weiter zu Affen, Menschenaffen und Anthropoiden und schließlich zu den Menschen.

So oder so ähnlich sieht die **Abstammung des Menschen** aus. Dabei kommt es meines Erachtens nicht auf die Details der Abfolge an und auch nicht darauf, ob für jeden Übergang ein „missing link" auffindbar war. Wichtig erscheint, dass die prinzipiellen biochemischen Mechanismen und die Gesetzmäßigkeiten der Evolution aufgedeckt wurden, die eine Erklärung der Abläufe ermöglicht haben.

Dass die **Abstammungslehre** von den **Kirchen** zunächst abgelehnt wurde, ist verständlich. Man hat es mit der Würde des Menschen für unvereinbar gehalten, dass die Wurzeln seiner Abstammung in der Tierwelt liegen sollen. Auch heute gibt es noch viele, die die animalische Natur des Menschen ausblenden möchten. Nicht nur die **Kreationisten**, die den Schöpfungsbericht der Bibel wörtlich nehmen, liegen hier im Kampf mit der Wissenschaft. Mit dem Hinweis, dass noch längst nicht alles wissenschaftlich belegt sei, wird die skizzierte Abstammungslehre auch von fundamentalistischen Religionsvertretern bekämpft. Noch 1910 verfügte Papst *Pius* X., dass den Priesteramtskandidaten der sogenannte Antimodernisteneid abgenommen wurde.

Neben dem „gestirnten Himmel" mit den Weiten des Universums sind es die **Vielfalt der Lebensformen** und deren Entstehung, der **Formenreichtum** und die ganz erstaunlichen **Überlebensstrategien**, die den Menschen, der sich am Ende einer wunderbaren Entwicklung wähnt, in höchstem Maße beeindrucken. Ein großer Teil seines bewussten Erlebens gilt der Betrachtung dieser ihm geradezu als Wunder erscheinenden Phänomene. Sind es im Universum die gewaltigen räumlichen und zeitlichen Dimensionen und die Gewalt der wirksamen Kräfte, die den Eindruck bestimmen, so ist es in der belebten Umwelt der Reichtum der Formen und Funktionen, der in so hohem Maße fasziniert.

Dank aufwändiger Dokumentarfilme und populär-wissenschaftlicher Bildberichte haben wir heute einen tiefen Einblick in die Wunderwelt der Natur mit ihrem grandiosen **Formenreichtum**, der vom größten Landtier, dem Elefanten, bis zur kleinsten, unter dem Mikroskop als Monster erscheinenden Milbe reicht. Und allen diesen Formen liegen **sinnvolle Baupläne** zugrunde, die sich nach den Gesetzen der Evolution so ergeben haben.

Hinter den Formen und dem typischen Verhalten der Lebewesen stehen die verschiedensten **Überlebens-strategien** der Arten. Während die eine Art auf die Quantität der Reproduktion setzt und so viele Nachkommen entstehen lässt, dass auch in der Umgebung gefräßigster Feinde genügend zeugungsfähige Exemplare übrigbleiben, vertrauen andere auf leistungsfähige Sinne und einen starken Bewegungsapparat, um Feinden durch Schnelligkeit zu entkommen. Andere bevorzugen die Möglichkeiten sich gut zu tarnen und sich dynamisch an die Umgebung anzupassen. Viele nutzen ein starkes Gebiss oder andere Körperteile als Angriffs- oder

Verteidigungswaffen. Die Möglichkeit der Abschreckung und der Einsatz selbstproduzierter giftiger Substanzen werden ebenso genutzt wie eine Panzerung oder die Bewehrung mit Stacheln. Darüber hinaus werden Überlebensvorteile darin gefunden, dass sich Körperteile und damit die Körperform der jeweils vorhandenen Hauptnahrungsquelle und ihrer Erreichbarkeit anpassen. Und schließlich hat auch die Art des Liebeswerbens zu den sonderbarsten Erscheinungsformen und Verhaltensweisen von Tierarten geführt.

Das Bemerkenswerteste ist, dass unsere Beobachtungen des Geschehens in der Natur immer nur Momentaufnahmen fortwährender, langfristiger **Anpassungsvorgänge** an die jeweiligen Lebensbedingungen sind. Darum muss man zu den heute beobachtbaren Arten von Lebewesen diejenigen hinzuzählen, die bereits ausgestorben sind, z. B. die ganze fantastische Welt der Dinosaurier. Wir stehen auch bezogen auf die **Entstehung neuer Arten** mitten in einem **Prozess,** der vor Urzeiten begonnen hat und dessen Ende für uns unabsehbar ist. In der Tagespresse wird oft sehr emotional von der Zerstörung der Umwelt und in diesem Zusammenhang vom **Artensterben** berichtet. Ich plädiere für eine hohe Achtung vor der Natur und große Anstrengungen zu deren Erhaltung. Aber Artensterben ist dem erwähnten Prozess der Anpassung keineswegs fremd. In jedem Augenblick ist die Natur am Werk, ebenso in der Vergangenheit und wohl auch in jeglicher Zukunft, neue Arten entstehen und alte aussterben zu lassen. Dies entgeht uns nur deswegen, weil der Prozess so **langsam** abläuft und ungeheuer lange Zeiträume umspannt. Vieles entgeht unserer Aufmerksamkeit auch deshalb, weil es im Unzugänglichen und weitgehend **Verborgenen** geschieht. In der Tiefsee z. B., besonders in der Nähe der bereits erwähnten „schwarzen Raucher", ist die Natur äußerst produktiv. Auch an Land gibt es viele Tier- und Pflanzenarten, die noch gar nicht entdeckt sind. Man geht sogar davon aus, dass Arten aussterben, noch bevor sie entdeckt wurden. Man muss dieses Faktum gebührend auf sich wirken und zu einem festen Bestandteil seines Weltbildes werden lassen.

Wer einen Einblick in eine „Musterküche des Schöpfers" gewinnen möchte, sollte sich in den Regenwald auf der Insel Borneo begeben oder Filmdokumentationen darüber studieren. Hier ist die **Artenvielfalt** von Pflanzen und Tieren geradezu überwältigend, weil die gegebenen Lebensbedingungen – Wärme und eine rasche Zirkulation großer Wassermengen und vor allem die Entfernung zur menschlichen Zivilisation – für eine Vielzahl günstiger Biotope sorgen. Die Anpassungsvorgänge verlaufen dort vergleichsweise rasch. Der Grund dafür liegt in der hohen UV-Strahlung, die für eine große Rate von Genmutationen verantwortlich ist, was die evolutionären Anpassungsprozesse stark beschleunigt.

Eine besondere Aufmerksamkeit in der Betrachtung animalischer Vielfalt verdienen auch die **Tiergemein-schaften**, ihre Organisationsformen und Überlebens-strategien. Die Termiten- und Ameisenbauten, Bienen-völker, Herings- und Vogelschwärme mögen als Beispiele dienen. Aus Feldstudien und Laborexperimenten an Ameisenstaaten weiß man um die hohe **Organisations-form** dieser Sozialgebilde mit Arbeitsteilung, Spezialisierung, Ausbildung von Rollen, flexiblen Reaktionsmustern und einem differenzierten Kommunikationssystem. In diesem agieren die Einzelindividuen wie ein isoliertes Neuron eines komplizierten Nervensystems. Während dieses einzeln so gut wie nichts über den Sinn seines Tuns weiß, ergibt sich im Zusammenwirken eine höchst sinnvolle Arbeitsweise, aufgrund derer der Staat selbst größere Störfälle überlebt. Die bislang eindrucksvollste Errungenschaft eines Ameisenstaates ist das „Halten und Betreuen von Haustieren". So werden Läuse, die für die Ameisen Nahrung produzieren, von diesen beaufsichtigt, geschützt und zu den besten Weideplätzen gebracht.

Viele Lebewesen bedienen sich solcher Formen des Zusammenwirkens. Ein eindrucksvolles Beispiel ist die Symbiose von Quallen, also einer Tierart, mit Algen, also einer Pflanzenart, in einem erdgeschichtlich einmaligen See auf der Insel Palau. Die Quallen, die fast den ganzen See ausfüllen, wandern mit ihren zugesellten Algen so durch den See, dass die Algen den tageszeitlich günstigsten Lichteinfall genießen, so dass sie auf optimale Weise durch Photosynthese Zucker bilden können, der den Quallen als Nahrung dient. Im Gegenzug suchen diese nachts eine Stelle in der Tiefe des Sees auf, an der sie selbst zwar wegen Sauerstoffmangel nur schwer existieren können, die aber ihren Algen die Möglichkeit gibt, für sie wichtige Mineralien aufzunehmen.

Folgerung

Warum eine so ausführliche Betrachtung der erfahrbaren Welt? Was hat das alles mit **Gott** und mit **Religion** zu tun? Damit möchte ich zunächst meine persönliche Reaktion auf das Betrachtete erklären, nämlich ein maßloses, überwältigtes **Staunen**. Dem folgt der starke, für mich unabweisliche Eindruck, dass es sich um ein **sinnvolles Geschehen** handelt, also um nichts, was mich an einen Zufall denken ließe. Alles scheint innewohnenden intelligenten Gesetzen zu folgen. Ausgehend davon gibt es nur die **Alternative**, entweder einen **Sinnstifter und Initiator** anzunehmen, was mir angemessen erscheint, oder einen Erklärungsversuch zu verweigern. Letzteres halte ich angesichts der Erkenntnisprobleme für verständlich und ehrenwert, aber letztlich unbefriedigend.

Das **Weltbild** sollte auch etwas über das **Wesen Gottes** aussagen. Denn, wenn man einen Künstler nicht persönlich kennt, ihn nicht zu Gesicht bekommt, wird man umso genauer seine Werke studieren und, so man die Möglichkeit dazu hat, einen Blick in seine Werkstatt werfen. Vielleicht verrät der **Arbeitsstil** etwas über das Wesen des Meisters.

Der Gedanke, dass die ganze Schöpfung Ausfluss der göttlichen Weisheit ist, findet sich unter anderem in den Schriften des evangelischen Mystikers *Jakob Böhme* (1575–1624), der es so ausgedrückt hat: „So man will von Gott reden, was Gott sei, so muss man fleißig erwägen die Kräfte in der Natur, dazu die ganze Schöpfung, auch Himmel und Erde" (zit. nach G. Wehr: „Die Reise nach innen", Ruf in der Zeit, Juli 2009, S. 20).

Ich meine, dass für die Frage, wer oder wie Gott ist, der wir später nachspüren wollen, es bedeutungsvoll sein könnte, dass die Heimat des Menschen, die Erde, erst nach Milliarden von Jahren nach mehrfachen, dramatischen Umgestaltungen wirklich bewohnbar wurde, dass es in einem unfassbar großen Universum noch zahllose andere potenzielle Aufenthaltsorte für Menschen oder ähnliche Wesen geben könnte, allerdings meist lebensfeindliche, ferner dass der Mensch erst am vorläufigen Ende einer sehr langen Entwicklungsreihe auf den Plan tritt und sich aufgrund besonderer Eigenschaften eine Vorrangstellung erobert.

Wenn das alles **Gottes Werk** ist, dann wissen wir, dass Gott kein Magier ist, der sein Publikum mit schnellen, billigen Zauberkunststücken unterhält, kein Taschenspieler, sondern jemand oder etwas, das größte **Intelligenz und Macht** besitzt, der ein Uhrwerk in Gang setzt, für das er selbst die Regeln und Gesetzmäßigkeiten erfunden hat, genialer Erfinder, Techniker, Produzent und Betriebsleiter in einer Person; und das alles in für uns unvorstellbar langen **Zeiträumen**, mit einem unfassbaren **Aufwand**. Bei genauerem Hinsehen stellt man zudem fest, dass er **immer noch am Werke** ist. Das gilt besonders für die Entstehung von **Leben**, einen Schöpfungsakt von völlig neuer Qualität, ein neues geistiges Prinzip (Dynamik und Selbststeuerung), das nach einem sparsamen und trotzdem wunderbaren Satz von Regeln immer wieder neue Formen entstehen lässt. Dies ist gleichsam das Umfeld, in das hinein abermals etwas Neues eingebettet wird, der **Mensch**, der in seinem **Bewusstsein** das alles abbildet und Fragen stellt, eben die Fragen nach dem Woher, Wohin und Warum, der geistbegabte Mensch, der so viele großartige Leistungen erbringt, besonders in menschlicher Gemeinschaft: Kultur und **Religion**.

M an kann nicht gut über das Göttliche spekulieren, ohne sich zuvor Gedanken über den zu machen, der da spekuliert. „O Mensch, schau den Menschen an! Der Mensch hat nämlich Himmel und Erde in sich", sagt die Mystikerin *Hildegard von Bingen* (1098–1179) in „Causae et curae" (zit. nach L. Stritzl: Zwischen Gott und Nichts, Ruf in der Zeit, Juli 2009, S. 6). Was also ist der Mensch? Obwohl man meinen könnte, dass sich die Frage erübrigt, wenn ein Mensch zu Menschen über das Menschsein spricht, ist sie in diesem Zusammenhang bedeutsam und wegen ihrer Vielschichtigkeit kaum mit wenigen Sätzen zu beantworten.

Herkunft

Der Mensch ist zunächst ein **Teil der belebten Welt** und damit ein Element dieses uns geradezu als Wunder erscheinenden, geregelten Geschehens, das wir Leben nennen. Er steht am vorläufigen Ende einer **langen Entwicklungsreihe**, die von den Einzellern bis zum rezenten Menschen reicht. Von der biologischen Systematik her ist der Mensch ein höheres Säugetier aus der Ordnung der Primaten. Seine nächsten Verwandten sind, wie genetische Analysen gezeigt haben, die Schimpansen, Bonobos, Gorillas und Orang-Utans, mit denen der Mensch gemeinsame Vorfahren hat.

Auch wenn wir – sicher zu Recht – dem Menschen Eigenschaften zuschreiben, die ihn **über das Tierreich hinausheben**, bleibt er mit seinem **animalischen Erbe** noch eng verbunden. Wie eng die Verwobenheit mit allem Lebendigen ist, zeigt die Tatsache, dass selbst die ältesten Urvorfahren, die Bakterien, nicht nur als Feinde der menschlichen Gesundheit gelten können, sondern sich in viel größerem Maße als Helfer erweisen, ohne deren segensreichem Wirken im Darm dieser viele Nahrungsbestandteile nicht aufschließen könnte und die Ernährung damit nicht gesichert wäre.

Selbst die Viren, diese Vorstufe von Lebewesen, heute vielfach die gefährlicheren Feinde des Menschen, haben für sein Leben, wie es scheint, noch eine positive Wirkung. Es war eine ziemliche Überraschung, als Wissenschaftler entdeckten, dass sich in der Sequenz der menschlichen Erbinformationen Anteile befinden, die aus vor Urzeiten stattgefundenen Auseinandersetzungen mit Viren stammen und Eingang in die Erbmasse des Menschen gefunden haben. Man nimmt an, dass diese Anteile heute Bedeutung für das Funktionieren der sogenannten Plazentaschranke bei Schwangeren haben. Sie sollen die Voraussetzung dafür schaffen, dass der Embryo über diese Schranke hinweg vom mütterlichen Organismus ernährt werden kann, er dabei aber nicht als Fremdeiweiß erkannt und abgestoßen wird. Zumindest die Ergebnisse von Tierexperimenten, in denen man die betreffenden Erbsequenzen eliminiert hat, sprechen für diesen Zusammenhang. Dies wäre somit ein Mechanismus, mit dem die Natur höchst sinnvoll für die Weiterentwicklung in eine bestimmte Richtung vorgesorgt hat. „Alles hängt mit allem zusammen und alles lebt ein gemeinsames Leben", sagte *Jörg Zink*.

Was den **Qualitätssprung vom Hominiden zum Menschen** ausgelöst hat, scheint noch nicht endgültig geklärt zu sein. Genmutationen, Veränderungen der Lebenssituation, eine verbesserte, eiweißreichere Ernährung oder der aufrechte Gang könnten Ursache dafür gewesen sein. Wenn Evolutionsbiologen über die Menschwerdung spekulieren, beziehen sie sich vornehmlich auf die **intellektuellen** Fähigkeiten des Menschen. Nicht weniger bedeutsam erscheint die **psychosoziale** Entwicklung der menschlichen Individuen in der Gemeinschaft mit ihresgleichen und in der Auseinandersetzung mit der gesamten belebten Umwelt. Die Weiterentwicklung der zunächst rudimentären Fähigkeiten, andere Individuen zu **verstehen**, ihre Absichten richtig zu deuten, emotionale Beziehungen aufzubauen und sinnvoll zu interagieren, brachte entscheidende **Überlebensvorteile** und bildete zugleich den Nukleus für die Entwicklung der **menschlichen Psyche**.

Die Möglichkeit dazu war in den vorangegangenen Abschnitten des gesamten „Schöpfungsaktes" bereits enthalten. Es bedurfte insofern keines neuerlichen, historisch datierbaren Eingreifens Gottes. Das mag vielleicht so klingen, als wäre die Menschwerdung Ausfluss einer Entwicklungsnotwendigkeit oder der Mensch wäre ein Produkt des Zufalls. Die Art dieses Ablaufs ist vielmehr die logische Konsequenz des angedeuteten „Arbeitsstils" Gottes. Der Jesuit und Paläoanthropologe *Teilhard de Chardin* (1881–1955) hat diesen so charakterisiert: „Gott macht, dass sich die Dinge machen".

Die **Menschheitsgeschichte** beginnt vor ca. 6 Millionen Jahren. Als Wiege der Menschheit gilt der große Grabenbruch im Osten Afrikas, von dem die Besiedlung der Erde ausging. Aus den Hominiden entstand der Homo habilis (vor 2,1–1,6 Millionen Jahren), der Homo erectus (vor 1,8 Millionen–400 000 Jahren) und der Homo Heidelbergensis (vor 600 000–200 000 Jahren). Aus

Letzterem ging, wie man aus genetischen Untersuchungen von Schädelmaterial weiß, der Neandertaler (vor 200 000–30 000 Jahren) und der Homo sapiens (seit 190 000 Jahren, in Europa seit 40 000 Jahren) hervor. Maßgeblich für die Zuordnung zur **Menschenrasse** waren jeweils archäologische Belege für den **Gebrauch von Werkzeugen** an den Fundstellen von Skeletten.

Während einer großen Eiszeit zogen sich Vertreter von Homo sapiens an die Küsten von Afrika zurück, von wo später eine **Neubesiedelung** der Erde ausging. Und zwar ist die gesamte heutige Menschheit genetisch auf eine relativ kleine Population von ca. 600 in Afrika lebenden Individuen zurückführbar. Die Neubesiedelung durch Vertreter dieser **anpassungsfähigsten Spezies**, die je auf der Erde gelebt hat, ging über Asien nach Australien und Amerika und nach Europa, wo vermutlich eine Begegnung mit den letzten Exemplaren der aussterbenden Neandertaler – eine Vermischung ist fraglich – stattfand. Dies geschah vor ca. 100 000–60 000 Jahren.

Die herausragende Leistung des **Homo sapiens** liegt in der **Kultur**, die er geschaffen und zu höchster Blüte geführt hat. Die frühesten **Dokumente von Kunst** gehen auf eine Zeit von vor 75 000 Jahren zurück, aus der symbolische Zeichnungen, Schmuckketten und Hinweise auf Körperbemalung stammen. Die wesentlich jüngeren Höhlenmalereien in Altamera (Spanien), in Lascaux und Pech-Merle (Frankreich) und anderen Höhlen dokumentieren darüber hinaus, dass unsere vor ca. 15 000 Jahren lebenden Urvorfahren schon gute Naturbeobachter waren. Sie verfolgten die Jahreszeiten, die Mondphasen und den Stand der Sonne und markierten in einfachen **Kalendern** Zeitpunkte, die für die Jagd wichtig waren (Züge von wilden Tierherden).

Die Menschen haben sich mit ihrer Zivilisation und ihrer Kultur weiter entwickelt. Das hat sie in ihrem **Selbstverständnis** zunehmend **von ihrem animalischen Erbe entfernt**. Der Heilige *Franziskus* sah in den Tieren noch seine Brüder und Schwestern. Heute fällt vielen Menschen eine solche Sichtweise schwer, denn sie schämen sich ihrer wahren Herkunft. Die innere Abwehr gegen das animalische Erbe könnte eine Nachwirkung der Lehre sein, die die Kirchen über Jahrhunderte hinweg verbreitet haben: Der Mensch ist eigens von Gott als **Krone der Schöpfung** geschaffen worden. Darum versucht er seine Sonderstellung innerhalb der belebten Welt zu verteidigen. Man darf annehmen, dass der Mensch in der belebten Welt wirklich **einzigartig** ist, da er über einen Verstand verfügt und sich Gedanken über seine eigene Existenz machen kann. Der Mensch ist auch zu ganz außergewöhnlichen kulturellen Leistungen imstande. Den Bauplan des Weltalls und des Lebens zu erforschen und zu verstehen, mag dafür als Beweis dienen.

Fähigkeiten

Die **körperlichen Vorzüge** der Gattung Mensch sind mannigfaltig, auch wenn die menschlichen Höchstleistungen, was Kraft, Schnelligkeit, Ausdauer und Koordination angeht, von manchen Tieren erreicht oder weit übertroffen werden. Man denke an die Spitzensportler, Turner und Leichtathleten, Wettkämpfer in Iron-man-Rennen, Extrembergsteiger, Eiskunstläufer, Akrobaten oder Balletttänzer.

Was den Menschen zweifellos unter allen Lebewesen auszeichnet, sind seine **psychischen Funktionen**. Dazu zählen die **intellektuellen Leistungen**, Lernen,

Gedächtnis und Denken, die durch ein hoch entwickeltes **Zentralnervensystem** ermöglicht werden. Der Mensch kann Wahrgenommenes und Erinnertes ins Bewusstsein rufen, Dinge verknüpfen und so zu **neuen Ideen** gelangen. Ebenso ist es ihm möglich, Künftiges zu antizipieren, sich Möglichkeiten und Alternativen vorzustellen und in wechselnden Zusammenhängen auf ihre Auswirkungen hin abzuschätzen. Vor allem die Fähigkeit zur **Abstraktion** eröffnet ihm ein weites Feld systematischen **schöpferischen Denkens**. Dieses kann bei gebildeten, versierten Denkern ein hohes Maß an Komplexität erreichen.

Das menschliche Zentralnervensystem besitzt eine große **Plastizität**. Durch Zellwachstum und Erweiterung der neuronalen Verknüpfungen kann es sich erhöhten Anforderungen anpassen. So können bei entsprechendem Training Leistungssteigerungen noch bis ins hohe Alter erzielt werden. Allerdings kommt es auch rasch zum Abbau von Nervenzellen und zum Lösen von synaptischen Verbindungen, wenn die adäquaten Reize zum Beispiel verletzungsbedingt ausbleiben, wodurch die erworbenen Fähigkeiten verloren gehen oder Einbußen erleiden.

Gute **intellektuelle Fähigkeiten** bieten einen Vorteil im **Überlebenskampf**. Es gibt aber noch einen weiteren, einfacheren und direkteren Weg, sich mit der Umwelt erfolgreich auseinander zu setzen: die Welt der **Gefühle und Emotionen**. Dieses entwicklungsgeschichtlich ältere, lebenswichtige System, das in einfacher Form auch den höheren Tiergattungen zu Gebote steht, ist äußerst effektiv, weil es rasch und unmittelbar zu den lebens- und arterhaltenden Reaktionen führt. Im Umgang mit anderen lassen wir uns oft vom Gefühl leiten und fahren dabei meist nicht schlecht. Die Gefühlsantwort auf lebenssituative Ereignisse erlaubt ein rasches, sinnvolles Reagieren, das vielzitierte „Handeln aus dem Bauch heraus". Dieses ist vielleicht weniger sicher, aber meist sicher genug, die einfachen Aufgaben des Lebens gut zu meistern.

Gefühle werden von inneren und äußeren Wahrnehmungen (Empfindungen) ausgelöst und sie begleiten Gedanken, Intentionen und Handlungen (Emotionen). Die Qualität von Gefühlen ist nicht weiter rückführbar. Wenn Menschen über ihre Gefühle sprechen, beschreiben sie meist die körperlichen Begleiterscheinungen (z. B. Zittern, beschleunigten Herzschlag) oder Auslöse- und Antriebsbedingungen. **Grundgefühle** sind: Freude, Trauer, Angst, Ekel, Appetenz und Aversion (hingezogen bzw. abgestoßen sein). Gefühle können sich durch den von ihnen ausgelösten körperlichen **Ausdruck** auf Beobachter übertragen und werden so **verstehbar**. Unter bestimmten Voraussetzungen kann es sogar zu einer Gefühlsansteckung, einer **Affektion**, selbst größerer Menschengruppen, kommen. Ein „Mitgefühl" kann zum Mitleid und zum Stimulans für altruistisches Verhalten werden. Spezielle Hirnstrukturen, die sogenannten Spiegelneuronen, sollen dafür die biologische Grundlage bieten.

Lernen ist ein wichtiges **Lebensprizip**, das eng mit Gefühlen zusammenhängt. Die von einer Motivbefriedigung ausgelösten Lustgefühle fördern die Einprägung der vorangegangenen Reize. Auf diese Weise lernt das Individuum, wie es künftig die Gelegenheiten zur Motivbefriedigung selbst herbeiführen kann. Ist ein Vorgang von Unlustgefühlen begleitet, werden die Auslösebedingungen ebenfalls gelernt. Der „Kondtionierungsprozess" führt dann zu einem Vermeidungsverhalten.

Psyche

Eine Kernkompetenz der menschlichen Psyche ist das **Bewusstsein.** Wir erleben uns selbst als geistig agierende Individuen, indem wir uns beim Denken gleichsam selbst über die Schulter schauen, aber auch – so erleben wir es – lenkend in unsere **Gedankengänge** eingreifen. Auch die **Wahrnehmungen,** die **Gefühle** und **Emotionen,** die zu etwas drängen oder von etwas abhalten, spiegeln sich in unserem Bewusstsein. Ob auch Tiere so etwas wie Bewusstsein haben, vielleicht in einfacher, rudimentärer Form, wissen wir nicht mit letzter Sicherheit. Aber für Menschen ist diese Form der **Repräsentation** geistiger Vorgänge charakterisierend.

Im Zuge dieser der Selbstbeobachtung zugänglichen inneren Vorgänge entwickelt der Mensch, etwa ab dem zweiten Lebensjahr, die **Ich-Identität.** Irgendwann nehmen wir für uns in Anspruch, eine eigenständige Person mit einer unverwechselbaren Charakteristik, einer Summe von Eigenschaften und einer eigenen Lebensgeschichte zu sein. Dieses Selbstverständnis entsteht vornehmlich im Umgang mit anderen Individuen. Auch für das Gefühl von Identität findet man im Tierreich, wie Tierversuche gezeigt haben, rudimentäre Ansätze.

Das **Bewusstsein** ist vergleichbar mit dem Arbeitsspeicher eines Computers. Die aktuell verfügbaren Informationen können auf dem Bildschirm sichtbar gemacht werden. Darüber hinaus gibt es auch solche Informationen, die auf der Festplatte, d. h. in unserem **Gedächtnis,** abgelegt sind und von dort durch Erinnern in den Arbeitsspeicher geholt werden. Die Inhalte des auf der Festplatte Abgelegten, das „Unbewusste", kann mehr oder weniger leicht zurückgeholt werden. Relativ leicht gelingt die Aktivierung normalerweise bei dem im Kurzzeitgedächtnis zwischengelagerten „Vorbewussten". Schwieriger gestaltet sich die Bewusstwerdung bei dem zuvor **wenig Beachteten**, auch bei dem nur subliminal Wahrgenommenen, und vor allem bei dem **Vergessenen**. Ganz besonders schwierig ist das Zurückholen bei dem **Verdrängten**. Hier gibt es Umstände, die das Bewusstwerden bestimmter Inhalte erschweren oder verhindern, weil diese entweder selbst sehr unangenehm oder mit Unangenehmem assoziiert sind.

Es ist das große Verdienst des österreichischen Psychiaters *Sigmund Freud* (1856–1939), diese besondere Seite der menschlichen Psyche und die genannten Mechanismen entdeckt zu haben, auch wenn seine Lehre heute als korrektur- und ergänzungsbedürftig gilt. *Freud* hat damit den prinzipiellen Zugang zum Verständnis seelischer Erkrankungen, der **Neurosen** (z. B. Phobien, depressive Neurosen, Zwangsvorstellungen und Zwangshandlungen), eröffnet.

Nach den Vorstellungen des Schweizer Psychoanalytikers *Carl Gustav Jung* (1875–1961) gibt es neben dem persönlichen Unbewussten in tiefen Schichten der Seele Strukturen, die Menschen unabhängig von ihrer individuellen Vorgeschichte, sogar über Kulturen hinweg, gemeinsam haben, das **kollektive Unbewusste**. Die Inhalte, **Archetypen** genannt, sind diffus und sprachlich schwer fassbar. Sie werden daher meist bildhaft ausgedrückt: das männliche und das weibliche Prinzip, Animus und Anima, die große Mutter, die alte Weise, der Schatten. Wie diese Urerfahrungen bzw. Urbilder dorthin gelangen, ob vererbt oder über die Gesellschaft tradiert, ist nicht eindeutig geklärt. Da Archetypen nicht einfach im Tagesbewusstsein auftauchen und sich als solche zu erkennen geben, darf man fragen, was auf diese Urbilder hindeutet. Man kommt eher schlussfolgernd zu deren Annahme, wenn man die Mythen und Märchen der Völker vergleicht, und wenn man die Träume der Menschen analysiert.

Der **Traum** als eine Erinnerung an Gefühle und deren bildliche oder sprachliche Ausgestaltung galt schon bei *Sigmund Freud* in der Psychoanalyse als „Via regia", als der Königsweg, zum Unbewussten. Er ist ein vielgestaltiges und höchst eigenartiges Phänomen und schwierig zu deuten. Die Schwierigkeit besteht hauptsächlich darin, dass es nicht nur einen Typ von Traum und nicht nur einen Typ von Träumer gibt. Daher sind alle eindimensionalen Deutungsansätze wenig zielführend, obwohl die Traumarbeit als solche, gleich welcher Deutungsschlüssel als nützliches Instrument gewählt wird, sich als hervorragender Einstieg in die Gesprächspsychotherapie erweist.

Je sonderbarer ein Traum erscheint, je mehr er Rätsel aufgibt, desto mehr darf man annehmen, dass die geträumten Bilder und Geschehnisse **symbolisch** zu verstehen sind. Darauf hatte bereits Freud in seinem Buch „Traumdeutung" hingewiesen. Die Bedeutung der vorkommenden Symbole darf man nicht in einem obskuren Traumdeutungsbuch nachlesen und auch *Freuds* Ansatz führt oft nicht zum Ziel. Am ehesten wird man die Symbole verstehen, wenn man von einem allgemeinen tiefen Wissen der Seele um die Natur der Dinge ausgeht: Woraus sie bestehen, wie sie entstehen, wozu sie dienen, wie ihre Stellung in einer Naturordnung ist, welche Bedeutung sie in der Kultur der Völker haben. *Ortrud Grön* („Das offene Geheimnis der Träume". Kore Verlag, Freiburg 1998) hat dazu ein überzeugendes

Konzept vorgelegt. So vorgehend wird man immer wieder auf übereinstimmende Bedeutungen der Symbole stoßen. Es kann aber auch, davon abweichend, eine individuelle Bedeutung eines Symbols für gerade diesen Träumer basierend auf seiner Lebensgeschichte und seinem Erfahrungshintergrund vorliegen.

Im Verlauf der stammesgeschichtlichen Entwicklung des Menschen hat sich auch eine typische Dramaturgie der **innerseelischen Vorgänge** herausgebildet. Diese ergibt sich aus den **Ansprüchen**, die innere **Kräfte und Instanzen** an das kontrollierende **Ich** stellen. So unterliegt der Mensch, seiner biologischen Natur entsprechend, dem Triebanspruch. Diesen Persönlichkeitsanteil hat *Freud* das „Es" genannt. Der Mensch hat es noch mit anderen Tendenzen zu tun, die Teil seines animalischen Erbes sind. Dazu zählen das Überlebens- und Durchsetzungsbedürfnis und die in tiefen Schichten gespeicherten Erinnerungen, wie seine Urahnen dem Prinzip des Fressens und Gefressenwerdens folgend sich in ihrem Umfeld behauptet haben. Man darf annehmen, dass **Schuldgefühle**, soweit sie nicht Folge aktuellen persönlichen Fehlverhaltens sind, hier ihre Wurzeln haben.

Das „**Ich**" ist eine psychische Kontrollinstanz, die sich der intellektuellen Ausstattung bedient, um sich Ziele zu setzen (Wollen) und diese in Handlungen zu verwirklichen. Das Ich registriert auch die Abweichungen zwischen dem eigenen Anspruchsniveau oder Ich-Ideal, und dem Selbstbild, die für das Selbstwertgefühl maßgeblich sind. So kann das Ich eines übermäßig ehrgeizigen Menschen für ein hohes Maß an innerseelischem Druck sorgen.

Ein starker Spieler auf der Bühne der menschlichen Seele ist auch das „**Über-Ich**". Das ist die Summe der übernommenen Normen und moralischen Verpflichtungen, verbunden mit den Straferwartungen, die sich nach Gesetzesübertretungen einstellen. Was wir Gewissen nennen, ist weitgehend damit identisch.

Das **Seelendrama** mit den genannten Akteuren, denselben Rollen, aber unterschiedlichen Kräfteverteilungen und wechselnder Dramatik, findet in jedem Menschenleben statt und zeigt situationsbezogen unterschiedliche **Reaktionen**: Erhöhte Aktivität oder Erstarrung, Flucht oder Aggression, Abwehr, Verstellung, Verleugnung, Rationalisierung, Verdrängung, Sublimierung oder Regression. Als **Langzeitfolgen** können eintreten: Soziale Behinderungen, seelisches Leiden, Ängste, Depressionen, im schlimmsten Fall auch psychische Erkrankungen (Neurosen), aus denen sich der Betroffene nicht mehr selbst befreien kann.

Es gibt in der psychischen Entwicklung des Menschen eine Zeit, ein frühkindliches Stadium, in dem noch alles heil ist und noch alle Möglichkeiten für das Gelingen des Lebens gegeben sind. Davon gibt es in tiefen Schichten der Seele eine Ahnung, aber auch von den frühen Gefährdungen und den ersten Verletzungen der noch weitgehend schutzlosen Seele. Die Psychologen sprechen vom „**inneren Kind**".

Eine Langzeitbeobachtung der psychischen Entwicklung der Menschheit lässt eine Verlagerung hin zu den **intellektuellen** Fähigkeiten erkennen. Das mag man als Voraussetzung für den **kulturellen und zivilisatorischen Aufstieg** sehr begrüßen. Aber die Menschen mussten einen **Preis** dafür bezahlen, dass sie die Vernunft in die

Rolle eines absolutistischen Herrschers gehoben haben. Damit ist etwas verkümmert, was wir mit Naivität – heute ein überwiegend negativ konnotierter Begriff – in Verbindung bringen. **Naivität** war in Wirklichkeit die Fähigkeit zu einer Schau der Dinge und zu einem unmittelbaren Verstehen. Die Märchen bedurften nicht der tiefenpsychologischen Deutung, um verstanden zu werden. Es genügte, dass sie einen Bereich der Gefühle ansprachen. Man verstand sie und viele Kinder verstehen sie heute noch. Das gilt auch für die meisten der **biblischen Geschichten.**

Keine dieser psychischen Funktionen, so großartig sie auch sein mögen, gibt es ohne einen funktionsfähigen, lebenden Körper, genauer gesagt, ohne das komplizierte Funktionieren des **zentralen Nervensystems.** Schon der Übergang vom Wachzustand zum Schlaf verändert die Wellenstruktur der Hirnströme (EEG) und die Funktionsweise der Psyche. Ein relativ kurz dauernder Sauerstoffmangel im Gehirn führt zu Ohnmacht, zur Bewusstlosigkeit und zum Ausfall der meisten psychischen Funktionen. Dauert die Mangelversorgung länger an, kommt es zum Absterben von Hirnzellen, zur Apoplexie, wodurch bestimmte Funktionen dauerhaft beeinträchtigt werden.

Gemeinschaft

Das Bild vom Menschen wäre unvollständig, wenn man nicht auch darauf verweisen würde, dass er ein auf Gemeinschaft hin angelegtes Wesen (**Ens sociale**) ist. Wie bei vielen Tiergattungen schafft erst das Zusammenleben und **Zusammenwirken** die Voraussetzung, dass sich die Art in einer feindlichen Umgebung behauptet. Ganz abgesehen von der Fortpflanzung sind Menschen aufeinander angewiesen, in der Aufzucht von Nachkommen, im Bau von Behausungen, in der Versorgung mit Nahrung, in der Jagd, in der Abwehr von Feinden. Mit dem Zusammenleben und dem Aufeinanderangewiesensein haben sie auch **Gefühle füreinander** entwickelt, die sie veranlassen, immer wieder die Gemeinschaft zu suchen.

Ohne Zusammenwirken und gegenseitige Unterstützung wären die gewaltigen **kulturellen Leistungen**, die menschliche Sprache, die Schrift, Kunst und Wissenschaften und auch Religion, nicht möglich gewesen. Diese basieren auf der Tatsache, dass Menschen ihre Leistungen in der **Gruppe** so kombinieren können, dass die Gruppenleistung bei verschiedenen Aufgaben (der Kraftentfaltung, des Bauens, des Suchens und Findens) besser ist als die Leistung des besten einzelnen Individuums, vorausgesetzt es werden bestimmte Organisationsbedingungen eingehalten.

Die großen Errungenschaften der Menschheit sind **Gemeinschaftsleistungen**, auch wenn sie mit der Erfindung einer Einzelperson begannen. Betrachten wir daraufhin die neuesten Entwicklungen! Wenn man in den Fünfziger oder Sechziger Jahren des vergangenen Jahrhunderts Zukunftsvisionen hegte, bildete das Jahr 2000 den Zeithorizont. Die Science Fiction-Filme zeigten die damaligen Phantasien, wie das Leben der Menschen um die Jahrtausendwende aussehen könnte, wie sie wohnen, sich ernähren und sich fortbewegen würden. Von diesen Vorstellungen ist kaum etwas Wirklichkeit geworden, wenn man einmal von der bemannten Mondfahrt absieht. Die gewaltigste Veränderung hat sich in einem Bereich vollzogen, an den man damals nicht primär gedacht hat, in der **Informatik**, und diese hat sehr viel mit Gemeinschaft zu tun. Die elektronische Datenverarbeitung und die globale Vernetzung des Zugangs zu Informationen haben Anwendungsbereiche geschaffen, von denen man sich Mitte des letzten Jahrhunderts noch kaum eine rechte Vorstellung machen konnte. Sie haben ungeahnte Möglichkeiten der Steuerung, z.B. für die Wirtschaft, die Technik und die Medizin, eröffnet und Ansätze für so etwas, wie künstliche Intelligenz, erbracht. Und es ist nicht mehr auszuschließen, dass sie in Zukunft verändernd in das kollektive Bewusstsein der Menschheit eingreifen werden. Wie immer man diese Entwicklungen bewerten mag, sie sind aus unserer Lebenserfahrung nicht mehr wegzudenken.

Auch diese **neuesten Errungenschaften** haben den Zugang zu einem Gottglauben weder erleichtert noch erschwert. Aber man muss diese Erfahrung im Blick behalten, wenn man sich ein Bild von der Welt macht und vor diesem Hintergrund ein Gottesbild reflektiert. Man darf die Frage stellen: Was ist das für ein Geist, aus dem heraus sich all das Erstaunliche entwickelt? Jeder soll sich selbst um eine Antwort bemühen, indem er behutsam in sich hineinhört. Den Kirchen möchte man raten, dass sie sich damit zurückhielten, den Menschen ein fertiges Gottesbild überzustülpen, vor allem eines, das zu der skizzierten Erfahrungswelt nicht passt.

Menschheitsprobleme

Um zu beurteilen, wie der Mensch ist, darf man nicht nur auf die besten und gesündesten Exemplare der Gattung schauen. Sein Körper und seine Psyche sind nicht nur eine „Erfolgsgeschichte". Das Bild wäre unvollständig, wenn man nicht auch einen Blick in die Krankenanstalten werfen würde, um die **Schmerzen und Leiden** der Menschen zu ermessen, trotz größter Anstrengungen der modernen Medizin.

Auch hinter die Mauern der psychiatrischen Heil- und Pflegeanstalten sollte man schauen, in die Gesichter von **Geisteskranken**, von Hirngeschädigten, von Schizophrenen und von schwer depressiven Menschen, und sich prüfen, ob man auf Anhieb das Ebenbild Gottes, oder was man dafür hält, in ihnen erkennt. In meinem Psychologiestudium musste ich auch in verschiedenen Institutionen Praktika ableisten, eines davon in einer Heil- und Pflegeanstalt. Die Fälle von schweren Psychosen und schwersten neurologischen Erkrankungen sind mir als bemitleidenswerte Geschöpfe auch heute nach ca. 45 Jahren noch in lebhafter Erinnerung. Und wem könnte man es verübeln, wenn er klagte, der Mensch sei eine Fehlkonstruktion Gottes?

Zum Menschsein gehört auch, ständig **Bedrohungen** von Leib und Leben ausgesetzt zu sein. Wir wissen, dass wir früher oder später sterben müssen, durch Alter, Krankheit, Unfall oder Naturkatastrophen. Wir sollten uns auch bewusst sein, dass wir auf einem Feuerball leben, der nur dürftig von einer recht instabilen harten Kruste überzogen ist. Weil uns die Erdoberfläche die meiste Zeit friedlich und schön erscheint, haben wir diese Tatsache verdrängt. Erdbeben und Vulkanausbrüche bringen sie auf dramatische Weise zurück ins Bewusstsein. Vor 200 Jahren, ist auf einer indonesischen Insel der Vulkan Tambora ausgebrochen, mit einer Sprengkraft, die mehr als sechs Millionen Hiroshima-Bomben entsprach. Durch eine sogenannte pyroklastische Walze wurde dabei urplötzlich das Leben von ca. 10 000 Menschen ausgelöscht. Weitere 80 000 starben durch die nachfolgende Flutwelle und durch Hungersnöte. Ein Erdbeben in Japan mit nachfolgendem Tsunami hat erst vor kurzem sein **Vernichtungspotenzial** gezeigt und der Menschheit bewusst gemacht, dass durch solche Naturgewalten auch die sicher geglaubte Kerntechnologie von Atomkraftwerken außer Kontrolle geraten kann. Wir leben also stets am Rande eines Abgrunds.

In den Medien und Journalen sehen wir meist Bilder von jungen, schönen Menschen. Diesen attraktiven, erfolgsverwöhnten Typen steht die Welt offen. Sie finden ebenfalls attraktive Partner, haben meist gute Jobs, verdienen viel Geld und können sich entsprechend viel leisten. Aber das ist nur ein kleiner Teil der Bevölkerung. Es gibt auch weniger glückliche, **unattraktive, entstellte oder behinderte** Menschen.

Beträchtliche Unterschiede herrschen auch im Besitz materieller Güter. Die einen werden bereits reich geboren und es gelingt ihnen, ihren Reichtum auf reelle oder unreelle Weise zu vermehren, andere leben am Existenzminimum, unter Umständen sogar in **Hungersnot und Elend**. Die einen haben das Glück, in einer liebevollen Umgebung behütet, umsorgt und bestens gefördert aufzuwachsen, während andere **Opfer** von Missbrauch und Gewalt werden, in ein **asoziales Milieu**, in Sucht und Kriminalität abgleiten. Dabei sollen alle in gleicher Weise „Kinder Gottes" sein.

Wer sich auf der Sonnenseite des Lebens befindet, sollte nicht mit Hochmut auf andere herabschauen, sondern sich für die Benachteiligten einsetzen, um ihre Situation zu verbessern. Der schon verstorbene Kabarettist *Hanns Dieter Hüsch* (1925–2005) hat den sozial Benachteiligten, den Arbeitslosen und Obdachlosen ein Lied gewidmet, dessen erste Strophen so lauten:

Ich sing für die Verrückten,
Die seitlich umgeknickten,
Die eines tags nach vorne fallen
Und unbemerkt von allen
An ihrem Tisch in Küchen sitzen
Und keiner Weltanschauung nützen,
Die tagelang durch Städte streifen
Und die Geschichte nicht begreifen

Die an den Imbisstheken hängen
Sich weder vor noch rückwärts drängen
Und still die Tagessuppe essen
Dann alles wieder schnell vergessen, usw.

Diese Liedzeilen lassen Erinnerungen in mir wach werden, die ich als Student bei ehrenamtlichen Nachtdiensten in der Bahnhofsmission des Münchener Hauptbahnhofes gewonnen habe. Bahnhöfe sind der Treffpunkt **sozialer Randgruppen**. Neben einigen normal Gestrandeten, die ihren Zug, den Anschluss oder eine Verabredung verpasst hatten, die in Verlegenheit waren, weil sie die Sprache nicht verstanden, weil sie keine bezahlbare Bleibe für die Nacht fanden oder weil man ihnen den Ausweis und das Bargeld gestohlen hatte, kamen dorthin mit den verschiedensten Anliegen: Betrunkene Alkoholiker, Drogenabhängige, Dealer, Diebe, Obdachlose, streunende Jugendliche, Verwahrloste und Psychopathen. Alle diese Typen muss man dazuzählen, wenn man den Menschen als „Krone der Schöpfung" beschreiben möchte.

Der Mensch wird geboren, wächst heran, findet Arbeit, gründet vielleicht eine Familie, aber dann muss er irgendwann wieder Abschied von diesem Leben nehmen, vielleicht unter äußerst widrigen Umständen. Wenn man nicht auch am Bett von **Sterbenden** gesessen hat, geht einem eine nicht unwesentliche Facette menschlicher Erfahrung ab. Für manches im Leben reicht kein theoretisches Wissen, man muss es selbst erlebt haben, um ermessen zu können, was es bedeutet. Das gilt auch für andere **einschneidende Ereignisse**, die Geburt eines Kindes, ein Erlebnis, an dem man heute dankenswerterweise auch Väter teilhaben lässt, der Verlust eines geliebten Menschen, Krieg, Fliegerangriffe (München 1943), Flucht und Vertreibung (zum Glück nicht alles eigene Erfahrungen).

Man sollte sich auch vergegenwärtigen, dass man es nicht nur mit einzelnen Individuen zu tun hat, sondern mit **Massen**, die ihre Eigengesetzlichkeit haben. Massen treten zu bestimmten Zeiten, an bestimmten Orten als solche in Erscheinung, bei Großveranstaltungen, wie Popkonzerten, sportlichen Großereignissen, Festen, Umzügen und Jahrmärkten. Es lohnt sich, den Menschen, denen man dabei begegnet, einzeln bewusst ins Gesicht zu blicken und sich selbst fragend zuzuflüstern: Wieder ein „Ebenbild Gottes"? Man kann auch die Zahl der derzeit auf unserem Planeten lebenden Menschen betrachten (fast 7 Milliarden), auch die Zahl derer, die ihn bisher jemals bewohnt haben (110 Milliarden moderne Menschen) und in Zukunft bewohnen werden; 2050 werden es ca. 9,1 Milliarden sein.

Die **Überbevölkerung** der Erde, der wir voraussichtlich entgegen gehen, ist nicht nur ein Problem der Möglichkeiten, so viele Menschen zu ernähren. Man muss auch an den Verbrauch von Energie und anderen Ressourcen denken, und an die drohende Klimakatastrophe, auch an die möglichen Verteilungskämpfe und die dadurch anwachsende Aggressivität der Menschen.

Auch aus anderem Grunde sollte unsere Aufmerksamkeit etwas länger auf die Tatsache gerichtet bleiben, dass es so **viele** Menschen gibt, mit ganz unterschiedlichen geistigen Ausstattungen und sozialen Voraussetzungen. Natürlich möchte der religiöse Mensch in Gott den Vater sehen, der ihn persönlich ins Leben gerufen hat, der ihn liebt, umsorgt, schützt und ihn irgendwann liebevoll zurücknimmt. Aber wenn ich mir die hier skizzierte Schöpfung betrachte, glaube ich, dass dieser Gott mehr mit der **Menschheit als ganzer** zu tun hat. Und nur, so weit sein Geist dem menschlichen Individuum innewohnt, kann man auch den Gedanken einer **persönlichen Beziehung** mit all den genannten emotionalen Attributen des Geliebtseins, des Beschütztseins, des Umsorgtseins, aber auch der persönlichen Verantwortung auf Seiten des Menschen aufrecht erhalten.

Wille und Gewissen

Eine dem Menschen zugeschriebene Eigenschaft bedarf einer gesonderten Betrachtung, die „**Willensfreiheit**" als Voraussetzung für ethisches Handeln. Schuldig werden setzt Freiheit des Willens voraus. Fragt man einen Menschen, der sich mit dem Thema wenig beschäftigt hat, ob er sich selbst frei fühlt, sich für das eine oder andere zu entscheiden, wird man eine spontane Zustimmung zur Willensfreiheit erwarten dürfen. So kommt es uns vor. So haben wir es im Religionsunterricht gelernt: Keine Sünde ohne Möglichkeit zur freien Entscheidung.

Anders sieht die Sache aus, wenn man Psychologen fragt. Hier laufen die Antworten eher auf einen Determinismus hinaus. Das Verhalten wird, so sagen die Psychologen, von **Motiven** gesteuert, die sich im Laufe des Lebens entwickeln, hauptsächlich durch die Differenzierung vorgegebener biologischer und sozialer **Triebe** und **Grundbedürfnisse.** Das Gefühl der Freiheit, das uns so evident erscheint, stellt sich vornehmlich bei relativ unbedeutenden, banalen Wahlmöglichkeiten ein, während wir unter dem Druck starker Motive, die sich in Einstellungen und Lebenshaltungen im Laufe der Zeit verfestigt haben, eher eine **Fremdbestimmung** spüren.

Wenn trotzdem dabei das Gefühl von Freiheit nicht ganz schwindet, hängt das mit den **Denkprozessen** zusammen, die in einer Konfliktsituation der Entscheidung vorausgehen. Damit können wir insbesondere die Folgen eines gewählten Verhaltens gedanklich antizipieren und uns frühere ähnliche Entscheidungssituationen ins Gedächtnis rufen. Indem wir in unserem Bewusstsein den Vorgang so erleben, dass wir unsere **Gedanken lenken**, gewinnen wir den Eindruck, dass wir Herr der Entscheidung sind. Wir nehmen uns selbst als **frei und selbstbestimmt** wahr und werden von unseren Mitmenschen so wahrgenommen. Das gehört offensichtlich zum Menschsein. Wie frei wir dabei wirklich sind, mag zunächst einmal dahingestellt bleiben. Für uns ergibt sich jedenfalls subjektiv das Gefühl von Freiheit und Entscheidungsspielraum und daraus erwächst uns **Verantwortung**. Ein Appell an seine Verantwortung, von innen oder von außen, kann das Verhalten eines Menschen entscheidend verändern. Das heißt: Der in Gang gesetzte Denkprozess wird verhaltensrelevant – ohne Gedanken ein anderer Ausgang als mit –, ein Umstand, der auch in der Rechtsprechung Berücksichtigung findet. Dort spricht man z. B. von vorsätzlichem Mord, wenn man annimmt, dass ein Abwägungsprozess des Täters vorausging, oder von einer Affekthandlung, wenn ein solcher Prozess ausgeschlossen wird.

Natürlich gibt es auch so etwas wie **Denkgewohnheiten**, präformierte Wege gedanklicher Abläufe, Bahnungen vergleichbar dem Weg der Regentropfen an einer Fensterscheibe. Dass einmal in einer bestimmten Weise gedacht wurde, macht es wahrscheinlicher, dass später in derselben oder einer ähnlichen Weise gedacht wird. Während der eine dieses Phänomen als einen die Denkfreiheit ausschließenden oder zumindest einengenden Umstand bezeichnen würde, sähe vermutlich der andere dahinter eine gefestigte Persönlichkeit mit Prinzipien und einem stark ausgeprägten Gewissen.

In der Psychologie spricht man – neutraler – von **Einstellungen**, um Denk- und Verhaltensgewohnheiten zu benennen. Das sind aber letztlich nichts anderes als wissenschaftstheoretische Konstrukte, deren Kenntnis bessere Vorhersagen künftigen Verhaltens von Personen oder Personengruppen ermöglicht. Die Existenz von Einstellungen oder Haltungen tangiert das Problem der Willensfreiheit, das mehr ein philosophisches Problem ist, nicht.

Wenn wir nun die **Denkfähigkeit** und das **Bewusstsein**, als das Geistige am Menschen, als seinen **spirituellen Kern**, auffassen, sind wir an dem Ort, wo allein Gottbegegnung möglich ist – Innewerden des göttlichen Du in uns. Wenn wir aber, um nochmals die Antithese zu bemühen, uns darin täuschen sollten und wir in Wirklichkeit nur belebte Materie, ein zufällig „lebender" Zellhaufen mit einem hoch entwickelten zentralen Nervensystem und einem im Sinne von Emergenz entstandenen, eigenartigen Selbstreflexionsvermögen (Bewusstsein) wären, würden „Gottgläubige" in der Tat einer „Selbsttäuschung" erliegen. Das mag und muss letztlich jeder für sich selbst entscheiden: „Als was erlebe ich mich selbst".

Das Infragestellen der Willensfreiheit löst bei vielen eine starke emotionale Abwehrreaktion aus. Warum pochen die Menschen so sehr auf diese Freiheit? Vermutlich weil damit die Möglichkeit gegeben ist, sich abzugrenzen und ein Gefühl für die eigene **Identität** zu gewinnen. Das berührt die Antinomie von Individualismus und Kollektivismus. Der Mensch ist beides, Individuum und Teil des Kollektivs. In der Gemeinschaft fühlt er sich wohl, sicher und gut aufgehoben. Sein „freier Geist" aber will mehr und das jeweils für sich allein: Würde, Geltung, Anerkennung, Achtung, vielleicht auch Überlegenheit, Dominanz, Vorherrschaft. In diesen Strebungen, den kollektivistischen wie den individualistischen, kommen alte biologisch begründbare **Überlebensstrategien** zur Geltung. Das sollte uns nicht beunruhigen, vielleicht nur einsichtiger machen.

Es könnte noch einen weiteren Grund geben, warum Menschen die Willensfreiheit so stark hervorheben. Manche schwingen mit Blick auf andere gerne die moralische Keule. Wie gut kommt man sich doch selbst vor, wenn man andere beschuldigen kann! Diese Haltung hat einen Namen; man spricht vom **Pharisäertum**. *Jesus* hat diese Haltung in seinen Gleichnissen wiederholt aufgedeckt und kritisiert. An diesem Phänomen hat sich bis heute wenig geändert.

Wie immer man die Frage nach der Willensfreiheit beantwortet, weit her ist es mit dieser Freiheit auf keinen Fall. Sie wird meist überschätzt. Man sollte nicht glauben, dass dem menschlichen Verhalten stets ein **reflektierter Entscheidungsprozess** mit einer Abwägung von Motiven vorausgeht. Das meiste entspringt einer Verhaltensgewohnheit und ist Ausfluss dessen, was heute als in der Masse üblich übernommen wurde, weswegen ein **Unrechtsbewusstsein** oft erst gar nicht aufkommt. Das sollte die Aufmerksamkeit mehr auf die **heimlichen Verführer** und die aktuellen Bedingungen ethischen Handelns lenken. Viele orientieren sich an der sogenannten **öffentlichen Meinung,** die weitgehend der veröffentlichten Meinung eines relativ kleinen Kreises von Meinungsmachern entspricht.

Anlässlich des Papstbesuches von Benedikt XVI. in Berlin gab es Gegendemonstrationen von Atheisten, antiklerikalen Provokateuren, von Schwulen und Lesben und Jugendlichen, die einfach Lust am Krawall hatten. Soweit davon Bilder im Fernsehen übertragen wurden, habe ich versucht genau hinzuschauen und mich in diese Menschen hinein zu versetzen, um sie zu verstehen. Von dem von mir zunächst unterstellten Hass der Demonstranten habe ich nicht viel gesehen, eher Unverständnis und Lust an der Äußerung irgendwie zustande gekommener Gefühle. Vor allem hatte ich den Eindruck, dass sie sich in ihren Aktionen voll gerechtfertigt fühlten. Waren sie es wirklich? So weit es die Schwulen und Lesben betraf, könnte ich mir vorstellen, dass sie manche lieblose Äußerung von Kirchenvertretern zu den homoerotischen Neigungen als beleidigend und kränkend auffassen konnten und dafür den Papst verantwortlich machen wollten. Aber selbst bei dieser Personengruppe zweifele ich, dass sie die wahre Haltung der Kirche zu diesen Varianten sexueller Identität überhaupt kennen.

Die wahren Beweggründe für die gezeigten Aktionen vermute ich an anderer Stelle. Man möge sich die Gier mancher Reporter genauer betrachten, die ganz bestimmte Stellungnahmen und Bilder einfangen wollen, um ihre eigene vorurteilsbehaftete Meinung ihrem Publikum zu präsentieren. Man achte darauf, wie sehr sie darauf aus sind, das, was sie hören wollen, aus den Befragten heraus zu kitzeln, und wie enttäuscht und verärgert sie sind, wenn diese ihre Vorurteile nicht bestätigen. Ich sehe ein gewisses Wechselspiel zwischen den Akteuren öffentlichen Verhaltens und den Medien und Presseorganen, die sie aufstacheln und ihnen zugleich die Auftrittsbühne bieten.

Das sind nur einige kleine Beispiele für die weithin nicht erkannte oder bewusst geleugnete **Meinungsmanipulation** im breiten Strom der öffentlichen Meinung. Solche Phänomene muss man ebenso beleuchten, wie den negativen Einfluss von **Ideologien** und den weit verbreiteten **pädagogischen Nihilismus** (Meinung, es bedürfte keiner Erziehung), wenn man über Freiheit und Verantwortung spricht.

Um die Peinlichkeit naheliegender Beispiele zu vermeiden, frage ich einmal nach Freiheit und Schuld eines aus einem ganz anderen Kulturkreis stammenden Selbstmordattentäters, der mit seiner Tat eine große Zahl unschuldiger Opfer mit in den Tod reißt. Hat er sich frei entschieden? Hat er nicht vielmehr den Einflüsterungen der Stimmungsmacher geglaubt, dass die Tat ein gottgefälliges, himmlischen Lohn versprechendes Unternehmen sei, zu Ehren Allahs und als Rache für manche Demütigung seines Volkes? Stand er nicht unter dem Druck einer Gruppenmeinung? Was haben die Geistlichen seiner Gemeinde dazu gesagt oder verschwiegen?

Ich sehe auch in unserem näheren Umfeld Verschiebungen in der Verantwortlichkeit. Aber schon die Andeutung oder nur die Frage nach den wahrhaft Schuldigen, nach den Verführern, nach den **Gesinnungstätern**, nach denen, die den Boden für bestimmte Vergehen bereiten, oder etwas zulassen, was zu verhindern wäre, löst in manchen allzu liberalen Kreisen Empörung und Abwehrreaktionen aus. Man möge sich nicht wundern, wenn Jugendliche Gewaltakte nachmachen, die man ihnen zuvor in bewegten Bildern gezeigt hat, wenn sie Abartigkeiten ausprobieren, die man glaubte, ihnen zumuten zu dürfen, wenn sie familiäres und gesellschaftliches Chaos für normal halten, weil man ihnen das als schicke Ideologie verkauft hat. Man soll nicht bei Erwachsenen von Mobbing sprechen, nur weil sie etwas machen, was sie schon als Kinder ungestraft machen durften. Und man soll sich nicht wundern, wenn verrohte Jugendliche aus purem Mutwillen Menschen überfallen und zu Tode prügeln. Sicher, eine **Restverantwortlichkeit** sehe ich auch bei diesen verwahrlosten und geschundenen Individuen, die **Hauptschuld** aber bei denen, die mit einer Ideologie der grenzenlosen Freiheit den Boden dafür bereitet haben.

Was ich damit andeute, ist ein **gesellschaftliches** Problem, aber dieses gehört auch zu den Wesenszügen des Menschen und insofern zu meinem Menschenbild, das übrigens keineswegs so negativ ist, wie es nach meinen letzten Bemerkungen erscheinen mag. Zum Gesamtbild gehören auch die vielen positiven und ermutigenden Erfahrungen.

Folgerung

Vor der Gottesfrage stehend meine ich, dass es ratsam wäre, im Blick auf den Menschen unsere Optik zu korrigieren. Wir sind in Gefahr, unseren Überlegungen ein zu abstraktes und idealisiertes Menschenbild zugrunde zu legen. Worauf sollten wir achten?

In der überaus langen und wechselvollen Geschichte des gesamten Weltalls und unserer Erde ist der Mensch ein Novum. In einem 24-Stunden-Maßstab existiert der Homo sapiens gerade einmal seit 2 Sekunden. In dieser Zeit hat er es geschafft, als Teil der belebten Welt eine Sonderstellung einzunehmen, vom Element zum schöpferischen Akteur zu werden. Man muss nicht von der „Krone der Schöpfung" sprechen, aber man darf fragen, ob hinter dieser **außergewöhnlichen Karriere** nicht ein göttlicher Plan steht.

Anhand von Forschungsergebnissen können wir heute den Werdegang der Spezies Mensch nachzeichnen. Wir kennen die evolutionären Gesetzmäßigkeiten, die dabei wirksam waren. Die Sonderstellung in der Welt verdankt der Mensch seiner **intellektuellen** Leistungsfähigkeit. Damit konnte er etwas Großartiges schaffen, was wir mit dem Begriff **Kultur** zusammenfassen. Sein Bewusstsein ermöglicht ihm, ein Gefühl für **Identität** zu gewinnen, seine **Rolle in der Welt** zu reflektieren und Fragen nach **seiner Existenz** zu stellen. Dieser Bereich des „Geistigen", zu dem auch Religion und Ethik gehören, ist für den Menschen charakterisierend. In einem gewissen Kontrast dazu stehen Tendenzen, die sich aus seinem **animalischen Erbe** ergeben. Diese Seite seiner psychischen Natur ist für manche **Schattenseiten** der menschlichen Existenz verantwortlich, für ein leidvolles Schicksal und das sogenannte Böse im Menschen. Man sollte den Menschen nicht idealisieren und trotzdem geneigt sein, liebevoll auch auf diese Seite des Menschseins zu schauen.

Auch davor sollte man den Blick nicht verschließen, dass es so **viele** Menschen gibt und gab und diese sich nach Erscheinung, Herkunft, Wesen, Charakter und Lebensumständen stark unterscheiden. Die individuellen Bedingungen schaffen **unterschiedliche Voraussetzungen** für **Gotteserkenntnis und Bereitschaft zu spirituellem Leben** und sind mitentscheidend, wenn es um die Frage nach der **Verantwortlichkeit** und der **Schuld** von Menschen geht.

3 *Das Gottesbild*

Wer oder was ist Gott?

Die mir selbst gestellte Aufgabe, hier niederzuschreiben, was ich über Gott denke, jederzeit nachlesbar, bringt mich in eine unbequeme Situation. Es ist wie eine Selbstentblößung, ein „Outing", das mich angreifbar macht. Woher kann ich wissen, was Gott ist? Warum sollte ich es besser wissen als die, die das von Berufs wegen ständig erklären müssen? Ich könnte es mir zusammenreimen oder nacherzählen, was andere über Gott gesagt haben und was in religiösen Lehren verkündet wird. Das würde mir persönlich nicht genügen und sollte auch den Leser nicht zufrieden stellen. Ich meine, man kann Anregungen aufgreifen aber letztlich muss jeder das für ihn Wichtige und Entscheidende durch **eigenes Nachdenken** finden. Wenn ich mich im Folgenden immer wieder einmal auf von anderen bereits Gesagtes beziehe, bleibe ich bei dem Anspruch, dass der Kern meiner Aussagen aus der eigenen Mitte kommen muss.

Ob ein persönlicher Glaube an einen Gott gelingt, hängt meines Erachtens wesentlich vom **Gottesbild** ab, von der Vorstellung also, die man sich von Gott macht. „Vorstellung" meint hier nicht nur eine Definition oder eine rationale Beschreibung. Die Erklärungen schließen Gefühle, Anmutungen und Erwartungen mit ein.

Anthropomorphie

Wenn man die Religionsgeschichte nach Gottesbildern durchforscht, stößt man immer wieder auf **menschliche Züge** und menschliche Figuren: Gottvater, Gott der Herr. Oder es werden übersteigerte menschliche Eigenschaften personifiziert: der Allmächtige, der Allwissende. Auch Erwartungen der Menschen stehen Pate für Gottesbezeichnungen: der Heiland, der Retter. Um über Gott etwas wirklich Bezeichnendes auszusagen, fehlen, wie man zugeben muss, die geeigneten sprachlichen Kategorien. Das sollte uns nicht wundern und auch nicht beunruhigen. Wir sind Menschen und können nur menschlich denken und uns auch nur mit menschlichen Begriffen, die aus unserer Erfahrungswelt stammen, sprachlich ausdrücken.

Das Gottesbild des **heranwachsenden** Menschen verändert sich mit seiner geistigen Entwicklung. Zu Beginn entspricht es der Art, wie Eltern oder Großeltern zu einem Kind über Gott sprechen, später ist es – für einen Christen – das vereinfachte Bild der biblischen Geschichten, die das Kind zusammen mit dem Betrachten von Illustrationen liest oder vorgelesen bekommt, eventuell angereichert durch Interpretationen des Religionslehrers. Bei vielen wird dieses Gottesbild nur leicht modifiziert in das **Erwachsenenalter** übernommen. Anderen gelingt es, das Bild unter dem Einfluss eigenen reiferen Denkens und neuer Informationen weiter zu entwickeln. Dann wird vielleicht aus der Vaterfigur, an die man das gereimte Nachtgebet gerichtet hat, ein facettenreiches machtvolles Wesen, dem man sein Leben verdankt, das sich um jeden Einzelnen kümmert, dem man Rechenschaft schuldet und in dessen Nähe man durch ein dunkles Tor, den Tod, zur ewigen Seligkeit eingeht. So jedenfalls könnte die Kurzbeschreibung eines Gottesbildes aussehen, das, wie ich meine, weit verbreitet ist, bzw. weit verbreitet war. Unter dem Rechtfertigungsdruck des eigenen kritischen Geistes und konfrontiert mit der Auffassung vieler anderer Menschen kann und will man da aber nicht stehen bleiben, sondern wird weiter fragen, vielleicht einen Philosophen, der dann vom Seienden (Ens) spricht, unter dem man sich noch weniger vorstellen kann, als es die Formeln „ewiger Vater" oder „allmächtiger Herr" ausdrücken.

Bei der offensichtlichen Schwierigkeit, zu erklären, wer oder was Gott ist, sollte es nicht verwundern, dass man, um Gott zu definieren, auf **subjektive Beschreibungen** zurückgreift, etwa indem man Gott als den sieht, dem sich die Gläubigen in Ehrfurcht nähern. Bei den Israeliten soll die Bezeichnung Jahwe (oder JHWH) für Gott auf eine göttliche Selbstbeschreibung hindeuten. Wenn Gott im Alten Testament von sich als dem JHWH gesprochen hat, so hieß das: Ich bin der „Ich bin da". Das forderte von den Gläubigen eine ehrfurchtsvolle Haltung. Bei den alten Griechen war Gott (Theos) der, dem man Opfer darbrachte (thyein = opfern). Auch unsere germanischen Vorfahren haben bei der Bezeichnung Gottes auf Subjektives Bezug genommen, wenn sie vom „ghuto" (= der Angerufene) sprachen. Die Subjektivität der Gotteserfahrung kommt auch in einer Definition *Martin Luthers* zum Ausdruck, wenn er sagt: „Woran du dein Herz hängst, worauf du dich verlässest, das ist dein Gott".

Es bleibt also die Schwierigkeit, das Wort Gott mit **Inhalt** zu füllen. Wenn wir z.B. Gott als ein **übernatürliches Wesen** bezeichnen, so erscheint dies logisch und korrekt, aber es bringt keinen Erkenntnisgewinn. „Wesen" (Essentia) – in der esoterischen Literatur auch „Wesenheit" – ist ein Allerweltsbegriff für etwas Seiendes und „übernatürlich" verweist nur darauf, dass es sich um etwas Transzendentes handelt, was außerhalb unseres Erkenntnisbereiches liegt. Der Mensch kann sich grundsätzlich nur mit den Dingen auseinandersetzen, die in seinem **Bewusstsein** auftauchen. Das sind Wahrnehmungen aus der erfahrbaren Umwelt und die bewusstwerdenden Gedanken, Gefühle und Emotionen in seinem Inneren. Nach einer Systematik des Philosophen *Karl Popper* (1902–1994) gibt es drei Bereiche: Die materiellen Objekte, die psychischen Phänomene und die zum kulturellen Wissen gehörenden Gesetze und Strukturen. Wo findet Gott in diesem System seinen Platz? Wenn ich eine Zuordnung zu treffen hätte, würde ich Gott der Kategorie „psychische Phänomene" zuordnen, obgleich ich Gott keinesfalls darauf reduzieren möchte. Ausgehend von der Bedeutung des Wortes „Phänomen" (vom Griechischen: phainomai = aufscheinen, erscheinen) könnte man von einem Aufscheinen Gottes sprechen, das nur in der menschlichen Seele stattfinden kann, wo es im Zusammenwirken von Verstand und Gemüt bewusst wird.

Unter den charakterisierenden Bezeichnungen für Gott gibt es eine Reihe von **Analogien**, die sich meist auf ein angenommenes Charakteristikum beziehen. So steht z. B. hinter dem Wort **„Schöpfer"** die Vorstellung, dass unsere Welt einen Ursprung hat, dass sie und mit ihr die Menschen von Gott, einem intelligenten und mächtigen Wesen oder einer Urkraft, geschaffen wurden. Auch wenn die Menschen Gott „Vater" nennen, kommt diese Urheberschaft zum Ausdruck. Daraus folgt, dass man Gott als etwas „Außerweltliches" denken muss, zumindest bis zur „Erschaffung der Welt". Da er auf diese Weise unserem Denken entzogen wird, möchte ich im Vorgriff auf ein späteres Kapitel vorschlagen, Gott vorzugsweise in enger Verbindung mit der für uns erfahrbaren Welt zu sehen.

Geist

Welche Bezeichnung wäre für Gott angemessen? Sie müsste etwas ausdrücken, was unsere Sinneswahrnehmungen übersteigt, etwas Transzendentes also, was aber unsere Erfahrungswelt noch irgendwie berührt. Das könnte am ehesten für den Begriff **„Geist"** gelten. Geist gehört nicht zu den wahrnehmbaren Dingen, aber ist etwas, dessen Existenz in unserem Bewusstsein Chiffren hinterlässt. Man kann sich vage einen Geist vorstellen, dem man Eigenschaften, wie Mächtigkeit, Güte und Heiligkeit zuschreiben könnte. Ich kann mir sogar vorstellen, dass dieser heilige, göttliche Geist weithin ausgegossen auch in Lebewesen, im Menschen, in mir selbst, wirksam und auffindbar wäre.

Sogar in einem modernen physikalischen Weltbild muss „Geist" kein „Fremdkörper" sein. Der Physiker *Hans-Peter Dürr* (1929–2014), Schüler von *Werner Heisenberg* und Träger des Alternativen Nobelpreises, sah aufgrund seiner wissenschaftlichen Überlegungen in der Materie so etwas wie „erstarrten oder geronnenen Geist". Materie in ihrer dinghaften, sinnlich erfahrbaren Eigenschaft gehört nicht zu seinem physikalischen System, so existiert sie nur in unserer Auffassung. Geist und Materie könnte man demnach als verschiedene „Aggregatzustände" desselben Seienden betrachten, Materie als „kondensierten, verfestigten Geist" und Geist als „verflüssigte oder verdampfte Materie". Gott ließe sich in diesem Konstrukt als Konzentration dieses Seienden verstehen. Vielleicht befriedigt eine solche Vorstellung manche Denker unserer Zeit. Ob sie einem einfachen Zeitgenossen in seinen religiösen Bemühungen weiterhilft, ist mehr als fraglich.

Person

Ist Gott eine Person? Um sich von philosophischen Abstraktionen, wie „das Absolute", „das unendliche Leben", „der absolute Geist", „die absolute Wirklichkeit" (*Georg Wilhelm Friedrich Hegel*, 1770–1831) abzusetzen, wird von den Theologen die **Personalität** Gottes hervorgehoben. Als Person bezeichnen wir normalerweise einen Menschen in seiner für ihn typischen, ihn **charakterisierenden Eigenart**. Dazu gehören seine Identität, sein Selbstverständnis, sein Wille und seine Entschlussfähigkeit, die ihn aus sich heraus entscheiden und handeln lassen. Der Begriff stammt aus der Welt des antiken Theaters und bezeichnete dort die Maske, durch die hindurch der Schauspieler gesprochen hat (lateinisch: personare = hindurchtönen). Die Persona war die Figur des Theaterstücks, die durch die gesprochenen Texte zum Leben erweckt wurde.

In religiösen Schriften wird großer Wert darauf gelegt, dass Gott als **Person** handelt, dass er wahrnimmt, denkt und seinen Willen in die Tat umsetzt. Aber Denken und Wollen sind letztlich menschliche Kategorien, von denen man nicht weiß, ob und wie sie auf Gott anwendbar sind. Von der Charakterisierung Gottes als Person wird man nicht ganz abrücken können, wenn man nicht so inhaltsleere Begriffe, wie „Prinzip" oder „Idee", gebrauchen möchte, die ein personales Gegenübertreten irreal erscheinen lassen. Zumindest der Durchschnittsgläubige ist nicht darin geübt, zu einem „impersonalen Gott" zu beten.

Weil Personalität an menschliche Vorbilder denken lässt, hindert der Begriff daran, Gott in einem modernen naturwissenschaftlichen System zu begegnen. Dabei nähert sich die Atomphysik, wie erwähnt, einer Auffassung von Materie, nach der es diese im herkömmlichen Sinn nicht gibt, sie ebenso, wie Energie, nur sekundär in Erscheinung tritt. Stünde hinter den Phänomenen ein „geistiges Prinzip", eröffnete sich damit die Möglichkeit, Gott und die Schöpfung in Übereinstimmung mit einem modernen Weltbild neu zu sehen, vor allem Gott in der uns bekannten Welt zu entdecken. Was Menschen bisher über Gott gedacht und in „heiligen Schriften" niedergelegt haben, kann dann freilich nur metaphorisch verstanden werden. Was das für unser Verhältnis zu Gott bedeutet, ist noch nicht zu Ende gedacht. Eine ehrfurchtsvolle Haltung, meine ich, sollte auch unter den genannten Voraussetzungen möglich sein.

Letztlich bleibt es ein großes Geheimnis und wir stehen wieder vor der Mauer, die wir mit den bescheidenen Möglichkeiten unseres Erkennens nicht überwinden können. Wir müssen und dürfen uns, da wir in der Sprache Gottes nicht denken können, menschlicher Kategorien bedienen, sollten uns dabei aber bewusst bleiben, dass wir über etwas **Geheimnisvolles, Transzendentes** sprechen, wir also eine Grenze überschreiten, was uns jeder Sicherheit beraubt.

Dreifaltigkeit

Im Christentum wird ein Gott verehrt, von dem man sagt, dass er in **drei** Personen existiert: **Vater, Sohn und Heiliger Geist**. Trotzdem gilt das Christentum als monotheistische Religion. Diese Dreifaltigkeits-Vorstellung geht auf Aussagen *Jesu* zurück, nach denen er sich selbst als Sohn Gottes bezeichnet. Als solcher spricht er oft vom Vater, der ihn gesandt habe und zu dem er heimgehen werde, und vom Heiligen Geist, den er senden wolle.

Schon *Goethe* hat sich am Trinitätsbegriff gerieben. In einem Gespräch mit *Eckermann* (1824) bemerkte er: „Ich glaube an Gott und die Natur und an den Sieg des Edlen über das Schlechte. Aber das war den frommen Seelen nicht genug. Ich sollte auch glauben, dass drei eins und eins drei sei; das aber widerstrebte dem Wahrheitsgefühl meiner Seele; auch sah ich nicht ein, dass mir damit im mindesten wäre geholfen gewesen".

An der Vater-Sohn-Analogie im Bild der Dreifaltigkeit stört Menschen unserer Zeit, dass nicht auch Mutter und Tochter darin vorkommen, die Analogie die menschliche Wirklichkeit insofern unvollkommen abbildet. Die Vaterfigur, die mir persönlich sehr zusagt, weil ich selbst einen sehr gütigen Vater hatte, den ich noch heute verehre, geht natürlich auf die patriarchalische Vorstellungswelt zurück und hat in der heutigen emanzipierten Gesellschaft etwas an Glanz verloren.

Für den **Heiligen Geist** werden in der Bibel verschiedene **Bilder** verwendet: Die Taube, die bei der Taufe *Jesu* durch *Johannes* über den Wassern des Jordans schwebte, und die Feuerzungen über den Anhängern *Jesu* beim Pfingstwunder. Ein bildlicher Vergleich trifft das Wesentliche jeden Geistes besonders gut, das **Wehen des Windes**. Die Luft können wir nicht sehen, aber bewegte Luft, den Wind, können wir spüren und an seinen **Wirkungen** erkennen. Von den drei Personen der Heiligen Dreifaltigkeit sagt mir persönlich der Heilige Geist am meisten zu, weil die anthropomorphe Vorstellung hier wegfällt. Wie beim Wind kann man aus den Wirkungen auf den Verursacher schließen. Und wenn man eine Wirkung in wiederkehrenden Situationen oft in derselben Weise erfahren hat, bekommt dieses Schließen einen **Wahrnehmungscharakter**. Der Hymnus zum Pfingstfest, in dem die Wirkungen als die „sieben Gaben" des Heiligen Geistes besungen werden, gehört zu den schönsten, mystisch angehauchten Texten der Liturgie.

Aus dem Heiligen Geist heraus erschließt sich alles andere, der Rest des Geheimnisses. Der göttliche Geist, der über den Wassern schwebt (Genesis) muss es sein, dem wir diese Welt verdanken, ihn dürfen wir Vater nennen. Und Leben und Wirken des *Jesus von Nazaret* ist in einer Weise und Intensität von göttlichem Geist erfüllt, dass uns die Bezeichnung Sohn Gottes für ihn angemessen erscheint.

Sucht man nach religionsgeschichtlichen **Parallelen** zur christlichen Trinitätslehre, muss man die verschiedenen Inkarnationen von Gottheiten im Hinduismus nennen. In einer „**Trimurti**" genannten Dreigestalt geht es um das Zusammenwirken von Brahma, dem Schöpfer, Vishnu, dem Erhalter und Shiva, dem Zerstörer. Den Sinn dieser eigenartigen Kombination zu verstehen, ist sicher nicht leicht. Am ehesten könnte man annehmen, dass es dabei um die verschiedenen Seiten eines allmächtigen Gottes geht, der für das Sein oder Nichtsein menschlicher Existenz und der Existenz alles sonstigen Seienden bestimmend ist.

Aber auch der **Sinn der christlichen Trinität** erschließt sich nicht spontan. In der Apostelgeschichte des Heiligen *Lukas* wird eine Vision des Heiligen *Stephanus* berichtet: „Erfüllt vom Heiligen Geist blickte er zum Himmel und sah die Herrlichkeit Gottes und *Jesus*, den Menschensohn, zur Rechten Gottes stehen" (Apg 7, 55–57). Der Heilige Geist erscheint in diesem visionären Bild nur als unsichtbare Kraft im Betrachter. An den Heiligen Geist glauben hieße demnach, an Gottes Kraft im Menschen und in der Welt glauben.

Ich erinnere mich an eine Predigt zum Dreifaltigkeitssonntag, in der der Prediger, nachdem er sein eigenes Verständnisproblem eingeräumt hatte, folgendes Bild gebrauchte: Die Dreifaltigkeit sei ein Wirkungsgefüge, vergleichbar der Sonne, die ihre Strahlen sendet, die dann die Erde und die Menschen erwärmen. Gott Vater entspreche in diesem Vergleich der Strahlen aussendenden Sonne, Christus dem Sonnenstrahl und der Heilige Geist der Wärme, die die Menschen spüren, zweifellos ein schönes Bild. Es führt in die Nähe des Modalismus, in dem die drei Personen der göttlichen Dreifaltigkeit als drei verschiedene Aspekte ein und desselben Gottes aufgefasst werden. Der Heilige *Augustinus* hat mehrere Schriften über die Dreifaltigkeit verfasst. In seinen „Confessiones" stellt er unter anderem eine psychologische Variante der Trinitätslehre vor: Der Vater erschafft die Zeit, das Wort (Christus) bringt die Welt hervor und der Geist bindet alles in Liebe zusammen. Für mich ist das ein eher willkürliches Arrangement.

Aus Äußerungen von Theologen weiß ich um die Beklemmungen von Theologiestudenten, die fürchten, im Dogmatik-Examen nach dem Verständnis der Dreifaltigkeit gefragt zu werden. Auch von den mulmigen Gefühlen katholischer Priester habe ich gehört, die sich am Dreifaltigkeitssonntag anschicken, die Präfation zu singen, mit einer geradezu beängstigenden Anhäufung von schwer verstehbaren und schwer zu glaubenden Aussagen. Im Umgang mit dem Verständnisproblem wurden immer wieder bildhafte Erklärungen angeboten, wie das oben genannte von der Sonne und ihren Strahlen. Von allen diesen Versuchen hat mir persönlich einer am meisten zugesagt, der auf den Kirchenvater *Irenäus von Lyon* zurückgehen soll. Danach wären *Jesus* und der Heilige Geist die „zwei Hände Gottes" zur Welt hin

(*Lorenz Wachinger*: „Wie können wir vom dreifaltigen Gott sprechen", Christ in der Gegenwart, 65. Jg., Nr. 21, Herder Verlag, Freiburg 2013).

Solche poetische Bilder können das Verständnis erleichtern. Die Kirchen würden trotzdem gut daran tun, den Glauben der Laien nicht zu überfordern und nicht zu verlangen, dass diese unter der Deklamation von Formeln, die ihnen wenig sagen, in Ehrfurcht erstarren. Der verstorbene Münchener Theologieprofessor *Eugen Bieser* (1918–2014) antwortete auf eine ihm von einem Journalisten gestellte Frage: „Der einfache Mensch muss das **Geheimnis der Trinität** nicht verstehen". Dies ist zweifellos eine entlastende Feststellung, aber heißt das: Dreifaltigkeit ist nur etwas für Theologen? Und warum muss man etwas, was ohnehin schon schwer zu verstehen ist, noch weiter komplizieren? Gott möchte sich den Menschen bestimmt nicht verschließen oder ihnen Rätsel aufgeben. Darum ist auch die Sorge unbegründet, der Mensch könnte einem göttlichen Auftrag nicht gerecht werden, wenn er sich Gott nur als ein einziges und einheitliches Wesen vorstellt.

In seinem Buch „Credo" weist *Hans Küng* darauf hin, dass im apostolischen Glaubensbekenntnis zwar von Vater, Sohn und Heiligem Geist einzeln die Rede ist, aber der Begriff „Dreifaltigkeit" darin nicht vorkommt. Auch im Neuen Testament fände man kein Wort davon, dass Vater, Sohn und Geist eine göttliche Natur gemeinsam hätten. Die klassische Trinitätslehre von einer göttlichen Natur in drei Personen taucht in Kirchenschriften erst am Ende des vierten Jahrhunderts auf. Das Dreifaltigkeitsfest wurde in der Katholischen Kirche erst im Jahr 1334 eingeführt.

Die christliche **Ikonographie** der Westkirche hatte keine Hemmung, die Trinität mit Hilfe von drei Personen, drei Häuptern oder einem Haupt mit drei Gesichtern darzustellen. Die häufig verwendete „Gnadenstuhl"-Darstellung zeigt Gott Vater, in seinem Schoß das Kreuz mit dem Sohn und darüber den Heiligen Geist in Form einer Taube. In der Ostkirche dagegen gibt es kein Abbild Gottes, Gott bleibt unsichtbar. Nur seine Offenbarung in *Jesus Christus* darf bildlich dargestellt werden, z. B. in *Andrej Rubljows* Ikone der Trinität in der Gestalt von drei Engeln.

Wo ist Gott?

Wo könnte ich Gott finden? Wo sollte ich demnach suchen? Eine kurze Überlegung müsste genügen, um festzustellen, dass der **Ort** einer möglichen **Begegnung** nur **in mir selbst** liegen kann. Ganz gleich, wo Gott sonst noch sein könnte, ich muss mich darauf konzentrieren, wo allein ich mit ihm in Berührung kommen kann, weil nur dort Empfangsorgane vorhanden sind, in mir oder nirgendwo.

Das wurde, wenn man auf die Religionsgeschichte schaut, nicht immer so gesehen. Früher hatten die Menschen ein starkes Bedürfnis, Gott konkret zu verorten. Da bekanntlich **alles Gute von oben** kommt, hat man angenommen, ihn **oben, im Himmel,** annehmen zu sollen, was gleich bedeutend mit dem Firmament war, dem Himmelsgewölbe oder Bergen, wie dem Olymp, oder später mit dem Weltraum. Im Anschluss an die erfolgreiche Weltraummission der Russen ließ die sowjetische Propaganda stolz verkünden, ihr Kosmonaut sei wohlbehalten aus dem All zurückgekehrt, von Gott habe er auf seinem Flug keine Spur gesehen. Ob die atheistischen Ideologen mit dieser Meldung wirklich argumentieren oder sich nur über die Religion lustig machen wollten, ist schwer zu sagen. Derart naiven Vorstellungen könnte man nur entgegenhalten, dass der Kosmonaut vermutlich nach dem falschen Objekt Ausschau gehalten hat.

Natürlich darf man danach fragen, wo Gott, außer im Menschen, sonst noch anzutreffen ist. Wenn man von der Allgegenwart Gottes ausgeht, kann die Antwort nur lauten: **überall**. Aber man muss zugeben: Wir wissen es nicht. Und ich glaube, wir müssen es nicht wissen. Unsere Vorstellung von überall, von allen Orten also, betrifft immer nur eine Auswahl, weil wir nur eine begrenzte Zahl von Orten kennen, nur kennen können; unser Sinnesapparat öffnet nur ein kleines Fenster zur vermutlich unendlichen Wirklichkeit. Auch die Phantasie, sich einen Aufenthaltsort Gottes auszudenken, kommt rasch an ihre Grenzen. In diesem Zusammenhang legen manche Theologen Wert auf die Feststellung, dass Gott **nicht Teil der erfahrbaren Welt** ist, eher ihr **Urgrund**. Aber was soll das schon für einen Laien bedeuten? Im Verständnis verschiedener Formulierungen stößt man auf Spitzfindigkeiten. Sagte man z. B.: „In allen Dingen ist Gott", sähe man sich dem Vorwurf eines **Pantheismus** ausgesetzt, als wollte man die beobachtbaren materiellen Dinge vergöttlichen. Auf weniger Ablehnung stößt die Aussage: In allen Dingen kann man das Wirken Gottes beobachten, weil alle Dinge in Gott sind (Panentheismus). Folgt man *Jörg Zink* in dieser Frage, müsste man betonen, dass Gott alles ausfüllt, die Dinge also ebenso in Gott sind, wie Gott in den Dingen ist. Diese Vorstellung ist Ansatz für eine mystische Frömmigkeit. Meister *Eckhart* (1260–1328) sah „jede Kreatur als Gottes voll" und ihren Bestand allein durch Gott als ihren Erhalter garantiert. Wenn „sich Gott nur einen Augenblick von den Kreaturen abkehrte, würden sie zunichte".

Ungeachtet dessen haben Menschen in ihrem Reden und Denken über Gott ihn, wie gesagt, implizit immer verortet, und zwar „oben im Himmel". Sein Eingreifen und Wirken musste deshalb **„von oben herab"** sein. Diese Metapher erscheint mir deswegen bedeutsam, weil sie sich gut in die gesellschaftliche Realität von Herrschaft, von Über- und Unterordnung, vor allem vergangener Zeitepochen einpasst. Ohne gehässig sein zu wollen, vermute ich, dass diese Vorstellung den Kirchen nicht ungelegen kam, sahen sie sich doch in der hierarchischen Rangfolge zwischengeschaltet, als der verlängerte Arm Gottes auf Erden, was ihnen viel Macht verlieh, für das Gottesbild im Sinne der Zuschreibung von Eigenschaften aber sicher nicht vorteilhaft war. Da in der Tat viel Gutes von oben kommt, der Leben spendende Regen und vor allem die Sonnenstrahlen als Vorbedingung allen Lebens auf dieser Erde, hätte der Blick nach oben sinnbildlich gut gepasst.

Der einzig mögliche Ort der Gottbegegnung liegt also **im Menschen** selbst. Nur in ihm, genauer gesagt **in seiner Geistseele**, kann es eine Berührung geben. Diese scheint umso sicherer göttlichen Ursprungs zu sein, in je **tieferen Schichten** der Seele sie geschieht. Je rationaler eine Aussage über Gott daherkommt, desto weniger kann sie wirklich auf Gott hinweisen. Sehr drastisch hat das *Oswald Spengler* (1880–1936) ausgedrückt, der meinte: „Wer Gott definiert, ist schon Atheist". Wir wissen nicht, wann in der Religionsgeschichte erstmals etwas darauf verweist, dass der Blick nach innen gesucht wurde. Von den Ureinwohnern der Osterinseln sagt man, dass sie etwas kannten, was sie „Aku-Aku" nannten. Das hatte mit dem Geistigen, dem Göttlichen zu tun. Sie verstanden darunter sowohl eine innere Stimme, vergleichbar dem Gewissen, als auch eine innere Kraft und einen inneren Beschützer. Dieser wurde bildlich durch einen künstlich gestalteten Talisman repräsentiert, den sie immer bei sich trugen. Aku-Aku aber war für sie nur ein Erinnerungsobjekt, entscheidend war, was sie selbst in sich beobachteten.

Die Idee vom **innewohnenden Gott** findet sich meines Wissens schon bei den frühen Kirchenvätern. Ein vertiefter Blick nach innen erfolgte in der christlichen Mystik. *Bernhard von Clairvaux* wird der Spruch zugeschrieben: **„Geh deinem Gott entgegen, bis zu dir selbst"**. Besser lässt es sich nicht ausdrücken. Der heilige *Franz von Sales* sagt: „Nicht nur an dem Ort, wo du bist, ist Gott, er ist auch ganz besonders in deinem Herzen und in der Tiefe deiner Seele, er belebt und beseelt dich mit seiner göttlichen Gegenwart, er ist da" (zit. nach *Jörg Zink*: „Dornen können Rosen tragen". Mystik, die Zukunft des Christentums, Kreuzverlag, Stuttgart, Zürich 1997).

Dass Gott im Menschen ist, kommt auch in der **Bibel** an einigen Stellen zum Ausdruck, so im Gleichnis vom Weinstock und den Reben. Wenn *Jesus* sagt: „Ich bin der Weinstock, ihr seid die Reben", meint das in gewisser Weise eine Einheit in der Wesensart. Im Galaterbrief schreibt *Paulus*: „Ich lebe, doch nicht mehr als ich, sondern Christus lebt in mir" (Gal 2, 20). Was hier der Heilige *Paulus* auf den Christus-Gott bezogen sagt, meint vielleicht nicht primär die göttliche Natur der Menschen von Anfang an, aber doch eine Einheit, ein geistiges Einswerden.

Man darf in diesem Zusammenhang auch an andere psychische Erfahrungen des Menschen denken, die in unserer **Sprache** ihren Niederschlag gefunden haben, etwa wenn wir sagen, wir seien von etwas „**beseelt**", oder von einer Sache ganz „**begeistert**". Dann heißt das: Wir fühlen uns davon ganz eingenommen, ganz erfüllt. Wir denken oft oder fortwährend daran. Dabei kommen uns beglückende und bewegende Gefühle und Gedanken, ein Zustand, der dem der Verliebtheit ähnelt. Wenn aber Gott in uns ist und wir göttlichen Ursprungs sind, wir also göttlicher Natur teilhaftig sind, dann ist das von Anfang an und fortwährend so, allenfalls in der Intensität schwankend.

Ich erinnere mich noch gut an den Religionsunterricht, in dem uns Kindern viel vom „**Stand der Gnade**" erzählt wurde, für den wir selbst die Verantwortung trügen. Nach dieser Lehre würde aus dem animalischen Wesen Mensch durch den Akt der Taufe die sich göttlicher Huld und Gnade erfreuende Lichtgestalt. Der Mensch erhielte ein geistiges Leben, das durch jede schwere Sünde wieder ausgelöscht wird. Durch göttliche Vergebung im Bußsakrament würde aus schwarz wieder weiß, das Schuldenkonto ausgeglichen, der Stand der Gnade bis zum neuerlichen Verlust wieder hergestellt. Ich weiß, dass sich an diesem Punkt viele Theologen um eine Neuinterpretation bemühen, aber es soll niemand behaupten, dies wäre nie so gemeint gewesen. Viele sagen es heute noch so, wenn auch nicht immer mit denselben Worten.

Mehr noch als die Frage, wo Gott zu finden ist, bewegt die Menschen, wie er ist, welche **Eigenschaften** er in sich vereint. Die Frage drängt sich geradezu auf, denn Wohl und Wehe der Menschen könnten davon abhängen.

Schon früh haben die Menschen begonnen, dem Wesen, das sie anriefen und dem sie Opfer darbrachten, bestimmte Eigenschaften zuzuschreiben. Das waren Attribute, die sie aus ihrer von Gefühlen und Erwartungen geleiteten Phantasie mit den Gottheiten in Verbindung brachten. So erwarteten sie von einem ihnen wohl gesonnenen, hilfreichen, mächtigen Wesen Jagderfolg, reiche Ernte und Schutz vor Unheil. Zugleich fürchteten sie, sie könnten dieses Wesen durch ihr Verhalten ungnädig stimmen und seine Gunst verlieren.

Im **Polytheismus** konnte man das Spektrum menschlicher Eigenschaften auf verschiedene Göttinnen und Götter verteilen. So wurden z. B. bei den Azteken die gefürchteten negativen Eigenschaften dem Regengott Tlaloc zugeschrieben, den sie durch Menschenopfer zu besänftigen suchten. Im **Monotheismus** dagegen, wie z. B. im Judentum, mussten sich die religiösen Führer vorsichtiger über die Eigenschaften ihres Gottes äußern, weil ihre Erklärungen das Gottesbild des Volkes für lange Zeit prägten, vor allem wenn diese schriftlich niedergelegt wurden. Auch die jeweiligen **gesellschaftlichen Rahmenbedingungen** haben sich auf Attribuierungen ausgewirkt. Darum fanden sich in einem patriarchalischen System dessen Wesenszüge auch im Gottesbild wieder. In der geschichtlichen Epoche des Absolutismus wollte man Gott vornehmlich in der Herrscherrolle sehen. In neuester Zeit scheint das Denken über Gott mehr vom Individualismus geprägt und von der Psychologie beeinflusst zu sein.

Das **Gottesbild** ist also **keine feststehende, unveränderliche Größe**, es kann sich im Lauf der Zeit wandeln. Und es zeigen sich Unterschiede, wenn man die Gottesbilder verschiedener Religionen und verschiedener gesellschaftlicher Gruppen miteinander vergleicht. Natürlich kann man auch nach dem Gottesbild des einzelnen Individuums fragen und wird dabei feststellen, dass es **alters- bzw. entwicklungsabhängig** ist, vom frühen Kinderglauben hin zu reiferen Vorstellungen von Gott. Es sollte auch nicht verwundern, dass sich im persönlichen Gottesbild die **eigenen Befindlichkeiten**, die Nöte, Befürchtungen, Bedürfnisse und Wünsche widerspiegeln. Darauf hatte schon der Philosoph *Ludwig Feuerbach* (1804–1872) in seiner Projektionstheorie hingewiesen. Dieser Gedanke ist – dessen bin ich mir bewusst – Wasser auf die Mühlen der Religionsgegner. Aber wenn ich annehme, dass mir Gott in der Tiefe meiner Seele aufscheint und begegnet, sollte ich nicht überrascht sein, dass mir dabei auch eigene Befindlichkeiten bewusst werden und mein Gottesbild vertraute Züge annimmt. Dies ist nicht anderes zu erwarten. Glaube ist immer **subjektiv**. Man kann nur an einen Gott glauben, dessen Bild mit dem **innersten Empfinden** im Einklang steht. Im Folgenden möchte ich einige konkrete Eigenschaften, die oft in Verbindung mit Gott genannt werden, reflektieren.

Heiligkeit

Die Gott am häufigsten zugeschriebene Eigenschaft ist die Heiligkeit. Wir wissen allerdings nicht, was das genau bedeutet: „heilig". Damit geht es uns ebenso, wie mit dem Wort „Gott". Es ist nicht von dieser Welt, gehört also nicht zu der von uns erfahrbaren Wirklichkeit. Vielleicht eignet es sich aber gerade deswegen für die Beschreibung Gottes. Das Wort zu hören, auszusprechen oder zu denken hinterlässt ein Gefühl, das nicht näher erklärbar ist. Man spricht von einem **„Numinosum"**, einem Gefühl, das einen Schauer hinterlässt und den Betroffenen veranlasst, sich zurück zu nehmen, dem Unbekannten die Ehre zu geben, für ihn Platz zu machen. Eindrucksvoll kommt dieses Gefühl in einer alttestamentlichen Szene zum Ausdruck. Auf dem Weg zum Berg Horeb sieht *Moses* einen brennenden Dornbusch, dessen Flammen sich eigenartigerweise nicht verzehren. *Moses* will die Erscheinung erkunden, aber Gott ruft ihm aus dem Feuer heraus zu: „Komm nicht näher, ziehe deine Schuhe aus, denn das Land, auf dem du stehst, ist **heiliges** Land". Da verbarg *Moses* sein Angesicht, denn er fürchtete sich Gott anzuschauen (Ex 3, 2–6).

„Sacrum" und **„Divinum"** (das Heilige und das Göttliche) meint, genau genommen, dasselbe. Von Gott sagt man, dass er nicht nur heilig ist, sondern dass **Heiligkeit von ihm ausgeht.** So heißt es im Hochgebet an zentraler Stelle der katholischen Messliturgie: „Du bist der Quell aller Heiligkeit". Wenn also etwas heilig ist, was nicht Gott ist, so stammt diese Eigenschaft von Gott. Man könnte daher auch sagen: Es ist göttlich, **göttlichen Ursprungs**, wie etwa die menschliche Seele. Heiligkeit ist für Gott eine unabdingbare, konstituierende Eigenschaft, eine „conditio sine qua non", eine Bedingung also, ohne die man nicht von Gott sprechen kann. Dies gilt zumindest für heutiges Denken und für die jüdisch-christliche Tradition. In anderen Kulturkreisen kannte man auch Götter, denen man Eigenschaften zuschrieb, die zur Heiligkeit in einem gewissen Gegensatz stehen.

Das Wort „heilig" scheint auch eine **menschliche Dimension** zu besitzen. Mit **„Heil"** wird das Wohlbehaltene, das Willkommene, das persönliche Glück verstanden, weswegen man jemandem Heil zuspricht. Mit „salve" (Heil dir) begrüßten sich schon die alten Römer. „Heil" jubelte man Imperatoren zu, zuletzt vor rund siebzig Jahren leider einem Größenwahnsinnigen, der viel Unheil über die Welt gebracht hat. Mit dem Symbol seiner menschenverachtenden Ideologie, dem Hakenkreuz, hat der Nationalsozialismus zugleich ein altes Segenszeichen unserer Urvorfahren missbraucht. Eine passende Assoziation zu heilig finden wir in dem Wort **„heilen"** oder „heil machen", was so viel heißt, wie „gesund machen, ganz machen". Das gibt dem Heiligen auch die Bedeutung von „unversehrt", dem schlechthin wünschenswerten Zustand. Heiligkeit reicht also ins **Menschliche** hinein, sodass wir, zumindest auf den zweiten Blick, aus der Selbsterfahrung eine Ahnung von dieser göttlichen Eigenschaft gewinnen können. Trotzdem, „keiner ist heilig, wie der Herr".

Absolutheit

Im Gegensatz zu der Gott eigenen Heiligkeit löst die ebenfalls Gott zugeschriebene Absolutheit kaum ein Gefühl in uns aus. Sie ist ein typischer Begriff der Philosophen. „Absolut" (= losgelöst) heißt soviel wie „unbedingt, unabhängig, eigenständig, nicht geschaffen". Dem steht die Abhängigkeit alles Geschaffenen gegenüber, so auch der Mensch als Geschöpf Gottes. Kardinal *Lehmann* definiert es so: „Für den christlichen Glauben ist Gott der eine absolute und universale Herr aller Wirklichkeit". Einfacher ausgedrückt könnte man vielleicht sagen: Es muss etwas geben, was nicht selbst geschaffen wurde, und diesen Urgrund nennen wir Gott.

Ewigkeit

Gottes Absolutheit verlangt, dass er nicht der Zeit und damit der **Vergänglichkeit** unterworfen ist. Man sagt: Gott ist der Ewige, er ist ohne Anfang und ohne Ende. Ein Gott auf Zeit wäre ein Widerspruch in sich. Auch darin unterscheidet sich Gott von den Menschen, dem Geschlecht der Sterblichen, wie man sie auch genannt hat. Auch solche Begriffe, wie **Ewigkeit** und **Unendlichkeit**, gehen über unser Vorstellungsvermögen hinaus. Aber man kann sie andachtsvoll aussprechen oder singen, wie im Sanktus-Lied: „Er, der nie begonnen, er, der immer war, ewig ist und waltet, sein wird immerdar".

Allmächtigkeit

Macht ist etwas, was den Menschen wohl bekannt ist, weil sie in einem ständigen Konkurrenzkampf leben, in dem die Stärkeren die Lebensbedingungen diktieren. Menschen erleben die Mächtigkeit in allen Ausprägungsgraden, von der Ohnmacht bis zur Despotie, und können sich daher vorstellen, was **Allmacht** bedeutet. Sie öffnet alle Möglichkeiten und beseitigt alle Einschränkungen. Je mächtiger jemand ist, desto mehr kann er auch als Beschützer anderer auftreten. Darum setzen alle

Schwachen, die sich bedroht fühlen, und alle Bedürftigen, die Not leiden, ihre Hoffnungen auf einen huldvollen, allmächtigen Gott und erwarten von ihm Hilfe und Beistand. Andererseits ist es gerade die Allmacht Gottes, die Menschen fragen lässt, warum ein allmächtiger Gott dem ganzen Spuk von Elend, Not, Krieg, Verbrechen, Schmerz und Leid nicht rasch ein Ende setzt. Aber das ist wohl zu menschlich gedacht.

Allwissenheit

Nicht viel anders geht es mir mit der Behauptung, Gott sei allwissend. Hier drängt sich die Frage auf, wie er unter diesen Umständen dem irdischen Treiben ruhig zusehen kann. Den Kindern sagt man oft, dass Gott alles **sieht**, was auf Erden vorgeht. Ich erinnere mich an eine bildliche Darstellung der göttlichen Dreifaltigkeit, die unter anderem das Bild eines Auges innerhalb eines Dreiecks enthält. Von diesem Auge habe ich mich als Kind immer beobachtet gefühlt, was mir nie ganz geheuer war.

„Wissen" ist ein originärer Begriff der **menschlichen Selbsterfahrung** und meint das Aufscheinen und gedankliche Verfügbarwerden eines Inhalts in unserem Bewusstsein. Da hiermit also ein zutiefst menschlicher Vorgang angesprochen wird, sollten wir der Versuchung widerstehen, zu überlegen, was Gott alles **weiß**. Göttliche Allwissenheit übersteigt menschliches Wissen nicht nur an Quantität, es dürfte etwas sein, was jenseits unserer Vorstellung von Wissen liegt.

Da Gott, wie wir annehmen dürfen, auch in uns ist, liegt der Gedanke nahe, dass Gott jeden von uns **kennt**. So heißt es schon im Psalm 139:

„Meine Gedanken schaust du von ferne; du siehst mich, wenn ich gehe und ruhe; alle meine Wege sind dir vertraut". Das zu wissen, hat auch etwas Tröstliches. Denn, wenn Gott wirklich jeden Menschen einzeln sähe und **beobachtete,** hieße das vermutlich auch, dass er sich fortwährend um jeden **kümmert,** sofern er das nicht, insbesondere was die Sicherheit von Kindern angeht, an einen Schutzengel delegiert. Ich merke, wie ich bei so menschlich aufgefassten Eigenschaften unversehens ironisch werde, was der Sache sicher nicht angemessen ist. Unter dieser Annahme, könnte es wohl auch sein, dass Gott alles **kontrolliert.** Von da ist es nicht mehr weit zu einem Gott, der nichts vergisst und alle Verfehlungen irgendwann bestraft, also zu einem nachtragenden, rachsüchtigen Wesen, vor dem man sich fürchten muss. Die alten Griechen glaubten sogar, man könne den Neid der Götter erregen, wenn man im Leben Glück und Erfolg hat. *Goethe* sagte daher in seinem Epos „Prometheus" von seinem Helden: „Ihm graute vor der Götter Neide".

Der **strafende Gott,** als bestimmende und von der Kirche wach gehaltene Idee, hat im Christentum über Jahrhunderte hinweg das religiöse Denken geprägt. Sicher drückten sich darin auch die generelle Unsicherheit der Zeit, das erlittene Elend, und die persönliche Unfreiheit vieler aus. Aber man kann nicht leugnen, dass die christlichen Kirchen die damit verbundenen ängstigenden Vorstellungen von einem strengen Gericht als Instrument der **Disziplinierung** nutzten. Daran hat sich in der offiziellen kirchlichen Verkündigung bis heute nicht viel geändert.

Wenn man trotzdem den Eindruck gewinnt, dass sich das Gottesbild des Volkes **wandelt,** weg vom Strafgericht, vom Fegefeuer und von der Hölle, hin zu einem **Gott,**

der die Liebe ist, dann heißt das für mich, dass sich der Heilige Geist in seinem Wirken nicht aufhalten lässt. Traditionalisten kritisieren derart „unbiblisches" Denken über Gott (ohne Strafgericht im herkömmlichen Sinn) als Tribut an einen liberalen Zeitgeist. Wer so argumentiert, verkennt, dass auch die **Liebe bindet**, vielleicht sogar mehr als die Gottesfurcht.

Vollkommenheit

Wenn die Eigenschaften eines Individuums in vieler Hinsicht und in hohem Maße einem **Ideal** entsprechen, sagen wir, es sei vollkommen; ganz so, wie es sein sollte. Für uns Menschen, die an ihrer Unzulänglichkeit leiden, nehmen wir entschuldigend in Anspruch: „Nobody is perfect" (niemand ist vollkommen). Gott aber können wir nicht anders denken als **vollkommen**. In allen uns bekannten positiven Eigenschaften, die man auch Gott nachsagen könnte, müsste er Vollkommenheit ausstrahlen. Vermutlich ist das der Gegenentwurf zu unserer eigenen Unvollkommenheit, ein Wesen, dem nichts mangelt, das die Fülle, die Perfektion und die Unversehrtheit verkörpert, deren auch wir einmal teilhaftig zu werden hoffen.

Gerechtigkeit

Es gibt Eigenschaften, die man Gott zuschreibt, nicht um damit auszudrücken, was man für göttlich hält, sondern weil man möchte, dass Gott sich so erweist. Der unter herrschaftlicher Willkür leidende Mensch des Mittelalters z. B. verlangte nach einem **gerechten** Gott.

Es sollte wenigstens einen Mächtigen geben, von dem er keine Ungerechtigkeit und grausame Willkür befürchten musste.

Auch heute noch ist der Gedanke, dass Gott gerecht sein müsse, tief im Denken vieler Menschen, vor allem der Armen, Leidenden, Unterdrückten, verankert. Diese können ihr Elend nur mit der tröstenden Vorstellung ertragen, dass es im Jenseits eine **ausgleichende Gerechtigkeit** gibt. Indem Kirchen solches Denken zuließen oder sogar propagierten, haben sie gewollt oder billigend in Kauf nehmend die Massen davon abgehalten, sich gegen Unterdrückung und Ausbeutung aufzulehnen. Das hat in Europa revolutionäre Bewegungen lange gebremst und soziale Reformen hinausgezögert, letztlich aber nicht verhindern können. In Lateinamerika kann man heute ganz ähnliche Vorgänge beobachten. Auch das ungerechte Kastenwesen in Indien wird durch das religiöse Denken im Hinduismus stabilisiert.

Gott ist zweifellos gerecht, aber wir müssen uns auf ein anderes **Verständnis von Gerechtigkeit** einstellen. Im Gleichnis von den Arbeitern im Weinberg (Mt 20, 1–16) konterkariert *Jesus* die gängige Auffassung der Menschen von Gerechtigkeit, indem er die Güte Gottes, die jedem das für ihn Notwendige zuteilwerden lässt, gegen die von Menschen eingeforderte Verteilungsgerechtigkeit setzt, nach der jedem das zukommen soll, was er angeblich verdient hat. Das Handeln Gottes darf nicht mit dem eines Krämers gleich gesetzt werden. Und die Menschen sollen nicht nach dem Lohn für Wohlverhalten, Befolgung göttlicher Gebote und anstrengende religiöse Übungen fragen sondern sich freuen, auf diese Weise Anteil an Gottes Werk zu haben, das ein Werk schenkender Liebe ist.

Güte

Wenn Menschen annehmen, sie befänden sich Gott gegenüber in der **Schuld**, wie die Kirchen ihnen das immer wieder predigen, hoffen sie weniger auf einen gerechten als auf einen **gütigen, gnädigen** Gott, auf einen „Richter", der Gnade vor Recht ergehen lässt. Diese Eigenschaft ist, wie die Gerechtigkeit, aus der Erfahrung des Menschen in seiner sozialen Umgebung abgeleitet und dient nicht primär dazu, die Göttlichkeit Gottes näher zu beschreiben. Dass Gott gnädig sein möge, ist vielmehr Teil unseres Hoffens.

In der höfischen, später auch in der bürgerlichen Gesellschaft wurde eine hoch gestellte Person als der oder die „Gnädige" bezeichnet. Das war eine Demutsgeste und zugleich ein Appell an die mächtigere Person, sich gegenüber den Untergebenen gnädig zu erweisen. Die **Gnade** bestand darin, dass der Mächtige sein Wohlwollen auch Menschen schenkt, die es **nicht verdienen**. Gnade war ein Akt der Güte, ein Geschenk selbstloser Liebe.

Im Alltagsleben begegnen uns verschiedene Charaktere. Die einen haben ein weites Herz, man kann ihnen viel zumuten, bevor sie eine abweisende Reaktion zeigen. Bei anderen ist man ständig in Gefahr, ihre Zuneigung zu verlieren, weil sie jedes Wort und jede Geste auf die Goldwaage legen. Mit solchen Menschen zusammen zu leben ist anstrengend und nicht sehr erfreulich. So kann und darf Gott nicht sein, sonst hätten wir Mühe, uns von ihm geliebt zu fühlen.

„Wie oft muss ich meinem Bruder vergeben, wenn dieser sich gegen mich versündigt, ist siebenmal ausreichend", will *Petrus* vom Herrn wissen. *Jesus* antwortet: „nicht siebenmal sondern siebzigmal siebenmal" (Mt 18, 21). Das heißt so viel, wie beliebig oft. Wenn man von einem Menschen eine so große **Vergebungsbereitschaft** erwartet, wie groß muss dann die Gnade Gottes sein? Die unermesslich große Bereitschaft, gnädig zu sein, ist ein **notwendiger Wesenszug** Gottes und gehört daher zu einem gängigen Gottesbild. Solange wir es mit einem gütigen Gott zu tun haben, haben wir nichts Schlimmes zu befürchten. Gott hört nie auf zu lieben; darin ist er verlässlich und treu. Der Dichter *Conrad Ferdinand Meyer* (1825 – 1898) hat es in „Harmesnächte" so ausgedrückt:

„Was Gott ist, wird in Ewigkeit kein Mensch ergründen, doch will er treu sich allezeit mit uns verbinden".

Schöpfer und Lenker

Gott als den Schöpfer der Welt anzunehmen, gehört von jeher zum Gottglauben. Aber, überlässt Gott die Welt, einmal angestoßen und programmiert, ihrem Schicksal und schaut der weiteren Entwicklung nur zu, wie man im **Deismus** annimmt? Oder muss Gott, wie die **Theisten** meinen, die Welt am Laufen halten und ist als Lenker der damit verbundenen Prozesse fortwährend im Einsatz. Beides sind wohl typisch menschliche Fragen, zu denen wir die passenden Antworten nicht kennen. Wir wissen nicht einmal, wie man es entscheiden könnte. Der Blick auf die Natur und ihre Gesetzmäßigkeiten spricht eher für Ersteres. Denn die Welt wurde nicht als fertige Ausführung geschaffen. Was wir vorfinden, ist ein geistreicher **Entwicklungsprozess** mit einem großen Reichtum an Möglichkeiten, aber auch an Freiheiten und Spielräumen für den Zufall. Wenn man andererseits an die menschlichen Biographien denkt, kann man sich auch gut ein **aktuelles göttliches Wirken** vorstellen. Vielleicht muss man gar nicht einen Gegensatz unterstellen und die beiden Annahmen ließen sich verbinden. Der in den Geschöpfen ausgegossene göttliche Geist träfe auf die vor Urzeiten angestoßene Schöpfung und die Interferenz ergäbe sich an der seelischen Front der Menschen. Der lenkende Eingriff Gottes müsste dann am ehesten dort spürbar werden, wo sich die Bedingungen für menschliches Handeln ergeben. Ich gebe zu, dass das nur der spekulative Versuch einer Erklärung ist. Wir wissen es nicht! Schwer annehmbar wird die Vorstellung von einem lenkenden Gott, der auch gerecht und liebevoll sein soll, wenn man an die Gräueltaten an Millionen unschuldiger Männer, Frauen und Kinder in den Konzentrationslagern der Nationalsozialisten denkt. Wo war Gott in Auschwitz, fragt nicht nur der KZ-Überlebende und Friedensnobelpreisträger *Elie Wiesel*. Gott selbst wurde unter dem Eindruck solcher Erfahrung von manchen Philosophen und Theologen für tot erklärt.

Ohne groß darüber nachzudenken, habe ich wiederholt in einer katholischen Messfeier das Lied mitgesungen: „Ich glaube an den Vater (Schöpfer), den **Lenker** und den Rater, und an den Heiligen Christ". Der Gottesglaube würde demnach die Überzeugung einschließen, dass Gott die Geschicke der Menschen bestimmt, ungeachtet der Tatsache, dass auch eine Freiheit für selbstverantwortete Entscheidungen bleiben muss. Dieses Lenken muss vielleicht nicht als aktives Eingreifen verstanden werden. Aber nichts geschieht ohne den Willen Gottes. Im Matthäusevangelium heißt es, dass kein Sperling zur Erde fällt, wenn Gott es nicht will (Mt 10, 29–32).

Der Gedanke, dass es jemand gibt, der darüber entscheidet, welchen Menschen ich im Leben begegne, was mir zustößt, welche Krankheiten mich befallen, welche Prüfungen mir auferlegt werden, warum und wie ich mich von diesem Leben verabschieden werde, bewegt mich verständlicherweise sehr, weil mein persönliches Lebensglück davon abhängen könnte. Einen zwingenden Beweis für das Wirken Gottes im Leben der Menschen gibt es nicht. Trotzdem gewinnt man im Rückblick auf das bisherige Leben nicht selten den Eindruck einer wunderbaren **göttlichen Fügung**. Dies ist besonders dann der Fall, wenn es sich nach Meinung des Betrachters um ein gelungenes Leben handelt, das reich an Herausforderungen und bestandenen Bewährungsproben, Höhen und Tiefen, Irrungen und Wirrungen und höchst sinnvollen Wendungen war. Dann stellt sich das Gefühl der **Evidenz göttlichen Wirkens** ein. Auch das Überstehen großer Lebensgefahren – mein Leben hing mehrmals am seidenen Faden – macht uns dankbar und geneigt, darin die Hand Gottes zu erkennen. Vielleicht sagt man dann zu sich selbst: „Gott hat dich jetzt noch nicht bei sich haben wollen, vielleicht hat er noch etwas mit dir vor".

Wenn wir uns schon so schwer damit tun, die „Physiognomie Gottes" zu erkennen, wie soll es uns mit dem Verstehen seines **Wirkens** besser gehen? Die Vorstellung, Gott überließe die Welt einmal angestoßen fernerhin dem Zufall, ist unbefriedigend und wird der Rolle und Bedeutung eines göttlichen Schöpfers nicht gerecht. Vielleicht hat dieses unbefriedigt Sein den Arzt und Theologen *Albert Schweitzer* (1875–1965) zu dem Ausspruch veranlasst: „Der Zufall ist das Pseudonym, das der liebe Gott wählt, wenn er inkognito bleiben will". Die Auffassung aber, Gott müsse ständig aktiv sein, um die Welt in Schwung zu halten, müsse im Besonderen allen Menschen permanent ein handelndes Gegenüber sein, stößt nicht weniger auf Skepsis. Damit sind wir in der Betrachtung wieder an dem Punkt angelangt, wo unsere menschlichen Denkmöglichkeiten versagen. Vielleicht liegt das auch daran, dass unsere Zeitvorstellung untauglich ist und die Zeit in Gott aufgehoben sein könnte. Mystiker haben versucht, dies auf ihre Weise in Bildern einzufangen. „Eh ich durch deine Hand gemacht, da hast du schon bei dir bedacht, wie du mein wolltest werden" schrieb *Paul Gerhardt* 1653 in einem Liedtext.

Rainer Maria Rilke (1875–1926) hat dem Gefühl, dass es auch in der Unsicherheit eine beruhigende Gewissheit geben kann, in einem Gedicht Ausdruck verliehen:

> *„Die Blätter fallen, fallen wie von weit,*
> *als welkten in den Himmel ferne Gärten,*
> *sie fallen mit verneinender Gebärde.*
> *Und in den Nächten fällt die schwere Erde*
> *aus allen Sternen in die Einsamkeit.*
>
> *Wir alle fallen. Diese Hand da fällt.*
> *Und sieh die andre an; es ist in allen.*
> *Und doch ist einer, welcher dieses Fallen*
> *unendlich sanft in seinen Händen hält".*

Wie aktiv oder passiv dieser „Eine" das Fallen in den Händen hält, ob er lenkt oder geschehen lässt, bleibt auch bei *Rilke* offen. Ob es vielleicht etwas dazwischen Liegendes gibt: das **„unendlich sanfte Lenken"**?

Gott ist anders

Angesichts der Schwierigkeit, dass zur Beschreibung des Gottesbildes nur menschliche Begriffe zur Verfügung stehen und diese für eine angemessene Charakterisierung untauglich erscheinen, haben sich Theologen darauf verlegt, die **Andersartigkeit** Gottes zu betonen. „Gott ist anders, vielleicht sogar ganz anders, wenn es ihn denn gibt", so etwa könnte man die Aussagen des reformierten Schweizer Theologen *Karl Barth* (1886–1968) zusammenfassen.

Um **falschen** Gottesbildern zu entgehen. hat man unter anderem daran gedacht, Gott als eine Form von **Energie,** als einen dynamischen **Prozess** oder ein immerwährendes **Ereignis** zu verstehen, was dem Gottsucher meines Erachtens nicht wirklich weiterhilft. „Anderssein" heißt immer auch: Gott ist und bleibt ein großes **Geheimnis.** „Ein reifer Glaube ist ein geduldiges Ausharren in der Nacht des Geheimnisses" meinte der tschechische Religionssoziologe *Tomás Halík* (geb. 1948). Die Menschen wollen aber wissen, wie Gott ist. Liegt in einer solchen Theologie eine erkenntnistheoretische Kapitulation? Bedeutet das, dass man über Gott gar nichts aussagen kann? Ich denke, man müsste sich in seinen Aussagen über Gott nur etwas Zurückhaltung auferlegen und zugeben, dass man sich auf unsicherem Terrain bewegt. Die Erkenntnis stößt zwar an Grenzen, aber es gibt, wie später ausgeführt werden soll, Fenster, durch die göttliches Licht dringt.

Der Heilige *Augustinus* sagte, das Göttliche sei **unvorstellbar** und **undenkbar:** „Hätte ich einen Gott, den ich verstehen könnte, ich wollte ihn nimmer für Gott halten". Göttlichkeit ist zweifellos etwas anderes als das, was wir Geschöpfe kennen. In unserem Denken über Gott müssen wir uns zwar vor anthropomorphen Bildern hüten, aber es ist nicht anzunehmen, dass Eigenschaften des Menschen, wie z. B. Güte oder Gerechtigkeit, auf Gott grundsätzlich nicht anwendbar sein sollten. Immerhin heißt es in der Bibel, dass Gott den Menschen nach seinem **Ebenbild** schuf, was sich sicher nicht auf die Gestalt sondern auf sein Wesen bezog.

Andersartigkeit muss nicht **Ferne** bedeuten, wenn der Mensch bereit ist, Gott in sich selbst zu entdecken. In den östlichen Religionen bleibt Gott **ferner**, weil dort die Gläubigen mehr zur Kontemplation der göttlichen **Andersartigkeit** angeregt werden. In der religiösen Praxis westlicher Religionen dagegen gibt es mehr Gefühle der **Gottesnähe**, da in der Person *Jesu Christi* eine **Identifikationsfigur** aufscheint, die die Distanz zu überwinden verspricht. *Jesus*, der von Gott Gesandte, der zu den Menschen gekommen ist, *Jesus*, der Helfer, der Retter, Bruder und Seelenfreund. Die höchste Form der Vereinigung und damit die größte Nähe Gottes soll in der Kommunion geschehen. Jesus gibt sich, verborgen in den Gestalten von Brot und Wein, den Menschen zur Speise und ermöglicht so eine **mystische Einverleibung**.

Von der „Gott ist anders"-Theologie bis zu Gott dem **Unvorstellbaren** und dem Gott, der **keinen Namen** tragen darf, ist nur ein kleiner Schritt. Die Scheu, den Namen Gottes auszusprechen, entspringt dem **Geheimnis**, das Gott umgibt. Andererseits verlangt ein emotionales Verhältnis des Menschen zu seinem Gott ein konkretes **Gegenüber**, das auch mit einem **Namen** angesprochen werden kann. Manche Menschen bedienen sich sogar verschiedener Namen, wenn sie mit Gott in Beziehung treten wollen. So wird in den **Litaneien** der Katholischen Kirche aus einem Überschwang an Verehrung Gott mit immer neuen Namen angegangen, die innere Bilder wecken. Diese sollten gut gewählt sein, weil sie das Gottesbild der Betenden mit prägen.

Man darf auch danach fragen, ob es erlaubt ist, sich Gott **bildlich** (figürlich) vorzustellen oder Gott in einer von Menschenhand geschaffenen Nachbildung zu verehren. Manche Kulturen hatten kein Problem damit, ihren Gott vor einem „**Götzenbild**" anzubeten. Andere sprachen strenge Verbote dagegen aus, wenn in der Bevölkerung eine solche Tendenz aufkam. Den alten Israeliten z. B. war es strikt untersagt, sich ein Bild von Gott zu machen. Auch die Mohammedaner kommen ohne bildliche Gottesdarstellungen aus. Im Christentum dagegen hatte man lange Zeit keine Vorbehalte gegen Abbildungen Gottes, vermutlich weil man sich zutraute, zu jedem Zeitpunkt zwischen der göttlichen Person und dem sie repräsentierenden Abbild zu unterscheiden.

Unsterbliche Seele

In dem Kapitel „Menschenbild" war von der menschlichen Psyche die Rede, für die umgangssprachlich auch das Wort Seele verwendet wird. Dieser Begriff ist abzugrenzen von der **unsterblichen Seele** im metaphysischen Sinne. Diese ist etwas schwer Bestimmbares. Man kann sie weder mit den menschlichen Sinnen wahrnehmen, noch kann man sie vermessen. Innerhalb eines naturwissenschaftlich-physikalischen Systems lässt sie sich auch nicht indirekt nachweisen. Nicht einmal als sprachliches Konstrukt ist die Seele klar fassbar. Eine Seele kann man sich auch nicht bildlich vorstellen, es sei denn man folgt den Aussagen eines mir bekannten kleinen Mädchens, das sich die Seele in der Form einer Schuhsohle vorstellte, vermutlich des sprachlichen Anklangs wegen. Die alten Griechen hatten keine Hemmung, die im Tod aus dem Körper entweichende Seele als kleinen nackten Körper darzustellen, der gerade den Mund verlässt (griechisch: Eidolon = Abbild).

Die Auffassung von Seele als einer **geistigen Größe**, die zu jeder **Person** gehört und irgendwie mit deren Leben verbunden ist, stammt aus der griechischen Philosophie (*Platon*) und findet sich in den meisten Religionen. Nach der Lehre der christlichen Kirchen kann die Seele im irdischen Menschenleben durch moralische Verfehlungen Schaden nehmen. Nach dem **Tod** soll sie den Körper verlassen, um direkt oder auf Umwegen (die armen Seelen im Fegefeuer) einem paradiesischem Zustand entgegen zu schweben oder an einen Ort ewiger Verdammnis verbannt zu werden.

Die alpenländische Volksfrömmigkeit suchte den Seelen der in einem Haus Verstorbenen das Verlassen der Erde dadurch zu erleichtern, dass man an den Bauernhäusern kleine Öffnungen in der Außenmauer anbrachte, die „Seelentürchen". Solche naive Vorstellungen sind natürlich nicht geeignet, das Verständnis für das Wesen von Religion zu verbessern. Dies gilt aber auch für manches, was die Kirche über das angebliche Schicksal der Seelen zu glauben angeboten hat.

Natürlich wollten die Gläubigen auch wissen, wann die Seele in den menschlichen Körper eintritt. Die vorherrschende Meinung ist, dass sie ab der **Zeugung** mit dem sich entwickelnden Körper verbunden ist. Aber auch mit dem Gedanken einer **Präexistenz** wurde gespielt, wie sich überhaupt Spekulationen über das Wesen der Seele durch die ganze Geschichte der Philosophie und

Theologie ziehen. In Religionen, wie dem Buddhismus und dem späten Hinduismus, glaubt man auch an **Seelenwanderungen** und **Reinkarnationen**.

Letztlich gehört die rational so schwer fassbare Seele, wie Gott, in die Kategorie von Dingen, die nur **geglaubt** werden können. Dies sollte dann nicht schwer fallen, wenn man bereits von der Existenz Gottes überzeugt ist, insbesondere, wenn man bereit ist, Gott in sich selbst zu suchen, zumindest in sich das Tor zum Göttlichen anzunehmen. Damit erübrigen sich die Vorstellungen von einer eingehauchten Seele, die, wenn es Zeit dafür ist, auf Wanderschaft geht. Unter dieser Voraussetzung lässt sich auch etwas über die Seele aussagen, nicht viel, aber Wesentliches: Sie ist **geistig** und ganz und gar **göttlich**. Ihr Ursprung ist Gott, der diese Welt umfängt und sie erfüllt. Er ist in allem, auch im Menschen. Das „Gott im Menschen Sein" und „Seele" ist ein und dasselbe. Und die Gedanken, dass es Gott gibt und dass es meine Seele gibt, bedingen einander gegenseitig.

Wenn ich es richtig sehe, gibt es beim Denken über unsere eigene Seele eine Hemmschwelle, die uns hindert, deren Charakter besser zu erahnen. Wir klammern uns mit unserem Ich-Bewusstsein, einer psychischen Funktion, so sehr an unsere diesseitige Existenz, dass uns, da wir diese Welt irgendwann verlassen müssen, nur noch interessiert, wie wir im Jenseits ankommen und was uns dort erwartet. Das muss in die Irre führen.

Natürlich kann man danach fragen, ob es nicht **Überschneidungen** zwischen dem, was wir unsere unsterbliche Seele nennen, und der Psyche im Sinne der beschriebenen psychischen Funktionen gibt. Diesem Gedanken muss man schon deswegen nachgehen, weil von Seiten der Religionen ein Zusammenhang zwischen irdischem Verhalten und dem Sein im Jenseits behauptet wird. Wenn es gar keinen Bezug gäbe, wüsste man nicht, wo die persönliche Verantwortung im Hinblick auf das Jenseits bliebe. Wenn ich einmal spekuliere, wo die Überschneidungen liegen könnten, dann am ehesten in unserem **personalen Kern**, im Denken und Fühlen, vor allem aber auch in tiefen Schichten des Unbewussten, aus dem – so hat man zuweilen den Eindruck – uns **Chiffren des Göttlichen** zukommen.

Wenn wir von der menschlichen Psyche gesagt haben, dass sie einen funktionierenden Körper voraussetzt, kann das für die menschliche Seele, wenn sie unsterblich sein soll, wohl nur bedingt gelten. Sobald alle wichtigen lebenserhaltenden Funktionen irreversibel ihren Dienst eingestellt haben und die Lebensvorgänge im Körper erloschen sind, muss wohl auch die **Bindung** der Seele an diesen Körper **gelöst** sein.

Die Frage, ob das **Sterben** eine Auslöschung dieses seelischen Lebens und deren Ergebnis das Nichts bedeutet, hängt ganz von der Annahme der postulierten unsterblichen, göttlichen Geistseele ab. Trotz aller Berichte über **Nahtod-Erfahrungen** und über Spiritismus muss man sagen, dass wir von diesem Übergang nichts Gesichertes wissen.

Gott und das Böse

Wir würden keinen Augenblick zögern, alles Gute in der Welt dem zuzuschreiben, von dem wir sagen, dass er die Güte in Person ist, Gott also. Aber **woher kommt das Böse?** Und davon gibt es doch mehr, als für ein gedeihliches Zusammenleben der Menschen zuträglich ist, im privaten Bereich: Streit, Missgunst, Neid, Lüge, Betrug, Diebstahl, Raub, seelisches und körperliches Quälen, Folter und Mord, wie im Leben der Völker: Krieg, Unterwerfung, Ausrottung, Versklavung und das Vorenthalten der notwendigen Lebensbedingungen.

Mit dem Bösen haben sich die Theologen stets schwer getan. Von Gott kann das Böse doch nicht stammen, das müsste wider seine Natur sein, wie wir uns Gott – wohl zu Recht – vorstellen. Aber warum lässt er das Böse zu? Ist er doch nicht allmächtig? Oder kümmert es ihn nicht? Auch das wären Züge, die wir so an Gott nicht annehmen möchten.

Vielleicht muss sich Gott, wie die Manichäer behaupteten, die Herrschaft gar mit einem **zweiten Prinzip** teilen und er hat einen Gegenspieler, den Geist, der stets verneint, wie *Goethe* im Faust sagt, den großen Unruhestifter, diesen Diabolos, der alles durcheinander wirft, den wir auch **Satan** oder Teufel nennen. Er kommt in dieser Rolle in den Mythen vieler Völker vor und taucht in den Märchen auf. Selbst die Bibel spricht vom Teufel. Dort war er aber nicht der Gegenspieler Gottes von Anbeginn. Eine der großen Engelsgestalten, der „Lichtträger" (Luzifer), hat angeblich in einem großen internen Machtkampf Gott die Gefolgschaft verweigert und wurde in die Unterwelt verbannt, wo er herrschen und von dort aus die Menschen auf Erden in Versuchung führen durfte, um sie in seinen Machtbereich hinab zu ziehen.

Als Kinder haben uns die Eltern manchmal vom Teufel gesprochen, ohne seine angebliche Funktion genauer auszuführen, denn wir hatten gute, liebevolle Eltern. Ich meine auch bemerkt zu haben, dass meinen Eltern das Wort Teufel immer seltener über die Lippen kam, je älter wir Kinder wurden. In volkstümlichen schaurigen Geistergeschichten, so hatte ich mitbekommen, war manchmal vom „Leibhaftigen" die Rede, vermutlich weil man sich scheute, das Wort Teufel in den Mund zu nehmen. An einen Religionslehrer kann ich mich erinnern, der uns mit drastischen Bildern die **Versuchungen** durch den Teufel und seine Gesellen schilderte und dazu noch die Qualen, die man in der Hölle für alle Ewigkeit zu erdulden habe, wenn man den Versuchungen erläge.

In Predigten habe ich dergleichen immer seltener und dann für lange Zeit überhaupt nicht mehr gehört, was mir den Eindruck vermittelte, die Kirche habe umgedacht und zumindest das **personifizierte Böse** ad acta gelegt. Dies scheint jedoch ein voreiliger Schluss gewesen zu sein. Ich bin zwar überzeugt, dass die Mehrheit der Pfarrer in den beiden großen christlichen Konfessionen nicht an den Teufel glaubt, der offiziellen Meinung der Kirchen aber entspricht das nicht. In einem Dokument des Zweiten Vatikanischen Konzils, „Gaudium et spes" (Freude und Hoffnung), wird nur die umschreibende Bezeichnung **„Mächte der Finsternis"** verwendet, gegen die der Mensch kämpfen müsse. Im aktuellen Katechismus der Katholischen Kirche dagegen wird unter Verweis auf die Heilige Schrift und die Überlieferung der Kirche vom Satan gesprochen, der ein gefallener Engel sei. Seine

Macht, so wissen die Verfasser, sei nicht unendlich. Er sei zwar mächtig, weil er reiner Geist sei, aber doch nur begrenzt, da Geschöpf Gottes (gefallener Engel). Der Teufel wird in diesem Zusammenhang demnach als ein **eigenständiges Geistwesen** betrachtet, das sich aufgrund freier Entscheidung von Gott losgesagt hat und nicht mehr der direkten Einwirkung Gottes unterliegt.

Im **Judentum** ist der „Ha-Satan" ursprünglich nicht der Verführer, sondern der **Ankläger** am göttlichen Gerichtshof. Er macht die Übeltäter ausfindig und klagt sie an, und zwar nicht eigenmächtig, sondern im Auftrag Gottes. Erst allmählich wandelte sich diese Auffassung. Der Satan nahm die Rolle des Versuchers an und wurde schließlich in mittelalterlichen jüdischen Erzählungen, ganz wie im Christentum, zur Personifizierung des Bösen. Im **Zaroastrismus** der den Israeliten benachbart lebenden Perser gab es von jeher ein **dualistisches System** von zwei Gottheiten: Ahriman der böse Welterschaffer, der die Menschen veranlasst, Böses zu denken, zu reden und zu tun, und der gute Gott Ahura Mazda, der Gegenspieler, der die Menschen zum Guten veranlassen möchte. Da es zwischen Juden und Persern einen regen Austausch gab, könnte es sein, dass dieser Dualismus für den Bedeutungswandel der Figur des Satans Pate stand.

Personifikationen der Macht des Bösen gibt es auch in vielen anderen Religionen, z. B. im Baals-Kult der Beelzebub, der sich aus Baal Sebul oder Beelsebul herleitet. Auch der griechische Gott Pan, dieser lüsterne Naturgott, wurde, vermutlich wegen seiner bocksbeinigen Gestalt und seiner Nähe zum Animalischen, mit dem Teufel in Verbindung gebracht. Der Name Luzifer (Lichtträger) dagegen hatte ursprünglich mit der Gestalt des Satans nichts zu tun.

Er war in der römischen Mythologie ein Synonym für den Planeten Venus, den Morgen- bzw. den Abendstern.

Im **Islam** kennt man den **Iblis** (Widersacher des Menschen). Dieser Teufel entspricht ziemlich genau dem des Christentums. Die Mohammedaner sagen, dieser sei ein Schaitan (Satan), ein von Gott abgefallenes Geschöpf Gottes. Interessant ist, dass dieser Teufel sich weigerte, sich vor dem von Gott geschaffenen Menschen nieder zu werfen, wie Gott ihn geheißen hat. Er hat es abgelehnt, weil er sich besser dünkte, schließlich sei er von Gott aus Feuer geschaffen, Adam dagegen nur aus Lehm. Zum Ausgleich gewährte ihm Gott seine Bitte, die Menschen bis zum Jüngsten Gericht versuchen zu dürfen, um sie vom Guten abzubringen. Er begann damit noch im Paradies, wo er als Schlange die Menschen zur Sünde verführte.

Soll man **heute** noch an einen Teufel glauben? Auf *Rudolf Bultmann* (1884–1976), einen Vertreter der historisch-kritischen Bibelexegese, geht der Satz zurück: „Man kann nicht elektrisches Licht und Radioapparat benutzen, in Krankheitsfällen moderne medizinische Mittel in Anspruch nehmen und gleichzeitig an die Geister- und Wunderwelt des Neuen Testaments glauben" (in Kerygma und Mythos, Hrsg. H.W. Bartsch, Hamburg 1951, S. 156). Kardinal *Josef Ratzinger* (Papst *Benedikt XVI.*) vertrat 1984 die Auffassung, der Teufel sei für den christlichen Glauben „eine rätselhafte, aber reale, gestalthafte und keine symbolische Präsenz". In einem langen Aufsatz mit dem Titel „Gibt es einen Teufel" kommt *Anton Ziegenaus* (geb. 1936) zu dem Schluss, man müsse die Existenz des Teufels annehmen, weil alle anderen denkbaren Überlegungen zur Herkunft des Bösen zu dessen Verharmlosung führten, was keinesfalls gerechtfertigt sei (Anton Ziegenaus: Wirklichkeit und Wirkungsweise des Bösen, in ders: Verantworteter Glaube, Theologische Beiträge, Bd. 1, Buttenwiesen 1999, 14–44).

Trotz der Erwähnung des Teufels in der Heiligen Schrift bin ich selbst jenseits des Kleinkindalters zu keinem Zeitpunkt von der Existenz eines Teufels ausgegangen. Es war mir **nicht** möglich, hinter meinen Verfehlungen das Wirken eines satanischen Verführers zu erkennen. Ob ich in anderen Personen, einschließlich historischer Figuren, dem Teufel begegnet bin? Hier wäre ich noch vorsichtiger, was die Deutung konkreten Verhaltens angeht, auf irgendjemanden mit dem Finger zu zeigen. Ich kann mich nur wundern, wie schnell selbsternannte Hüter der Moral bei anderen schwere Sünden aufspüren und bereit sind, darin den Einfluss des Teufels zu erkennen. Ich sehe in den Menschen primär das **Gute** und dann vielleicht noch ein **Versagen**. Man sollte den angehenden Theologen in ihrer Ausbildung Praktika in sozialen Einrichtungen abverlangen, in Justizvollzugsanstalten, in psychiatrischen Kliniken oder in Heimen für Schwererziehbare. Dabei könnten die Kandidaten häufiger auf soziales Elend, auf die Folgen von Verwahrlosung oder auf genetische Defekte stoßen und weniger oft – vermutlich gar nicht – auf die Physiognomie des „Leibhaftigen".

Trotzdem, das **Böse**, das, was wir als böse bezeichnen, verlangt nach einer **Erklärung**. Halten wir einmal inne und horchen in uns hinein! Was halten wir selbst für „böse", was bezeichnen die Menschen so? Wie bei allen sprachlichen Begriffen gibt es auch hier eine beachtliche Unschärfe und es sollte auch rasch klar werden, dass die eigene **Sozialisation**, die persönliche Situation und vor allem die aktuelle Motivationslage einen Einfluss auf die Bedeutungszuschreibung haben. So dürfte man für ein verbrecherisches Verhalten unterschiedliche

Bewertungen erhalten, je nach dem, ob man **Opfer** oder **Täter** befragt. Ich glaube nicht, dass notorische Diebe in einem Diebstahl etwas Böses sehen, wohl aber die Bestohlenen. Ich glaube nicht, dass pädophile Erzieher ihre „liebevolle" Annäherung an Schutzbefohlene als höchst verwerflich empfinden, vielleicht als unordentlich und als eigenartigerweise von Strafverfolgung bedroht. Noch viel weniger kann ich mir vorstellen, dass Finanzmanager, die nach einem zu ihrem eigenen Vorteil geschaffenen Belohnungssystem (Boni) Geschäfte machen, die dem Gemeinwohl gänzlich zuwider laufen und Staaten gefährden, in ihrem Tun etwas Böses erblicken. Dabei sollte sie es – und das hat nichts mit einer „Neiddebatte" zu tun. Ich glaube auch nicht, dass Politiker und Journalisten das Böse voll ermessen, wenn sie politische Gegner verleumden und gegen sie öffentliche Hetzjagden veranstalten. Will man die Haltung, die hinter all diesen **Verkennungen** auszumachen ist, benennen, so lässt sie sich so zusammenfassen: „Gut ist, was mir nützt".

Wenn aber, zumindest in der Bewertung eigenen Handelns, die Unterscheidung zwischen gut und böse so sehr der vom Eigeninteresse geprägten **subjektiven Sichtweise** unterliegt, wird der Ruf nach allgemein gültigen Definitionen laut. Die bekannteste davon ist der **„Kategorische Imperativ"** von *Immanuel Kant*: „Handle nur nach derjenigen Maxime, durch die du zugleich wollen kannst, dass sie ein allgemeines Gesetz werde (AA IV, 421, Weischedel 4,51 / GMS 51–53). Hinter dieser oder ähnlichen Formulierungen steht eine einfache, in einem Sprichwort enthaltene Aufforderung: „Was du nicht willst, dass man dir tu, das füg auch keinem andern zu". Man vertraut dabei auf die **Empathiefähigkeit** des Individuums.

Was aber sagt uns unsere Empathie, wenn die Fähigkeit dazu nicht verloren gegangen ist? Wenn ein **Kleinkind** in der sogenannten magischen Phase seiner Entwicklung angeblich den Tisch als böse bezeichnet, an dessen Kante es sich gestoßen und eine schmerzhafte Beule zugezogen hat, so ist das eine Zuschreibung allein aufgrund der **Verursachung.** Bezeichnet ein größeres Kind den Raubvogel, der ein Ei oder gar das Jungtier eines Singvogels aus dem Nest raubt, als böse, so wird der Singvogel mit Mitleid bedacht und dem Räuber eine **böse Absicht**, ja eine böse **Gesinnung,** unterstellt. Das jeweilige Mitgefühl folgt offensichtlich weitgehend biologisch vorgegebenen **Reaktionsschemata.** Daneben fließen **Prägungen** durch frühe, den Märchen entstammende Charakterisierungen in das Urteil ein – siehe „der böse Wolf".

Das **Schulkind** lernt dann im Biologieunterricht, dass hinter dem Schlagen einer Beute keine böse Gesinnung steht, sondern dass das einem **Naturgesetz** entspricht. Der Raubvogel muss sich auch ernähren und seine Jungen füttern – nur schade, dass Gott sich dafür keine bessere Lösung hat einfallen lassen. Das ist schon eine ganz brauchbare Entschuldigung für die fleischfressenden Tiere – die Vegetarier, wie z. B. das Schaf, schneiden in der moralischen Bewertung ohnehin besser ab. Was allerdings die liebe und sanft schnurrende Katze spielend mit der gefangenen Maus veranstaltet, bevor sie dem Spiel durch den Todesbiss ein Ende setzt, bringt das geschilderte kindliche moralische Weltbild zumindest kurzfristig ins Wanken, bis die Katze wieder schnurrend auf dem Schoß liegt. Auch die Hackordnung auf dem Hühnerhof dürfte nicht die ungeteilte Zustimmung der Kinder finden.

Erwachsene wissen, dass man **Tiere**, die ihrem **Instinkt** folgen, nicht für ihr Verhalten moralisch verantwortlich machen kann. Trotzdem stellt sich dem Betrachter einer unser Mitleid herausfordernden Szene eine Reaktion ein, die einer moralischen Bewertung nahekommt, mehr oder weniger. Beobachtet der Erwachsene ein **Kind**, hängt die Bewertung des kindlichen Verhaltens vom Alter und damit von der **Einsichtsfähigkeit** und von den Möglichkeiten der **Verhaltenssteuerung** ab. Babys sind nach übereinstimmender Meinung jenseits von Gut und Böse. Wenn die Aktionen des Kindes später erstmals als böse bezeichnet werden, hat das meist noch einen belehrenden Charakter und ist als **Appell** an seinen Verstand und seinen guten Willen zu verstehen. Fällt ein Kind aber auf dem Spielplatz dadurch auf, dass es wiederholt anderen die Spielsachen wegnimmt und deren Bauwerke zerstört, werden vielleicht auch neutrale Beobachter geneigt sein, darin etwas Böses zu erblicken. Sieht man diese Kinder dann im Schulalter schwächere Mitschüler quälen und aus der Gemeinschaft ausstoßen, wird man ihnen nicht selten eine **asoziale Karriere** prophezeien.

Manche Erwachsene beginnen angesichts solcher Verhaltensweisen zu überlegen, ob das offenkundig Böse immer schon in den Betreffenden war, vererbt und angeboren, oder wie es wohl in diese Menschen gekommen sein mag, insbesondere, ob es durch **Erziehungsfehler** verursacht sein könnte. Theologen würden an dieser Stelle vielleicht weiter fragen, ob solches Verhalten nicht doch ein Zeichen für das „Böse in der Welt" und ein Beweis für die **Verderbtheit** der Menschen sei.

Was von der **menschlichen Natur** zu halten ist, hat die christlichen Theologen schon frühzeitig bewegt. Geht man in der Kirchengeschichte bis in die Zeit der Kirchenväter (Patristik) um 400 n. Chr. zurück, stößt man auf den aus Britannien stammenden *Pelagius* (354–420), der in Rom

Theologie studiert hat. In seinem Buch „Über die Natur"
bestritt er die generelle Verderbtheit des Menschen als
Folge der Erbsünde. Adam habe durch seinen Ungehorsam
zwar ein schlechtes Beispiel gegeben, aber durch diesen
„Sündenfall" sei keine weiter vererbbare **Sündhaftigkeit**
in die Welt gekommen. Dem gegenüber hat der Heilige
Augustinus (354–430) die These von der **Erbsünde** und
der generellen Sündhaftigkeit des Menschen verteidigt.
Diese und die **erlösende Gnade Gottes** stünden in einem
engen Zusammenhang. *Jesus* sei durch seinen Tod und
seine Auferstehung zum Mittler dieser Gnade geworden.
Die Auffassung des Heiligen *Augustinus* hat sich – leider –
in der Kirche durchgesetzt und ist zu einem wesentlichen
Bestandteil der kirchlichen Lehre geworden. Aus ihr
lassen sich viele andere Lehrsätze der Kirche herleiten.
Wenn z. B. *Jesus* zugleich Mensch und Gott sein soll,
muss er frei von der Verderbnis der menschlichen Natur
sein. Das ist am sichersten gewährleistet, wenn bereits die
„Gottesgebärerin" *Maria* als frei von diesem Übel gedacht
wird. Deswegen das Dogma von der „unbefleckten
Empfängnis", oder besser gesagt, der „frei von Erbsünde
Empfangenen". Hätten die Theologen schon zur Zeit
der Verkündigung des Dogmas mehr von der Natur des
Menschen verstanden und hätten sie mehr Vertrauen in
das Wort Gottes gehabt, mit dem Gott feststellte, dass
seine Schöpfung gut sei (Gen 1, 31), dann hätte es solcher
gewagter Konstruktionen nicht bedurft. Davon wieder los
zu kommen, dürfte für die Katholische Kirche, wie ich sie
kenne, schwierig werden. Sie kann vermutlich nicht etwas
in Frage stellen, was sie über Jahrhunderte gelehrt hat.

In der **säkularen** Gesellschaft wird weniger nach
dem Bösen gefragt, hier geht es eher um die Frage
des Schuldigwerdens des Einzelnen gegenüber der
Gemeinschaft. Um die Schuld eines Täters festzustellen,

schaut man auf seine **Absicht** und auf die **Gesinnung,** aus der heraus eine Tat begangen wurde. Die Gerichte sprechen in diesem Zusammenhang von der **„inneren Beteiligung".** Darüber hinaus muss in jedem Fall die **Zurechnungsfähigkeit** des Täters untersucht werden. Unberücksichtigt bleibt, dass er als Angehöriger eines bestimmten sozialen Milieus die Verwerflichkeit seines Tuns vielleicht nicht richtig erkannt hat, weil er die sittlichen Normen nie verinnerlichen konnte. In der Rechtsprechung geht es allein um die Feststellung des aus den Gesetzen sich ergebenden **Straftatbestandes.**

Was sagt die Wissenschaft zur Erklärung menschlichen Verhaltens? Fasst man die psychologischen und pädagogischen Forschungsergebnisse kurz zusammen, gilt: Wir sind das Produkt aus Vererbung und Umwelteinflüssen. Bestimmte **Erbfaktoren** bringen zweifellos mehr oder weniger günstige Voraussetzungen für die charakterliche Entwicklung mit sich. Aber auch das **Milieu,** in das ein Kind hineingeboren wird, die elterliche Erziehung, die Familie und die soziale Gruppe stellen bedeutsame Einflussfaktoren dar. Darüber hinaus bleibt Raum für die individuelle Lebensgeschichte und darin ein wenig auch für die **persönliche Verantwortung.**

Diese sich im Alltag immer wieder bestätigende Aussage liefert eine Erklärung für die **interindividuellen Unterschiede** im sittlichen Verhalten der Menschen. Aber sie bietet keine Erklärung dafür, warum es das **„Böse in der Welt"** gibt, diese verhängnisvollen widerlichen und abstoßenden Akte der Bosheit, beobachtet in unserer Umgebung oder berichtet in dem allgegenwärtigen Nachrichtenstrom, darunter geradezu monströse Scheußlichkeiten, die als Hohn auf alle Kulturbemühungen der Menschheit gelten müssen. Bedrückend ist die

Beobachtung auch deswegen, weil sich das Übel wie ein Unkraut auszubreiten und, an einer Stelle ausgerottet, immer wieder neu aufzukeimen scheint.

Angesichts dieser Charakterisierung muss ich mich fragen, ob ich meinen oft gebrauchten Satz: „Für mich ist das Böse der bedrückende Mangel an Gutem" aufrechterhalten kann. Zu sehr wiegt der Eindruck, dass dem „Bösen" eine ihm eigene Qualität zukommt. Natürlich kann man das daraus entspringende menschliche Fehlverhalten auch **Sünde** nennen, insbesondere, wenn es sich um einen klaren Verstoß gegen **Gottes Gebote** handelt. Über die Einhaltung der göttlichen Gebote wacht die **Kirche**. Obwohl ich zur persönlichen Verantwortung stehe und gegebenenfalls einen gegen mich gerichteten Schuldvorwurf akzeptiere, mich insofern als Sünder bekenne, habe ich persönlich **Vorbehalte** gegen diesen Begriff. Zu Vieles haben die christlichen Kirchen auf Sünde, Verdammnis, Vergebung und Erlösung aufgebaut.

Ich habe mich gefragt, warum der Kirche die Sünde und ihr Eingeständnis so wichtig sind. Vielleicht meint sie, dass ein **Sündenbekenntnis** die Menschen vor Gott demütiger macht und allein diese Haltung der **Demut** die Menschen Gott näher bringt. Eine solche Annahme wäre unter psychologischen Gesichtspunkten plausibel. Und Sünde setzt Freiheit voraus. Nun gibt es allerdings einen konkurrierenden Gedanken, der ebenfalls auf der persönlichen Freiheit basiert. Der Gläubige kann sich dank seiner Freiheit auch dazu entschließen, möglichst viele gute Werke zu tun, Askese zu üben und Gebete zu verrichten, um sich auf diese Weise einen „Fensterplatz im Himmel" zu sichern (siehe Lk 18, 9–14). Dies wäre aber alles andere als Demut, es wäre die pharisäerhafte Haltung, die *Jesus* in seinen Reden wiederholt kritisiert hat.

Das Pochen auf die eigene **Willensfreiheit** entspringt vermutlich dem stark entwickelten Wunsch, „Herr im eigenen Haus" zu sein. Es ist ein Konstituens unseres Identitätsgefühls. Aber es besteht immer die Gefahr, dass die Grenzen des eigenen Territoriums vom expandierenden, aufgeblähten Ich verschoben werden, zulasten des Göttlichen. Angesichts dieser, wie ich glaube, richtigen Beobachtung und deren Deutung darf man fragend eine andere Akzentuierung versuchen. Sollten wir es nicht doch besser unterlassen, ständig unsere **Schuld** zu fokussieren und uns als auf dem Prüfstand des Allmächtigen befindlich zu sehen? Natürlich lässt sich ein Gemeinwesen leichter in Ordnung halten, wenn man dessen Mitgliedern verbindliche, von Gott gegebene Moralgesetze vorgibt und immer wieder an ihr Gewissen appelliert. Aber erschöpft sich darin der **Sinn von Religion**?

Für die **Kirche** bietet die Sündenlehre faktisch einen **Machtzuwachs**. Da Gott angeblich den autorisierten Vertretern der christlichen Kirchen die Vollmacht verliehen hat, erstens zu erklären, was Sünde ist, und zweitens davon loszusprechen, kommt die Welt, wie die Kirche meint, ohne sie nicht aus. „Was ihr auf Erden binden oder lösen werdet, wird auch im Himmel gebunden oder gelöst sein" (Mt 18, 18). Einen Vorteil hat die hinter diesem Konstrukt stehende **Morallehre**, insbesondere, wenn sie von einem breiten gesellschaftlichen Konsens getragen wird. Ihr Raster ist wesentlich feiner als es in einem staatlichen Gesetzeswerk je sein kann. Damit geht von ihr eine wichtige gesellschaftsstärkende und staatserhaltende Kraft aus.

Zum Mysterium des „Bösen" gehört auch, dass Menschen, die in der Lage sind, Böses in sich zu erkennen, von einer **inneren Zerrissenheit** berichten. *Goethe* lässt Faust sagen:

„Zwei Seelen wohnen, ach, in meiner Brust, die eine will sich von der anderen trennen. Die eine hält in derber Liebeslust sich an die Welt mit klammernden Organen; die andere hebt gewaltsam sich vom Dunst zu den Gefilden hoher Ahnen" (Faust I: Vor dem Tor). Mit einer derartigen Unterscheidung wird eine Trennlinie angedeutet zwischen dem **animalischen Erbe** des Menschen und damit seiner „verderbten" Natur auf der einen Seite und der nach Höherem strebenden **Geistseele** auf der anderen. Über sich selbst reflektierende, sensible Menschen konnten von jeher spüren, wie sich ein Teil ihrer Strebungen gegen das richtet, was der Überwindung des mörderischen Daseinskampfes und einer Aufwärtsentwicklung zu einer Kultur des Guten und Menschenfreundlichen diente. Weil sie das in ihrem Innersten erfahren haben, haben sie versucht, das, was da mit ihnen geschieht, zu reflektieren und zu benennen. Das, worunter die Menschheit leidet, was sie bedauert, haben sie Schuld genannt, **Erbschuld**, soweit es die Menschennatur betrifft und der ganzen Menschheit anhaftet**, individuelle Schuld** oder Sünde, wenn sie persönlich darin involviert sind. Durch diese innerseelische Erfahrung wird der Weg für die Deutung des „Bösen" gewiesen.

Den **inneren Kampf** hat auch der Heilige *Paulus* erfahren und in seinem Brief an die Römer zum Ausdruck gebracht: „Was ich tue, verstehe ich nicht. Denn ich tue nicht , was ich will, sondern was ich hasse, das tue ich. Wenn ich aber das tue, was ich nicht will, dann gebe ich dem Gesetz zu, dass es gut ist. Dann handle aber nicht mehr ich, sondern die in mir wohnende Sünde" (Röm 7, 15 ff).

Ich habe die Rolle des Teufels in den Märchen erwähnt. Wenn man einmal davon ausgeht, dass in den Mythen der Völker Wahrheiten, eventuell in verschlüsselter Form, enthalten sind, was könnte für die Entstehung dieser Figur den Anlass gegeben haben? Es muss etwas sein, wovon es in der Tiefe der Seele jedes Menschen noch Spuren gibt. *C.G. Jung* (1875–1961) hat diese überindividuelle psychische Struktur das **kollektive Unbewusste** genannt. Der Mensch ist Teil der belebten Welt und steht in der Evolution an einem Punkt, der sich im Maßstab der Äonen noch sehr nahe an der Periode befindet, in der auch für ihn das Lebensprinzip des Fressens und Gefressenwerdens galt. Sein Unbewusstes weiß nur zu gut, dass er, um seine Existenz und die seiner Art zu sichern, etwas tun musste, was seine der Gesamtentwicklung vorauseilende Seele oder der nach Höherem strebende Anteil von ihr als Mord, als das Böse, erfahren hat. Der **Kampf zwischen Gut und Böse**, zwischen Gott und Teufel, hat somit in jeder menschlichen Seele stattgefunden und findet fortwährend statt. Triebfeder ist jetzt nicht mehr der unmittelbare **Überlebenskampf,** sondern der daraus erwachsene **Egoismus** und die verbliebene **Durchsetzungsmentalität.** Im Zuge einer gelungenen Persönlichkeitsentwicklung können solche **archaischen Strebungen** gezähmt und in die Gesamtpersönlichkeit eingebunden werden. Wenn diese Entwicklung aber nicht gelingt, können sie sich unheilvoll auswirken und das „Böse" im Menschen konstituieren.

Wenn wir diese Sichtweise akzeptieren und die Frage nach dem Bösen noch einmal stellen, kommen wir eventuell zu dem Ergebnis, dass es das Böse, wie wir es gemeinhin verstehen, nicht gibt. Es ist eher ein tragischer Umstand, dass Menschen, nur auf ihren eigenen Vorteil bedacht, anderen in einer der genannten Weisen schaden. Auch wenn das verharmlosend klingt, bleibt diese Schattenseite des Menschen ein Skandalon.

Diese Deutung hat Auswirkungen auf das **Gottesbild** und passt sich in eine **evolutionäre Sichtweise** der Welt und des Menschen ein. Gott bleibt großartig, weil er etwas Großes, Gewaltiges, angestoßen hat und garantiert, dass es weiterläuft. Aber er kümmert sich nicht fortwährend, weil er das nicht muss. Er greift nicht ein, er zürnt nicht und straft nicht. Ich möchte sagen: Er liebt und fordert zur Liebe heraus. Das göttliche Prinzip ist die **Liebe**, vor dem kontrastierenden Hintergrund der Lieblosigkeit, des „Bösen". Gott ist das Licht in der Finsternis. Warum ist das so und nicht anders? Wir wissen es nicht.

Die Behauptung, dass es das Böse, die Sünde, die Schuld, wie wir sie herkömmlich verstehen, **nicht gibt**, dürfte viele irritieren, weil sie darin einen Angriff auf die christliche Morallehre sehen. Ich verkenne auch nicht, dass sich mit der von mir gegebenen Deutung die **Erbschuld** als solche in Rauch auflöst und mit ihr die **Erlösung** von dieser, weil es nichts zu erlösen gibt, es sei denn, man möchte das Anhaften unserer animalischen Natur als etwas unserer göttlichen Geistseele Hinderliches auffassen, von dem es einer Erlösung oder besser Befreiung bedurfte und teilweise immer noch bedarf. Bevor man wegen solcher „Irrlehren" den Stab über mir bricht, möge man bedenken, dass es dabei im Wesentlichen nur um Wortbedeutungen und Sichtweisen geht. Die Menschheit hat bisher mit der traditionellen christlichen Sündenlehre, die sich ähnlich auch in anderen Religionen findet, gut leben können, zumindest dort, wo man sie nicht übertrieben hat. Man kann und soll sich auch in Zukunft als Sünder bekennen, als jemand, der immer wieder schwach wird und hinter seinen Ansprüchen zurückbleibt. Ich möchte die von mir geäußerten Gedanken auch ausdrücklich nicht als Verherrlichung einer ausufernden Freiheitsideologie verstanden wissen, auch nicht als eine billige Konzession an den Zeitgeist und den gesellschaftlichen Trend.

Darum habe ich nach einer **Versöhnungsformel** gesucht und biete folgendes an: **Sünde** ist das Ausscheren aus der der Menschheit zufallenden Bestimmung, einem höheren geistigen Ziel entgegen zu gehen, ein Nachlassen in dem Bemühen, die Liebe als göttliches Prinzip umzusetzen, ein Zurückfallen in die Barbarei. Auch von einem Verrat könnte man angesichts bestimmter Verhaltensweisen von menschlichen Individuen sprechen, weil dieses Verhalten verhindert, dem gemeinsamen Ziel, Gott, näher zu kommen. Mit Wohlwollen betrachtet, sollten die Differenzen zwischen dieser Charakterisierung von Sünde als **bestimmungswidrigem Verhalten** und dem traditionellen Sündenbegriff gar nicht so groß sein.

Unabhängig von Definitionen und Charakterisierungen: Sünde setzt **Freiheit** voraus. Wie bereits an anderer Stelle ausgeführt, ist der freie Wille ein problematisches psychologisches Konstruktum. Namhafte Psychologen behaupten, er sei eine Illusion, weil der Eindruck von Freiheit nur dort aufkäme, wo die Motivationslage nicht eindeutig sei, z.B. wo zwei unbedeutende schwache Motive sich die Waage halten. Im Übrigen folge der Mensch den stärkeren Motiven, die sich über lange Zeit in seiner Persönlichkeit herausentwickelt hätten.

Man kann sich in dieser Frage aber auch, wofür ich plädiere, einen Standpunkt zwischen den Extremen zu Eigen machen. Wir sind denkende Wesen und erleben uns in unserem Bewusstsein als Individuen, die ihre **Gedanken** bis zu einem gewissen Grad (ausgenommen pathologische Zwangsgedanken) **lenken** können. Da unsere Intentionen und letztlich auch unser Handeln von früheren

Entscheidungen und den daraus gewonnenen Einstellungen, aber eben auch von unseren **aktuellen Gedanken** abhängen, finden wir hier einen **Entscheidungsspielraum**, eine „Freiheit", in der wir unserer ebenfalls bewussten Verantwortung nachkommen können. So erleben wir uns. Jeder soll die Freiheit, die ihm in seinem Bewusstsein aufscheint, voll nutzen und innerhalb dieser Grenzen seiner Verantwortung gerecht werden.

Gott und das Leid

Eines der großen Mysterien ist das Leid in dieser Welt. Es ist die Schattenseite nicht nur des menschlichen Daseins, sondern jeglichen Seins. „Die Schöpfung seufzt und liegt in Geburtswehen bis zum heutigen Tag", wie es der Heilige *Paulus* im Römerbrief ausdrückt (Röm. 8, 22). Das Leid begegnet uns in verschiedenen Gewändern, als körperlicher Schmerz, als Krankheit und Gebrechen, als Not und Bedrängnis, als Armut, Hunger, Enttäuschung, Verzweiflung und Ausweglosigkeit, als Gewalt, Krieg, Angst und Schrecken und als Schwermut und Niedergeschlagenheit. Leid gab es zu allen Zeiten und an allen Orten. Es kann über Menschen jeden Alters und Standes hereinbrechen, niemand ist dagegen gefeit. Wie das Damoklesschwert am seidenen Faden hängt das **Unheil** stets drohend über uns.

Schweres, lang anhaltendes Leiden wirft den Menschen meist in eine **seelische Krise**. Starke Menschen könnten sich vielleicht mit ihrem Leid abfinden, wenn sie wüssten, dass es ein bestimmtes Maß nicht übersteigt und in absehbarer Zeit vorübergeht. Und wenn sie das Leid schon nicht abwenden können, möchten sie wenigstens sicher sein, dass die seelische Belastung ihre Kräfte nicht übersteigt. Der drohende **Kontrollverlust** ist es, der die Betroffenen am meisten ängstigt. In solchem Ausmaß ist mir selbst Leid bislang erspart geblieben. Aber ich habe die Nähe zum Leid bei meinen beruflich bedingten Gängen durch das Universitätsklinikum unserer Stadt gespürt, weil ich mir als Insider alle die hier geballt versammelten Schicksale gut vorstellen konnte.

Manche Leidende **fügen sich** in ihr Schicksal, in dem sie still **dulden**. Andere **klagen** und begehren dagegen auf. Und immer wieder hört man die Frage: **Warum ich?** Warum lässt Gott das Leid überhaupt zu? Hätte er die Welt nicht besser, nämlich frei von diesem Übel, erschaffen können? Gab es wirklich einen „Sündenfall" und die „Vertreibung aus einem Paradies"? Und wenn das Leiden, aus welchen Gründen auch immer, unumgänglich notwendig war, hätte Gott dann nicht wenigstens dafür sorgen können, dass das Leid gleichmäßig und **gerecht** auf die Menschen **verteilt** worden wäre? Insbesondere der, der sich um ein Gott gefälliges Leben bemüht, fühlt sich im Leiden um den Lohn seiner Bemühungen gebracht, er murrt und wendet sich im äußersten Fall von Gott ab.

Die Erfahrung von Leid ist ein Angriff auf zwei Eigenschaften, die wir nur all zu gern mit Gott in Verbindung bringen möchten, seine Güte und seine Gerechtigkeit. Die Theologen sprechen von dem großen Problem der „**Theodizee**", der Rechtfertigung Gottes in der Frage, warum er dieses Übel auf der Welt zulässt. Ich habe manche Predigt zu diesem Thema gehört und kann nur sagen: Vor diesem Problem stehend drehen und wenden sich die Theologen. Eine einleuchtende, befriedigende

Antwort habe ich bis jetzt von keiner Seite gehört. Da ist z.B. von der **Prüfung** die Rede, die Gott auferlegt. Schon im alten Testament taucht dieses Motiv auf. Jahwe nimmt dem frommen und getreuen *Job* alles, was er besitzt, bzw. lässt zu, dass der Satan seine Gottestreue auf diese Weise prüft. *Job* rechtet mit Gott, aber er fällt nicht ab. Auch von **Läuterung** und Reifung durch das Leid wird manchmal gesprochen. Die vermeintliche Ungerechtigkeit Gottes, der Leiden auch den Guten schickt, während die Schlimmen oft ungeschoren davon kommen, wird damit erklärt, dass es eine ausgleichende Gerechtigkeit im **Jenseits** gebe.

In der klassischen Antike hat man den Göttern höchst menschliche Eigenschaften nachgesagt: **Neid** und Missgunst. „Mir grauet vor der Götter Neide, des Lebens ungemischte Freude ward keinem Irdischen zuteil", heißt es in *Friedrich Schillers* „Ring des Polykrates". Die Unsterblichen gönnen den glücklichen, erfolgreichen Menschen nicht ihr Fortune. Im Gegensatz dazu galt bei den Calvinisten persönliches Wohlergehen und wirtschaftlicher Erfolg als **Lohn** und Zeichen eines gottgefälligen Lebens. In der jüdisch-christlichen Tradition werden Glück und Leid meist als **Schickungen** nach einem „unergründlichen göttlichen Ratschluss" angesehen. Interessant ist in diesem Zusammenhang auch die Lehre vom **Karma** in den indischen Religionen. Darin werden Bewährungen und Verfehlungen in einem früheren Leben in die Bilanzierung von Schuld und Sühne einbezogen.

Wir müssen zugeben, dass wir das Rätsel nicht lösen können. Alle Erklärungsversuche sind vergeblich, weil sie zu sehr in menschlichen Kategorien gedacht sind. Gott, der den Anstoß für diese Welt gegeben hat, greift nicht ständig von außen her ein, teilt aus oder versagt.

Wir müssen deswegen auch nicht mit ihm rechten. Wir sollten vielmehr, wie schon mehrfach gesagt, nach **innen** schauen, wenn wir von Gott oder zu Gott sprechen. Nur dort werden wir ihn finden. Und bei ihm wird Liebe und Vertrauen und vielleicht auch **Trost** zu finden sein.

Von der Philosophie und von jeglichem rationalen Bemühen in dieser Frage der Theodizee sollte man nichts Überzeugendes erwarten. Festzuhalten bleibt: Das Leid gehört zur Lebenswirklichkeit der Menschen und darf nicht ausgeklammert werden, wenn man darangeht, sich ein Bild von Gott zu machen. Persönliches Leid scheint nicht die Strafe für aktuelles Fehlverhalten zu sein. Ich zweifle auch an einer „Buchführung" Gottes, die Voraussetzung für eine ausgleichende Gerechtigkeit wäre. Vielmehr bin ich überzeugt: Wir Menschen gehören zusammen und leiden als Menschheit. Die Frage „warum ich" ist verständlich, aber sie geht ins Leere.

Gott ist die Liebe

Die Kernaussage in der Charakterisierung Gottes lautet so: „Gott ist die Liebe und wer in der Liebe bleibt, der bleibt in Gott und Gott in ihm" (1 Joh 4, 16). In dieser Feststellung sind sich viele Autoren einig. Im selben Johannesbrief steht: „Die Liebe ist aus Gott, und jeder, der liebt, stammt von Gott und erkennt Gott. Wer nicht liebt, hat Gott nicht erkannt" (1 Joh 4, 7).

Vom Heiligen *Augustinus* ist der Satz überliefert: „Ubi caritas et amor, deus ibi est" (wo Barmherzigkeit und

Liebe wohnen, da ist Gott). Hier ist nicht nur **Caritas**, die mildtätige Liebe, sondern explizit auch **Amor**, also die erotische Liebe zwischen zwei Menschen, genannt. Das Spüren von Liebe wird für den Menschen zum **Indikator** für die Anwesenheit Gottes, besser noch dafür, dass Gott am Werke ist. Gott ist nicht vorstellbar ohne Liebe und Liebe nicht ohne Gott. **Gott ist der wirkmächtige Geist der Liebe**, aus der heraus er zur Existenz und zum Leben eines jeden Menschen vorbehaltlos ja sagt. Der Mensch darf sich von Gott angenommen und geliebt fühlen, mit einer bedingungslosen, **absoluten Liebe**, die der Ausfluss seiner **Güte** ist.

Der Heilige *Paulus* schreibt in seinem ersten Brief an die Korinther über die **Unverzichtbarkeit** und das **Wesen** der **Liebe**: „Wenn ich mit Menschen-, ja mit Engelszungen redete, hätte aber die Liebe nicht, so wäre ich ein tönendes Erz und eine klirrende Schelle. Und wenn ich die Prophetengabe hätte und alle Geheimnisse wüsste, und alle Erkenntnis besäße, und wenn ich allen Glauben hätte, so dass ich Berge versetzen könnte, hätte aber die Liebe nicht, so wäre ich nichts. Und wenn ich all meine Habe zu Almosen machte, und wenn ich meinen Leib hingäbe zum Verbrennen, hätte aber die Liebe nicht, so nützte es mir nicht. Die Liebe ist langmütig und gütig, die Liebe ist nicht eifersüchtig, sie prahlt nicht und ist nicht aufgeblasen. Sie handelt nicht taktlos, sie sucht nicht den eigenen Vorteil, sie lässt sich nicht erbittern, sie trägt das Böse nicht nach. Sie freut sich nicht am Unrecht, sie freut sich vielmehr an der Wahrheit. Alles deckt sie zu, alles glaubt sie, alles hofft sie, alles duldet sie. Die Liebe hört niemals auf" (1Kor 13, 1–8). Besser lässt sich das Wesen der Liebe, von der man auch schwärmerisch sagt, sie sei eine Himmelsmacht, nicht beschreiben.

Der Heilige *Paulus* erklärt diese Liebe als **verpflichtend,** er sagt: „Bleibt niemand etwas schuldig; nur die Liebe schuldet ihr einander immer" (Röm 13, 8). Liebe ist keine Handelsware, kein Tauschobjekt, keine Dienstleistung auf Gegenseitigkeit. Echte Liebe bringt man einem Menschen aus einer tief im Herzen wurzelnden **Gesinnung** heraus entgegen, ohne dass dieser sie durch eine Vorleistung verdienen müsste. Im Matthäusevangelium steht das Liebesgebot als zentrale Lebensaufgabe. Auf die Frage nach dem wichtigsten Gebot antwortet *Jesus* einem Pharisäer so: „Du sollst den Herrn, deinen Gott, lieben mit ganzem Herzen, mit ganzer Seele und mit all deinen Gedanken. Das ist das wichtigste und erste Gebot. Ebenso wichtig ist das zweite, du sollst deinen Nächsten lieben wie dich selbst" (Mt 22, 34–40). *Jesus* bleibt aber nicht bei der **Nächstenliebe** stehen, er schließt ausdrücklich auch die **Feinde** ein. „Ich sage euch, liebet eure Feinde, tut Gutes denen, die euch hassen. Segnet die, die euch fluchen und betet für die, welche euch verleumden. Wer dich auf die Wange schlägt, dem halte auch die andere hin, und dem, der dir den Mantel nimmt, verweigere auch den Rock nicht" (Lk 6, 27–30). Das ist **Selbstverleugnung** bis zum Äußersten.

Was die Liebe unter den Menschen, wie sie von *Jesus* gefordert wird, für die Menschheit bedeutet, lässt sich nur vor dem Hintergrund der Lieblosigkeit ermessen, die es zu überwinden gilt. Wir haben gesagt, dass in der Umgebung des Menschen das biologische Gesetz der **Gewalt,** des verdrängenden Konkurrenzkampfes, des Fressens und Gefressenwerdens regiert. In seinem Unbewussten ist das involviert Sein in diese dramatische Gesetzlichkeit noch tief verankert, was den **Mythos der Erbschuld** konstituieren dürfte. Der Mensch trägt noch das Kainsmal auf der Stirn, er fühlt sich schuldig am Tod seines Bruders Abel. Die weitere Entwicklung hat den Menschen dem Gutsein, seinem **besseren Ich und Gott, näher gebracht**. Aber noch immer – und das ohne biologische Notwendigkeit – kämpft er gegen seinen Bruder/Schwester. Er hasst, beschimpft, verachtet, verspottet, schädigt, verletzt, beherrscht, vernichtet, quält, foltert, misshandelt, missbraucht, beutet aus, vergewaltigt, verleumdet, vernachlässigt, tötet und bekriegt seine Mitmenschen auf verschiedenste Weise, an verschiedenen Orten, unter verschiedenen Umständen, alleine oder gemeinsam mit anderen. Keiner ist ganz frei davon.

Die Kirche nennt diese Verhaltensweisen **Sünde**, sie spricht von der Sündhaftigkeit der Menschen. Andere nennen es je nach ideologischer Ausrichtung: Durchsetzungsfähigkeit, Lebenskraft, Herrenmenschentum (faschistisch) oder Ungerechtigkeit, Unmenschlichkeit, unsoziales Verhalten (sozialistisch) oder Emanzipation, Gestaltungswille, Selbstverwirklichung (liberalistisch). Ich nenne es – jenseits der Frage nach der Schuld – eine besonders **tragische Erscheinungsform des Übergangs** zum neuen Menschen.

Gleichgültig, wie solches menschliches Fehlverhalten genannt, gerechtfertigt oder bemäntelt wird, es ist ein **Rückfall** in die Barbarei, ein Rückschritt in der kulturellen Entwicklung der Menschheit, ein Hindernis im Aufstieg zum Besseren. Man möchte nur hoffen, dass nach jedem Rückfall wieder ein verstärkter Aufschwung erfolgt, und dass die Menschen ihr Ziel, Gott, nicht aus den Augen verlieren. Mit jedem **Akt der Nächstenliebe** sollte die Menschheit **dem Ziel näher** kommen, auf einem Weg, der sehr früh begonnen hat. Paläontologen haben in Nordspanien die Gebeine eines vor rund einer halben Million Jahren lebenden Mannes der Gattung Homo

Heidelbergensis entdeckt, der trotz schwerer Gebrechen älter als 50 Jahre wurde, was für damalige Verhältnisse ein sehr hohes Alter bedeutete. Er muss gehbehindert gewesen sein und konnte nur durch die Hilfe anderer (Nächstenliebe) überlebt haben.

Dass **Selbstrücknahme** und **Nächstenliebe** in der Lehre *Jesu* einen hohen Stellenwert besitzen, ist offenkundig. Aber diese Gesinnung ist keineswegs auf das Christentum beschränkt. Unter dem Titel „die Augen des Ewigen Bruders" erzählt *Stefan Zweig* (1881–1942) die aus der hinduistischen Bhagavad-Gita stammende Legende von *Virata,* einem tapferen, königstreuen Krieger, der unter dem Eindruck der Grausamkeiten des Krieges, in dem er ohne Wissen seinen Bruder getötet hatte, zum zufriedenen, gerechten und weisen Einsiedler wird. Dabei durchbricht er, allein auf die Menschlichkeit und Nächstenliebe bedacht, die strengen Gesetze des indischen Kastenwesens. Er bezieht sich dabei wiederholt ausdrücklich auf den „unsichtbaren, tausendförmigen Gott".

Entscheidend für die Bewertung menschlichen Handelns ist immer die **Gesinnung**, in der es geschieht. Der Heilige *Augustinus* sagt dazu in einer Predigt über den ersten Johannesbrief: „Wenn ihr anklagt, tut es aus Liebe. Wenn ihr zurechtweist, tut es aus Liebe. Wenn ihr verschont, tut es aus Liebe. Lasst die Liebe tief in euch verwurzelt sein. Dann kann daraus nur Gutes erwachsen". Auf den großen Kirchenlehrer *Augustinus* geht auch ein anderer vieldiskutierter Satz zurück: „Ama et fac, quod vis" (liebe und mach, was du willst). Das klingt so, wie wenn der Heilige *Augustinus* hiermit den Menschen einen Freibrief hätte ausstellen wollen, sie könnten machen, was sie wollten. Dabei würde man aber die Grundbedingung übersehen. In dem „liebe" steckt die Summe des Gutseins, also das Gegenteil von Hass und Aggression. *Augustinus* schätzt die **Macht der Liebe** so hoch ein, dass er annimmt: Wer liebt, kann Gott nicht verfehlen. Das wird in einem ebenfalls *Augustinus* zugeschriebenem Spruch noch deutlicher. Er soll gesagt haben: „Denen die Gott lieben, gereicht alles zum Besten". Gefragt, ob das auch für die Sünde gelte, antwortete er: „auch die Sünde", ein Paradox, mit dem er den Sündenbegriff relativiert. Wenn Gott die Liebe ist, dann sind die wahrhaft Liebenden in jedem Fall auf der sicheren Seite. Auch die Umkehrung gilt: Wer in Gott ist, kann nicht anders als lieben. Darum sagt der Heilige *Paulus*: „Die Liebe ist ausgegossen in unsere Herzen durch den Heiligen Geist, der uns verliehen ist" (Röm 5, 5).

„**Gott lieben**" spricht sich leicht dahin, besonders wenn man in einer Gefühlsduseligkeit nicht realisiert, was das bedeutet. Wie soll man auch nur annähernd ermessen, was es umfasst, so lange man nicht eingetaucht ist in eine andere Welt, in eine andere Seinsweise. Und trotzdem, es steht in der Heiligen Schrift als Gebot, ganz zu vorderst. Ist es also ein Kraftakt, der immer wieder versucht werden muss? Nein, Gottesliebe als persönlicher, seelischer Akt lässt sich nicht erzwingen. Ich meine, sie ist eher eine Frucht, das **Endergebnis** eines langen Prozesses des Keimens, Wachsens und Reifens und als solches ein **Geschenk**. Mit dieser Liebe hat Gott zugleich eine **Verheißung** verbunden. Er lässt den Apostel *Paulus* sagen: „Was kein Auge je gesehen, kein Ohr je gehört hat, was keinem Menschen in den Sinn gekommen ist, das alles hat Gott denen bereitet, die ihn lieben" (1 Kor 2, 9).

Die Kirche hat im Laufe ihrer Geschichte viel Mühe darauf verwandt, zwischen der leidenschaftlichen, begehrenden Liebe, dem Eros (lateinisch: Amor) und der sich verschenkenden Liebe, der Agape (lateinisch: Caritas) zu **unterscheiden**. Natürlich gibt es den Impuls „Liebe" in verschiedenen lebenssituativen Zusammenhängen und damit in verschiedenen Varianten, für die man charakterisierende Begriffe verwenden kann. Aber sie ist und bleibt in jeder Form ein bejahender, menschenfreundlicher **Impuls** und eine ungeheure **Kraft** im Leben der Menschen. Mit der genannten Unterscheidung hat die Kirche den Eros abgewertet. Sie sah ihn ausschließlich in Verbindung mit dem Sexualakt, der angeblich dazu angetan sei, die Erbsünde auf das im Akt gezeugte Kind zu übertragen. Damit griff die Kirche auf eine problematische Interpretation des großen Kirchenvaters *Augustinus* zurück, die sich aus seiner persönlichen Lebensgeschichte und aus dem Einfluss des von *Augustinus* zeitweise vertretenen Manichäismus erklären lässt. Der Geschlechtstrieb soll, wenn es nach dieser Auffassung ginge, nur der Fortpflanzung, nicht aber der persönlichen Lustbefriedigung dienen. Um nicht auch *Maria*, die Gottesmutter, mit dieser abgewerteten Sexualität in Verbindung sehen zu müssen, hat man in der Kirche des Mittelalters sich auf eine Theorie des Theologen *Duns Scotus* (gest. 1308) stützend eine „Voraus-Erlösung" *Marias* angenommen und sie als von der Erbsünde bewahrt betrachtet (Hans Küng: Was ich glaube, Piper, München 2009). 1854 wurde dann unter Papst *Pius IX.* die „unbefleckte Empfängnis Marias" zum Dogma erklärt.

Es lohnt sich, die genannten Bibelzitate auch im Hinblick auf die partnerschaftliche, auch die **geschlechtliche Liebe** zu reflektieren. Von verheirateten oder dauerhaft in intimer Beziehung lebenden Paaren kann man manchmal den Satz hören: Ich könnte dich ja mehr lieben, wenn auch du mich mehr lieben würdest. Man kann das gut nachempfinden, eine **einseitige** Liebe ist auf die Dauer schwer durchzuhalten. Aber behaupten das nicht beide Partner von sich? Wird dabei nicht **Liebessehnsucht** als **Liebesfähigkeit** ausgegeben? Um lieben zu können, um jemandem die wahre Liebe entgegen bringen zu können, muss man innerlich stark und vor allem **angstfrei** sein, Voraussetzungen, die oft fehlen, vor allem, wenn der/die Betreffende als Kind selbst nicht genügend Liebe erfahren hat. Liebesfähigkeit setzt eine **reife Persönlichkeit** voraus. Dies gilt besonders im Hinblick darauf, dass es auch eine **dunkle** Seite dieser Urkraft gibt. Das Durchscheinen der Nähe zur Aggression, zum Übergriff, kann auf zarte Naturen verstörend wirken.

Es gibt allerdings natürliche Kräfte, die das **Gelingen** von Liebe erleichtern, weil sie biologisch grundgelegt sind. In der sexuellen Liebe ist es der **Trieb**, der das Wunder der Liebe immer wieder ermöglicht. Er hilft über manche Hürde hinweg und lässt die Partner etwas erleben, was das höchste Gefühl der Zuneigung hervorruft, nämlich etwas zu schenken, verbunden mit dem Gefühl, dabei selbst beschenkt zu werden. Ganz ähnlich ist es bei der **Liebe einer Mutter** zu ihrem Kind. Auch hier wird die Mutter durch das beglückende Gefühl belohnt, das in ihr wachgerufen wird, wenn sie ihre biologisch grundgelegte Rolle erfüllt und das Kind umsorgt. Anders ist es bei dem **Kind**, von dem wir auch sagen, dass es die Mutter liebt. Aber das ist in der Kleinkindphase mehr eine aus der Verlustangst geborene Anhänglichkeit und der Ausdruck von Bedürftigkeit. Im Übrigen ist das Kind ein reiner Egoist. Und so darf es in diesem Alter noch sein. Die **Liebesfähigkeit** muss erst allmählich in ihm **wachsen**.

Als **Symbol** der Liebe gilt das Herz, was verständlich wird, wenn man bedenkt, wie das Herz bei einer liebevollen Begegnung reagiert. Es schlägt schnell und kräftig, spürbar „bis zum Hals", eine physiologische Reaktion, die dem/der Betroffenen nicht entgeht. Aus dieser Symbolik heraus hat sich im Blick auf *Jesus* in der Mystik, aber auch in der Volksfrömmigkeit, ein spezieller Kult entwickelt, die **„Herz-Jesu-Verehrung"**. Ich gebe zu, dass mir diese Frömmigkeit nicht zuletzt wegen des in der Nähe des Kults angesiedelten Kitsches immer etwas suspekt war, aber ich kann sie respektieren.

Tiersymbole für die Liebe sind das Lamm und der Pelikan. Beim Lamm ist es die Schwäche und Verletzlichkeit und die Ergebenheit in das Schicksal geschlachtet zu werden, die das Symbol begründen. Vom Pelikan sagt die Legende, dass er sich im Notfall selbst blutende Wunden zufügt, um die Jungen mit seinem eigenen Blut zu tränken.

Wenn wir die Freude als „Nahrung der Seele" bezeichnen, so gilt das ebenso für die Liebe, nicht als einen einmaligen Akt sondern als eine **Haltung**, die immer wieder liebevolle Gedanken produziert. Liebe macht die Seele weit, lässt sie frei atmen und nährt sie. Der Heilige *Benedikt von Nursia* spricht von der „unsagbaren Freude der Liebe". Hass dagegen schnürt die Seele ein, lässt sie verhungern und nimmt ihr die Luft zum Atmen, auch hier: Hass nicht als einmalige Gemütswallung sondern als Dauerhaltung, die immer wieder hasserfüllte Gedanken freisetzt.

Es ist eine bedrückende Erfahrung, mitzuerleben, wie ein Mensch, mit dem zusammen man fröhliche Stunden verbracht hat, mit zunehmendem Alter missmutiger wird, wie Gedanken des **Hasses**, geknüpft an längst vergangene Begebenheiten, sein Denken und Erinnern einnehmen, und wie seine Persönlichkeit dabei ausdorrt. Solche Entwicklungen sind als negative Seite des Altwerdens leider nicht selten, oft verbunden mit einer

Altersdepression. Die **seelische Austrocknung** ist aber nicht nur eine Gefahr des Alterns. Manche bleiben in ihrer Persönlichkeitsentwicklung schon früh in einem solchen Zustand der **Lieblosigkeit** stecken. Zufällig schreibe ich diese Zeilen an einem Pfingstsonntagmorgen in Erwartung des Hymnus „Veni creator spiritus" (komm, Heiliger Geist), in dem das „quod est aridum" (was ausgedorrt ist) vorkommt. Besser lässt sich die Wirkung des Heiligen Geistes nicht ausdrücken als im Bild vom milden, Leben spendenden Regen, der auf eine ausgedorrte Ackerfläche fällt. An Pfingsten betet die Kirchengemeinde: „Sende aus deinen Geist, und das Antlitz der Erde wird neu". Wie müssen die Verhältnisse auf der Erde sein, damit die Sehnsucht der Menschheit erfüllt wird? Der Mensch will sicher und angstfrei leben, seine Seele soll aufgeschlossen, bereichert und inspiriert werden. Dazu muss die soziale Wirklichkeit vom Geist der Liebe geprägt sein. **Liebe** als **charakterisierendes Merkmal Gottes** ist für mich das Überzeugendste, was ich mir vorstellen kann. Darin sehe ich eine wundervolle Übereinstimmung zwischen Texten der Bibel und der Väter des frühen Christentums mit Inhalten anderer Religionen und mit meinem eigenen Eindruck von Stimmigkeit, wenn ich über die Welt, die Natur und alles, was wir darüber wissen, nachdenke. Darum halte ich diese Aussage auch für eine **Brücke zwischen den Religionen**, eine Formel, auf die man sich im interreligiösen Dialog einigen könnte.

Wenig Übereinstimmung sehe ich zwischen dieser Charakterisierung und den neuesten Versuchen, Gott als eine „Art Energie" zu beschreiben. Durch die Einordnung in ein physikalisches System käme man zwar einer Erklärung für die Entstehung des Universums ein Stück näher, aber ohne Chance, etwas über deren Sinn zu erfahren. Dagegen passt die Aussage „Gott ist die Liebe" gut in eine Beschreibung der „**Menschwerdung**". Mit der Entstehung des Menschen ist etwas Neues in die Welt gekommen. Die alte Gesetzlichkeit der Evolution, die Durchsetzung des Stärkeren, die Verdrängung des Schwächeren, ist zwar nicht aufgehoben, aber ergänzt und überhöht durch ein **neues Prinzip**, den **göttlichen Geist der Liebe**.

Dass Gott durch die ihm eigene Liebe charakterisiert ist, hat niemand radikaler ausgedrückt als der Mystiker Isaak der Syrer (ca. 640–700), Bischof von Ninive. Er sagte: „Gott kann nichts als lieben". Ist Gott nicht der Allmächtige, der alles kann? Der soll nur eines können, lieben, aber das total und zwangsläufig, geradezu „naturgesetzlich"? Das Fehlen der unbedingten, totalen Liebe wird zum Ausschlusskriterium: Wer nicht so liebt, kann nicht Gott sein. Menschliche Liebe mag zwar von ihrem Ursprung her göttlich sein, aber sie ist begrenzt, mangelhaft, unvollkommen, sie ist nur ein Abglanz. Weil Menschen das spüren, sehnen sie sich nach einer vollkommenen Liebe.

Reich Gottes

Der in den Evangelien immer wieder auftauchende Begriff „Reich Gottes" ist im engeren Sinn keine Charakterisierung Gottes, aber man kann diesen Topos im Zusammenhang mit dem Kernsatz des vorigen Kapitels, „Gott ist die Liebe", sehen und meditieren. Der Ausdruck, der an ein Staatsgebilde und an Herrschaft denken lässt, kommt ursprünglich aus dem alten Testament. Er war dort in der Tat eng mit der Vorstellung eines Herrschaftsbereiches verbunden, dem Königtum JHWH's.

Auch *Jesus* hat in seinen Reden und Gleichnissen wiederholt vom Reich Gottes gesprochen. Dieses Reich ist kein „Gottesstaat", eher eine **geistige Realität**, ein Zustand, den Gott seinem auserwähltem Volk und der ganzen Menschheit vorzeichnet. Gottes Reich könnte als eine Welt verstanden werden, in der Gottes Wille geschieht, in der das Böse und mit ihm Leid und Tod überwunden sind. Aus der Betrachtung der Gleichnisse *Jesu* gewinnt man den Eindruck, dass das Reich Gottes durch die **Liebe** geprägt wird. Sie soll in jedem Einzelnen keimen und wachsen und sich in der Welt immer mehr gegen das „Böse" durchsetzen.

Insofern wird der Begriff auch zu einer Metapher für den göttlichen Frieden und zum Synonym für das **Paradies**. Man ist erinnert an eine Stelle im Buch Jesaja (11, 1–10), in dem eine **Ursehnsucht** der Menschheit so ausgedrückt wird: „Dann wohnt der Wolf bei dem Lamme, der Panther liegt beim Böcklein, Kalb und Löwe weiden zusammen, ein kleiner Knabe kann sie hüten. Kuh und Bärin freunden sich an, ihre Jungen liegen beieinander. Der Löwe frisst Stroh wie das Rind. Der Säugling spielt vor dem Schlupfloch der Natter, das Kind streckt seine Hand in die Höhle der Schlange. Man tut nichts Böses mehr und begeht keine Verbrechen auf meinem ganzen heiligen Berg". Mit einer Vielzahl starker Bilder beschwört hier der Prophet einen Menschheitstraum, die **Überwindung** der geheimnisvollen grausamen **Kreatürlichkeit**. Interessant ist in diesem Text die Nähe des „Bösen", dessen, was der Mensch böse nennt, zu dem Naturgesetz des Fressens und

Gefressenwerdens. Unser animalisches Erbe erscheint uns zwar grausam, Furcht einflößend, vielleicht auch Abscheu erweckend, aber wir möchten es als **naturgesetzlich** und gottgegeben betrachten und deswegen nicht mit Schuld in Verbindung bringen.

Bemerkenswert ist in diesem Zusammenhang auch, dass *Jesus* einer Gruppe eine besondere Affinität für das Reich Gottes zuschreibt, den **Kindern**. Als *Jesus* sah, dass seine Jünger eine Schar Kinder abwehrten, wurde er unwillig und sprach zu ihnen: „Lasst die Kinder zu mir kommen und wehret es ihnen nicht, denn für solche ist das Reich Gottes. Wahrlich ich sage euch: Wer das Reich Gottes nicht annimmt wie ein Kind, wird nicht hineingelangen" (Mk 10, 14–16). Fragen wir uns: Was unterscheidet die Kinder von den Erwachsenen? Vermutlich ist es ihr „unschuldiges", gefühlsbetontes, von intellektuellem Dünkel noch ungetrübtes Wesen.

Am stärksten zeigte der Begriff einen Bedeutungswandel in der Mystik des Mittelalters. Meister *Eckhart* sagte: „Gott ist mir näher als ich mir selber bin". In dieser Tradition sehe ich auch eine Definition von *Romano Guardini* (1885–1968): „Reich Gottes bedeutet, dass die Menschen sich dem Gott schenken, der in seiner Gnade zu ihnen kommt, dass er der Herrscher ihres Herzens wird und ihr Wesen auf ihn hin wandelt". Leider wird damit nicht erklärt, worin genau die Wandlung bestehen soll und woran man demnach erkennen kann, dass das Reich Gottes Platz greift. Ich meine, das Kriterium müsste die **veränderte Geisteshaltung** in der Bewältigung der Lebensaufgaben sein. Und diese ist die Liebe. Akademisch ausgedrückt würde man das einen **Paradigmenwechsel** nennen. Das Element der **„inneren Befriedung"**, des Ausstiegs aus dem Karussell der Gewalt, ist mehr oder weniger diskret in allen religiösen Lehren auffindbar. Im Christentum ist die Umkehr, zu der *Jesus* auffordert, das Umdenken (Metanoia) und die Abkehr von dem als Sünde empfundenen und so bezeichneten Verhalten, identisch mit der Rückkehr zur Liebe. Sie ist das Göttliche und zugleich das Humanum, das, was den Menschen über das Animalische erhebt, den Menschen also zum Menschen macht.

Es gab Philosophen, die dem „**Gutmenschentum**" wenig abgewinnen konnten. So geht auf *Friedrich Nietzsche* (1844–1900) der Satz zurück: „Zu fordern, dass alle altruistisch werden sollten, hieße dem Dasein seinen großen Charakter nehmen". Mit seiner Ideologie der Stärke und des Herrenmenschentums hat *Nietzsche* dem Nationalsozialismus den Weg bereitet und steht daher in der Mitverantwortung für die Gräueltaten des NS-Regimes. Vor diesem Erfahrungshintergrund muss sich der Mensch entscheiden. Rein biologisch betrachtet kommt es auf Kraft und Durchsetzungsvermögen des Individuums und der Gruppe an. Christliche Humanität und die Lehre vom Reich Gottes aber sind geistige Kategorien. Diese sollten in der Lage sein, die **alte Mentalität** zu **überwinden**.

Wenn wir vom Reich Gottes reden, meinen wir nichts Jenseitiges – darüber wissen wir zu wenig. Reich Gottes hat mit dieser Welt und mit uns Menschen zu tun. Etwas Göttliches soll bereits im **Diesseits** aufscheinen, Licht verbreiten, sich durchsetzen und ausbreiten. Es soll uns hier zugute kommen, aber auch eine Ahnung von einer neuen Seinsweise bei Gott vermitteln und uns damit ein **Ziel** vorgeben. Die Entwicklung, die sich vage abzeichnet, betrifft die ganze Menschheit, sogar die ganze Schöpfung. *Teilhard de Chardin* (1881–1955) sah die gesamte Schöpfung, Weltall, Erde, Leben, Evolution, Menschheit,

Bewusstsein, kulturelle Entwicklung und Religion in einem engen Zusammenhang. Die **Gesamtentwicklung** beschrieb er als auf ein Ziel hin ausgerichtet, Gott. Den Zielpunkt nannte er das Omega, Christus.

4 *Wege zum Glauben*

Was heißt Glaube?

Glaube ist in jeder Religion einer der Schlüssel-
begriffe, sowohl in den Lehrtraditionen der
Kirche, wie im persönlichen religiösem Leben
jedes Einzelnen. Damit wird ein mentaler Akt beschrieben,
mehr noch eine innere Haltung, in der sich der gläubige
Mensch mit Fragen der Existenz einer übernatürlichen
Realität, eines sinnlich nicht fassbaren Geistwesens,
auseinandersetzt.

Das Wort „Glaube" wird von dem indogermanischen
„leubh" (loben, gutheißen) hergeleitet. Umgangssprachlich
wird „glauben" sowohl im Sinne von **„für wahr halten"**
als auch von **„nicht genau wissen"** verwendet. In
Verbindung mit Religion ist natürlich die angenommene
Übereinstimmung mit dem wahren Sachverhalt gemeint,
und zwar nach Überprüfung und eigener Einschätzung
oder im blinden Vertrauen. Da im Verhältnis zu Gott
die Möglichkeit der Überprüfung weitgehend fehlt, ist
hier das **Vertrauen** gefordert, vor allem, wenn es um die
Akzeptierung von Glaubensinhalten geht, deren Kenntnis
aus einer „göttlichen Offenbarung" stammt. Dabei
bedeutet Glaube so etwas wie **Gehorsam** gegenüber einer
Autorität, die nicht in Frage gestellt werden darf, weil sie
„heilig" ist.

Ohne Einsicht oder gar gegen eigene Überzeugung etwas glauben zu sollen, stellt eine gewaltige psychische Herausforderung dar. Darum leiden Menschen, die **Glaubensverpflichtungen** eingehen und sich daran gebunden fühlen, im Fall von Glaubenszweifeln unter großen seelischen Belastungen. Weltanschauung und Gottglaube werden nicht selten zum Gegenstand von Konflikten und gesellschaftlichen Auseinandersetzungen, vor allem wenn sie mit Fanatismus vorgetragen werden. Dann dienen Bezeichnungen, wie „die Gläubigen, die Ungläubigen und die Andersgläubigen", zur Etikettierung von Gruppen, die ausgegrenzt oder sogar bekämpft werden.

Religiöser Glaube ist eine keineswegs leicht zu erbringende **persönliche Leistung**, die **Freiheit** voraussetzt. Niemand kann gezwungen werden, etwas zu glauben, weder durch physische Gewalt, noch durch Drohungen, auch nicht durch Vorschriften oder Gebote. Insofern erscheint es unangebracht, Unglauben oder bereits Glaubenszweifel als „Sünde" zu brandmarken. Allenfalls darf man vom verstandesbegabten Menschen erwarten, dass er sich der Frage nach Gottes Existenz und anderen Fragen einer Religion stellt und bereit ist, sich damit auseinander zu setzen. Was **Gott**, wenn es ihn gibt, vom Menschen **erwartet**, wissen wir nicht. Wie ich mir Gott vorstelle, gehört eine schwierige Gedankenakrobatik über seine Existenz, sein Wesen und Wirken **nicht** dazu. Darum sollten wir uns nicht sorgen müssen. Wenn Gott von den Menschen erkannt werden möchte, wird er sich in geeigneter Weise mitteilen. Das einzige, was der Mensch dazu tun muss, ist, für göttliche Botschaften **empfangsbereit** zu sein.

Die christlichen Kirchen beklagen einen fortschreitenden **Glaubensschwund** ihrer Mitglieder und machen hauptsächlich diesen für die hohe Zahl von Kirchenaustritten verantwortlich. Einem Artikel in der Kirchenzeitung des Bistums Mainz habe ich entnommen, dass die katholischen Bischöfe Deutschlands unter dem Leitwort **„Neuevangelisierung"** überlegen, wie man der nächsten Generation den Glauben **besser vermitteln** könne und welche wirksamen Methoden und neuen Ausdrucksformen sich dafür finden ließen. Bei allem Respekt, ich zweifle, dass die Bischöfe damit den Kern des Problems erfasst haben. Die Zielgruppe ist nicht nur jung, die Jungen sind auch Kinder ihrer Zeit und stehen stark unter dem Eindruck eines von den Ergebnissen der modernen Naturwissenschaft geprägten Weltbildes und einer fortschreitenden **Säkularisierung**. Schon der Soziologe *Max Weber* (1864–1920) hatte vorhergesagt, dass Religion durch eine „Entzauberung der Welt" langfristig an Bedeutung verlieren werde. Die Jungen sind zudem nicht mehr obrigkeitshörig, stellen lehramtliche Äußerungen in Frage oder lehnen sie ab. Darum sollten sich die Bischöfe nicht zu viel davon versprechen, wenn sie die vorgegebenen Glaubensinhalte nur anders verpacken, in eine zeitgemäße Sprache kleiden und über moderne Medien präsentieren. Die Jungen werden das als Trick durchschauen.

Die Kirchen müssen vor allem darauf bedacht sein, ihre **Glaubwürdigkeit** wieder zu erlangen. Dies wird ihnen meines Erachtens nur dann gelingen, wenn sie ihre **Lehrinhalte** weiterentwickeln und dem heutigen Welt- und Menschenbild anpassen. Dagegen regt sich starker **Widerstand** in den Kirchen, vor allem von Seiten der Traditionalisten. Diese betrachten die christliche Lehre als unmittelbaren Ausfluss aus der Heiligen Schrift, dem authentischen Wort Gottes, an dem man grundsätzlich kein Jota ändern dürfe. Wohlgemerkt, bei nötigen **Reformen** geht es nicht um eine Anpassung an den Zeitgeist, es geht schlicht um die „**Wahrheit**". Die christlichen Kirchen haben sich zu früh auf den Buchstaben der Schrift als Glaubensinhalt festgelegt, anstatt nach dem wahren Inhalt der Botschaft Jesu zu fragen und sich **fortlaufend** um ein besseres **Verständnis** zu bemühen. Sie müssen sich nun selbst fragen, welche Aussagen sie den Menschen des 21. Jahrhunderts noch zumuten können. Ihr großer **Irrtum** ist es zu glauben, das Gewinnen der Wahrheit wäre für sie ein bereits **abgeschlossener** Prozess und ihre Aufgabe bestünde nur darin, ihre alten Lehrsätze zu verteidigen.

„Evangelisierung" wäre für die genannten Bemühungen der Bischöfe vielleicht kein schlechtes Leitwort, wenn man darunter die Rückkehr zum Kern der Botschaft *Jesu*, ohne dogmatischen und kirchenrechtlichen Überbau, verstünde und man von der Wortbedeutung des Evangeliums als der **guten, frohen Botschaft** ausginge. Deren Kern ist und bleibt die grenzenlose **Liebe** Gottes zu seinen Geschöpfen. Die Kirchen sollten die **Schwere** aus ihrer Verkündigung nehmen, damit die Menschen sich nicht von der Botschaft abgestoßen, sondern zu Gott hingezogen fühlen. Zu oft ist darin von Pflichten, von Verfehlungen, von Bestrafung und von ewiger Verdammnis die Rede. Wie sollen Menschen unter dem Eindruck von **Strafandrohung** von guten Gedanken erfüllt sein? Die Botschaft müsste also eine **frohe** und im Grunde genommen auch eine **einfache** sein. Sie dürfte kaum Details enthalten, die wir wirklich nicht wissen können und auch nicht wissen müssen.

Christlicher Geist, vermittelt in starken Bildern und Symbolen, hat auch heute noch eine Chance, Eingang in die Herzen der Menschen, auch der Jugendlichen, zu finden.

Wenn die kirchlichen Glaubensverkünder aktuell um ihre Wirkung in der heutigen Gesellschaft besorgt sind, sollten sie vielleicht überlegen, dass das **gute persönliche Beispiel** gefragt sein könnte. Ich bin überzeugt, dass es einem bescheidenen, ehrlichen, Güte ausstrahlenden Altbischof immer noch leichter gelänge, seine Schäflein zu führen, als seinem eitlen Nachfolger. Ich denke bei dem Altbischof an einen wahren Seelsorger im Bischofsamt, der gesagt haben soll: „Ich breche lieber einmal ein Kirchengebot, als das Herz eines mir anvertrauten Menschen".

Gebrauch der Vernunft

Gott beweisen

Ich erinnere mich an Stunden im Religionsunterricht während meiner Gymnasialzeit vor ca. 60 Jahren, in denen uns Schülern nahe gebracht werden sollte, wie man die Existenz Gottes beweisen könne. Unter anderem war von einem **ontologischen Gottesbeweis** die Rede, der auf den Benediktinermönch *Anselm von Canterbury* (1033–1109) zurückgeht. Abgesehen von meiner eigenen, damals bereits erwachten Skepsis hatte ich den Eindruck, dass die uns vorgetragenen Positionen schon damals **umstritten** waren. Seit dieser Zeit dürfte sich das Denken in der Apologetik, der Lehre von der Rechtfertigung des Glaubens, weiter entwickelt haben, denn der Begriff „Gottesbeweis" scheint mit Ausnahme geschichtlicher Betrachtungen aus dem Vokabular der Theologen verschwunden zu sein. Dafür mag es mehrere Gründe geben. Hauptgrund dürfte sein, dass man heute in der Wissenschaft höhere Anforderungen an einen Beweis stellt. Vermutlich ist man auch klüger geworden und lässt den Anspruch der Beweisbarkeit Gottes fallen, bevor man eines Besseren belehrt wird. Nach *Thomas von Aquin* (1225–1274), der selbst fünf Gottesbeweise formuliert hat, stehen **Vernunft und Glaube** nicht im Gegensatz. Was die Vernunft nicht vermag, ergänzt der Glaube.

Die für die Beweisführung gebrauchten, nach den Regeln der **Logik** vollzogenen Gedankengänge erscheinen zwar in sich schlüssig, aber nicht dazu angetan, bislang Ungläubige von der Existenz Gottes zu überzeugen. Immerhin wird dabei von **Prämissen** ausgegangen, die Skeptiker kaum akzeptieren dürften. Die Art der Argumentation ist auch nicht unwidersprochen geblieben. Philosophen, wie *Immanuel Kant* (1724–1804), *Georg Wilhelm Friedrich Hegel* (1770–1831) und *Ludwig Feuerbach* (1804–1872) kritisierten eine Philosophie, die allein darauf ausgerichtet war, die bereits akzeptierte Existenz Gottes vor der Vernunft zu rechtfertigen. *Kant*, der dem Gottglauben nicht generell ablehnend gegenüberstand, wollte festhalten, dass die eingeräumte formale Möglichkeit der Existenz Gottes noch keinen Beweis darstellt. Er suchte den Nachweis Gottes vornehmlich im Gefühl und in der Erfahrung des Menschen, vor allem in der **Erfahrung**, dass er sich einem **Sittengesetz** verantwortlich fühlt, das von einer höheren Instanz zu stammen scheint.

Die „Gedankenspiele" der Philosophen in den Gottesbeweisen der Scholastik werden von Mephisto in *Goethes* Faust trefflich karikiert:

> *„Der Philosoph, der tritt herein,*
> *und beweist euch, es müsst so sein:*

Das Erst' wär so, dass Zweite so,
und drum das Dritt' und Vierte so,
und wenn das Erst' und Zweit' nicht wär,
das Dritt' und Viert' wär nimmermehr".

Dass man mit solchen Vereinfachungen dem ernsthaften Ringen der Philosophen um Erkenntnis nicht gerecht wird, kann man am Werk von *Gottfried Wilhelm Leibniz* (1646–1716) zeigen. In seiner Abhandlung „Auf Vernunft gegründete Prinzipien der Natur und der Gnade" (1714) ging er der Frage nach, warum es überhaupt etwas gibt und nicht vielmehr nichts. *Leibniz* war überzeugt, dass nichts ohne **hinreichenden Grund** geschieht und dass es ein wunderbares Verdienst der Naturwissenschaften sei, immer mehr Gründe zu finden, warum etwas so ist, wie wir es vorfinden. Geht man in der Reihe der Verursachungen immer weiter zurück, muss man bei einem letzten **Urgrund** ankommen, den wir Gott nennen. Das klingt plausibel, trotzdem wurde auch dieser Argumentation widersprochen.

Der französische Religionsphilosoph und Mathematiker *Blaise Pascal* (1623–1662) argumentierte mit der **Wahrscheinlichkeitslehre** und versuchte zu belegen, dass es in jedem Fall vernünftiger sei, an Gott zu glauben, auch wenn man seine Existenz nicht beweisen könne (*Pascal*sche Wette). Das Glaubensmotiv wird dabei auf die **Zweckmäßigkeit** reduziert.

Solche Überlegungen mögen von theoretischem Interesse sein, dem Ernst der Frage nach dem Lebenssinn werden sie nicht gerecht. Jedem, der die Frage für sich beantworten möchte, wird schmerzlich bewusst, dass er in seinem Bemühen Übernatürliches zu erkennen rasch an eine Grenze, eine unüberwindliche Mauer, stößt.

Aussagen über das „Jenseitige" bedeuten eine unzulässige **Grenzüberschreitung**. Natürlich kann man über Unbekanntes Annahmen machen, in der Wissenschaft würde man sagen **Hypothesen** bilden, im Falle des Transzendenten wohl wissend, dass eine Verifizierung oder Falsifizierung nicht möglich ist, zumindest nicht innerhalb dieses rationalen Systems.

Platon hatte dieses Problem in seinem bekannten **Höhlengleichnis** darzustellen versucht. Die in einer Höhle gefangenen Menschen sehen nicht die Dinge selbst, wie sie sind, sondern nur deren Schatten, die von einem Feuer an die Höhlenwand geworfen werden. Diese behandeln sie wie Realitäten, weil sie die Dinge selbst nicht sehen können. Der Philosoph *Karl Popper* (1902–1994) hat die Situation mit der Formel ausgedrückt: „Alles ist nur Vermutung". **Vermutung**, Anmutung, Ahnung sind in unserer Sprache Begriffe, mit denen **Gefühle** zum Ausdruck gebracht werden. Diese können zum Gegenstand rationaler Überlegungen gemacht werden. Das aber verweist auf einen anderen Zugang zum Glauben.

Allein auf die **Vernunft** gestützt kann der Mensch wohl nicht zur Erkenntnis Gottes gelangen, er braucht dazu auch das **Vertrauen**, den Akt des Glaubens. Darum sagt *Karl Rahner* (1904–1984): „Der letzte Grund meiner Hoffnung im Akt der bedingungslosen Annahme meiner Existenz als sinnvoll wird mir von Gott zugesagt". Aber wo bleibt der Durchschnittsmensch, der eine solche innere Botschaft nicht vernimmt? Ist die Erkenntnis vielleicht ein seltenes, kostbares Geschenk? Nach der Meinung *Martin Luthers* (1483–1546) setzt das Erkennen eine **Erleuchtung** durch den Geist Gottes voraus. Diese ist sicher nicht jedem geschenkt.

Eines leistet der Verstand mit Sicherheit: Er lässt uns erkennen, dass wir **mehr wissen wollen**, über uns, über die Welt und vor allem über den Sinn des Lebens. Es ist derselbe Verstand, der den Forschern immer tiefere Einblicke in die Gesetzmäßigkeiten der Welt und der Natur ermöglicht und der andererseits die Gottesfrage offen hält. In der **fehlenden Beweisbarkeit** Gottes sehe ich nichts Beunruhigendes. Im Gegenteil, für mich wird das Gesamtbild dadurch stimmiger. Das präzisere Bild von der Welt und vom Menschen schärft die Konturen Gottes.

Gott widerlegen

Die Mühe, die die Denker des frühen Mittelalters aufgewendet haben, um die Existenz Gottes zu beweisen, war eindrucksvoll. Bestimmt nicht weniger rationalen Aufwand betreiben heute atheistische Forscher und Denker in dem Bemühen, die Annahme eines göttlichen Wesens zu widerlegen.

Der **erste Ansatz**, den Gottglauben auszuhebeln, bestand darin, dass man Aussagen der Bibel über die Entstehung der Welt, solange man diese noch wörtlich nahm, als durch die Ergebnisse der naturwissenschaftlichen **Forschung** überholt darstellte, und vorgab, damit der Religion die **Grundlagen entzogen** zu haben. Das aber war ebenso naiv wie die Schöpfungsberichte selbst, die entsprechend der Denkweise ihrer Entstehungszeit in **mythologischen Bildern** abgefasst waren. Die Kirchen freilich waren nicht ganz schuldlos an diesen Angriffen, weil sie zu lange am Wortlaut der Berichte als **Glaubensvorlage** festgehalten hatten.

Ein **zweiter** – spekulativer – Ansatz der Welterklärung, ein Gegenentwurf zum Gottglauben, fragt, ob nicht doch alles **aus Zufall** so entstanden sein könnte, wie wir es vorfinden: im Sinne von Chemie, Physik, Materie und Antimaterie, einer gewaltigen zufälligen Initialzündung, einer gerichteten Kettenreaktion, der zufälligen Entstehung von Leben, der Etablierung bestimmter biologischer Abläufe, von Lebewesen, Evolution nach zweckmäßigen Prinzipien, des Menschen und seiner Kultur und seines Ich-Bewusstseins, verbunden mit der Suche nach dem Woher, Wohin und Wieso. Gefragt, ob ich mir all das als Ergebnis des Zufalls vorstellen könne, heißt meine kurze und klare Antwort: Nein, ich halte eine Zufallsschöpfung für äußerst **unwahrscheinlich**.

Gegenüber dem Argument, dass allein schon die **Existenz von Religionen** auf Gott hindeute, weil sie nur in ihm einen Sinn fände, kam von Seiten der Wissenschaft prompt der Einwand, die Entstehung von Religionen ließe sich als Ergebnis der **sozialen Evolution** erklären. Die **Angst** vor dem Tod und das Wissen um die eigene Sterblichkeit hätten zur Entwicklung eines Gottglaubens geführt, der sich als günstig für die Überwindung der Angst und damit als Vorteil im Überlebenskampf erwiesen habe.

Am folgenden Eingeständnis kommt niemand vorbei: Die Naturwissenschaften haben zwar eine erstaunliche Einsicht in die Abläufe der Weltentstehung und die Entstehung von Leben, einschließlich der Evolution der Lebensformen, geliefert, aber in der Frage nach dem **Ursprung**, nach der **Verursachung**, dem **Ziel** und dem **Sinn** der ganzen Veranstaltung sind sie nicht einen Schritt weiter gekommen. Die Wissenschaft hat Gott in keiner Weise widerlegt und es sieht nicht danach aus, dass sie es in Zukunft könnte. Natürlich hat sie ihn auch nicht bestätigen können, aber das durfte man nicht von ihr erwarten. Sie muss und wird sich in ihren Forschungen unbeirrt weiter um Erkenntnisse bemühen. Ich bin überzeugt, dass sich kein Gottgläubiger wegen der Forschungsergebnisse Sorgen zu machen braucht.

Erwägenswert sind die Überlegungen des Quanten-physikers *Bernard d´ Espagnat*, der 2009 den Preis der Templeton-Foundation für seine Arbeit zum Verhältnis zwischen Religion und Wissenschaft erhalten hat. Wie *Kant* geht er davon aus, dass wir nicht die Dinge an sich erkennen. Die Wissenschaft, so meint er, erfasst nur eine empirische Realität, während sie über die ontologische Wirklichkeit, also die wahre Natur der Dinge, nur eine vage Vorstellung, letztlich Schattenbilder, Erscheinungen unseres Geistes, liefert. Das Bewusstsein ist in seinem System Teil der ontologischen Realität und Gott darin ein Konstrukt unseres Geistes. Nur in diesem Sinne bekennt er sich zu einer Religiosität.

Neue **Angriffe** gegen die Religion gehen von Teilen jener Forscher aus, die sich als die Avantgarde der Wissenschaft verstehen, den **Neurowissenschaftlern** und den **Experimentalgenetikern**. Betrachten wir davon zunächst Forschungsergebnisse, von denen behauptet wird, sie lieferten die Erklärung für Gottesvorstellungen und damit für das Phänomen Religion.

Zu den ältesten Forschungsmethoden, die Einblicke in die Hirnaktivität geben, gehören die Ableitungen der Hirnströme in Form des **Elektroenzephalogramms** (EEG). Damit lässt sich die Gesamtaktivität des Gehirns erfassen. Die aufgezeichneten Wellen geben Auskunft über den Wachzustand, den Grad der Aufmerksamkeit, über Schlaf und Schlaftiefe in verschiedenen Phasen. Auch die Reaktionen auf die verschiedenen Sinnesreize lassen sich als sogenannte evozierte Potentiale untersuchen. Auch besondere Zustände der meditativen Versenkung (hypnoide Zustände) kann man an der Frequenz und an dem Rhythmus der Wellen erkennen.

Eine **Lokalisation** der neuronalen Aktivität lässt sich mit Hilfe der Positionselektronentomographie (**PET**) vornehmen. Damit kann man besonders aktive Areale im Hirn auffinden und bestimmten **Hirnfunktionen** zuordnen. Das ermöglicht Rückschlüsse darauf, womit sich das untersuchte Gehirn gerade beschäftigt. Mit dieser Methode wurden unter anderem Personen untersucht, die sich selbst durch buddhistische Meditation oder christliches Gebet in einen Zustand der inneren **Versenkung** begaben. Als Ergebnis wurden auffällige, weitgehend übereinstimmende **Aktivierungsmuster** gefunden. Das legt die Vermutung nahe, dass es im Gehirn „**Zentren für religiöse Gefühle**" gibt. Ob diese Muster aber wirklich derartig inhaltsspezifisch sind, ist noch nicht hinreichend bewiesen.

Der Radiologe und Dozent für Religionswissenschaften *Andrew Newberg* und andere haben ähnliche Untersuchungen mit dem **SPECT-Tomographen** (Single Photon Emission Computed Tomography) unter Verwendung von intravenös verabreichten Kontrastmitteln durchgeführt. Sie sind aufgrund ihrer Ergebnisse davon überzeugt, dass **mystischen Erlebnissen** ein Vorgang im Gehirn entspricht. Wenn die übenden Versuchspersonen ihre Wahrnehmung auf den Atem konzentrierten, waren Teile des Stirnhirns besonders aktiv, die für das Steuern der Aufmerksamkeit zuständig sind. Auch Zentren unterhalb der Großhirnrinde, die der Beobachtung von Körpervorgängen dienen, erwiesen sich dabei als außergewöhnlich rege. Etwas weniger veränderte sich die Aktivität im Scheitellappen und im Schläfenlappen des Großhirns. Der Scheitellappen ist verantwortlich für Bewegung und Orientierung im Raum. Dass die Aktivität in diesem Areal herunter gedimmt wird, führt *Newberg* auf die Regungslosigkeit und die Konzentration der Meditierenden zurück. Es erklärt zugleich, wie *Newberg* meint, das sich bei den Versuchspersonen einstellende „Gefühl der Unendlichkeit". Die Schläfenlappen sind unter anderem für Gefühle und ihre Erinnerung zuständig. Stark stimuliert könnten sie Ekstase, verbunden mit mystischen Erfahrungen, auslösen.

Mit solchen Untersuchungen glaubten die Religionskritiker religiöse Bewusstseinsinhalte als Produkte spezifischer Erregungen des menschlichen Gehirns entlarven und ihnen so ihren mystischen Charakter nehmen zu können. Diese Schlussfolgerung ist jedoch **keineswegs zwingend**. Alle seelisch-geistigen Vorgänge sind von Hirnaktivitäten begleitet. Diese sind ihre **natürliche Grundlage**, was weder für noch gegen Religion spricht.

Mit dem Nachweis solcher keineswegs leicht zu deutender Zusammenhänge hat man sich nicht zufrieden gegeben. Man versuchte im Experiment **religiöse Regungen künstlich zu erzeugen**. Zu diesem Zweck entwickelte der Neuropsychologe *Michael Persinger* einen elektromagnetischen Helm. Die Felder der darin enthaltenen Magnetspulen ließen sich auf bestimmte Areale des Gehirns ausrichten. Wenn in dieser „Gottesmaschine" die Schläfenlappen des Gehirns transkranial stimuliert wurden, berichteten manche Versuchspersonen (9 von 15 VP) anschließend über „Gotteserfahrungen". Man darf sich fragen: Ist dieser Versuch nach wissenschaftlichen Kriterien aussagekräftig?

Wie waren der Versuchsaufbau und das sogenannte Setting? Was wussten die Probanden über den Sinn des Experiments? 9 von 15 positive Äußerungen sind sicher kein überzufälliges Ergebnis. Was haben die restlichen sechs erlebt?

Persinger vermutet, dass bei den Meditierenden einander ähnelnde Gotteserfahrungen zustande kommen, weil die Versuchspersonen in ihrer religiösen Praxis durch jahrelanges Training gelernt hätten, in ihrem Gehirn entsprechende Erregungen zu produzieren. Er spricht von der Fähigkeit des menschlichen Hirns, sich selbst „umzuprogammieren". Mit dieser **ideologischen** Interpretation erklärt er Gott als Produkt der menschlichen Phantasie, als ein irreales Hirngespinst. Man darf unterstellen, dass derartige Versuche mit der Absicht unternommen werden, die Existenz Gottes zu widerlegen und den Glauben der Menschen zu erschüttern. Religion soll als eine Art Abfallprodukt des menschlichen Geistes erwiesen werden. Diese Hypothese sehe ich durch die genannten Versuchsergebnisse in keiner Weise bestätigt.

Dasselbe gilt auch für einen anderen experimentellen Ansatz. Da die Schöpfung, wie sie sich uns präsentiert, auf einen unendlich intelligenten und mächtigen Geist hindeutet und der Zufall als Erklärung nicht ausreicht, will man beweisen, dass eine höhere Ordnung auch ohne Gott, allein aus sich heraus, entstehen kann. In der **Biosynthese** bemüht man sich, durch Eingriffe in das Erbgut von Zellen, genauer gesagt, durch die Veränderung, den Austausch und die Neuordnung von Genen, das Leben neu zu gestalten. In einem sensationellen Projekt versucht der an der Universität Bochum forschende Australier *John Mc Caskill* das Leben neu zu erfinden. In seiner **„Omega-Maschine"** soll aus unbelebten Materialien ein

„Lebewesen" entstehen. Nach dem Vorbild eines lebenden Organismus mit Stoffwechselvorgängen und eigenem Energiehaushalt soll mit Molekülen und elektronischen Bauteilen ein komplizierter Selbstregulierungsmechanismus geschaffen werden, der so etwas wie **Lebensvorgänge nachbildet**.

Hat damit Gott das Schöpfungsmonopol verloren? Abgesehen davon, dass sich das Experiment erst in Vorbereitung befindet, wird es sich, wenn es überhaupt gelingt, höchstens um eine Nachbildung von Leben handeln, deren Komplexität auch nicht annähernd an das wirkliche Leben herankommt. Es spricht nichts dagegen, die Wissenschaft voranzutreiben, um die Grundlagen des Lebens besser verstehen zu können. Es bleibt aber ein riesiger Unterschied, Leben zu erschaffen und kleine Teile von Leben mit Hilfe intelligenter Anordnungen (woher haben die Experimentatoren die Intelligenz?) nachzubauen. Für Überheblichkeit besteht also nicht der geringste Anlass.

Ungeachtet dieser einschränkenden Bemerkungen möchte ich meine Bewunderung für eine Forschungsrichtung, die **neue Horizonte** auch in der Anwendung eröffnet, nicht verhehlen. Mein eigenes **Staunen** und überwältigtes Stehen vor Gott wird dadurch nicht geringer, ganz im Gegenteil, unabhängig von den in meinen Augen naiven Vorstellungen, die Forscher zu derartigen Experimenten veranlassen, und den spekulativen Kommentaren atheistischer Wissenschaftsjournalisten.

Wie immer man die Bedeutung der Vernunft für den Zugang zum Glauben und seine Rechtfertigung bewertet, eines sollte unbestritten sein: Der Verstand ist dem Menschen gegeben, damit er ihn benutzt. *Galileo Galilei* wird der Satz zugeschrieben: „Ich fühle mich nicht zu dem Glauben verpflichtet, dass der selbe Gott, der uns mit Sinnen, Vernunft und Verstand ausgestattet hat, von uns verlangt, dieselben nicht zu benutzen".

Theologie und Wissenschaft

Die weitverbreitete **Wissenschaftsgläubigkeit** verlangt eine kurze Betrachtung zum Wissenschaftsbegriff. Im Mittelalter konnte sich jedes Wissensgebiet, in dem systematisch über einen Gegenstand nachgedacht wurde, Wissenschaft nennen, so auch die Philosophie und die Theologie – sicher zu Recht. Heute kennt man zwar den Begriff der **Geisteswissenschaften**, zu denen auch die genannten Fächer zählen, die man an einer wissenschaftlichen Hochschule studieren kann. In der öffentlichen Wahrnehmung aber wird Wissenschaft weithin mit den **Naturwissenschaften** gleich gesetzt.

Aufgrund einer ausgefeilten Methodik und fester Regeln können in den Naturwissenschaften Ergebnisse erzielt werden, die es gestatten, Aussagen auf einem **hohen Sicherheitsniveau** zu treffen. Damit konnten in Fächern wie Astronomie, Physik, Chemie, Biologie und in den Grundlagenwissenschaften der Medizin Aufsehen erregende **Erkenntnisse** zu für die Menschheit wichtigen Fragen gewonnen werden. Die Entdeckungen dieser mit hohen Summen geförderten **„Spitzenforschung"** wurden nicht selten mit dem Nobelpreis oder anderen hochdotierten Preisen ausgezeichnet. Es sollte daher nicht verwundern, wenn Geisteswissenschaftler mit Neid und Argwohn auf die Naturwissenschaften blicken. Dies gilt besonders für die Theologen, weil es eine Reihe von Berührungspunkten in den **Fragestellungen der Theologie** und der Naturwissenschaften gibt, etwa in der Frage nach der Entstehung der Welt, des Lebens und des Menschen, nach dem Ende der Welt, nach dem Geist, bzw. der Seele des Menschen, nach Freiheit und Verantwortung. Wie gehen Theologen und Naturwissenschaftler miteinander um?

Die **Theologen** stehen meines Erachtens immer noch unter dem Eindruck bitterer Erfahrungen, die die Kirche in der Vergangenheit mit den Naturwissenschaften gemacht hat. Diese hatte in ihrem Welt- und Menschenbild lange, zu lange, Positionen vertreten, die unter der erdrückenden Beweislast von Forschungsergebnissen nicht aufrecht erhalten werden konnten. Erinnert sei an die These, dass sich die Sonne um die Erde dreht, und an den Monogenismus, wonach das ganze Menschengeschlecht von einem einzigen Menschenpaar abstammt, also die Leugnung der Evolutionstheorie von *Darwin*. Aufgrund solcher **Erfahrungen** sind die meisten Theologen klüger und vorsichtiger geworden. Sie reduzieren ihre Aussagen auf die theologisch wirklich relevanten Punkte und ziehen sich auf ihren Kernbereich zurück, der auf einer **anderen Ebene** und damit außerhalb der von Menschen erforschbaren Welt liegt. Ganz unabhängig davon soll der Gottgläubige im Blick auf weitere Forschungsbemühungen keine Sorge haben. Der Mensch ist neugierig und er darf es ohne jegliche Angst sein.

Ich glaube, dass auch die **Naturwissenschaftler** nicht ganz unbefangen gegenüber der Theologie sind. Es ist zu hoffen, dass sie aufgrund ihrer Erfolge nicht arrogant und übermütig werden, vor allem aber, dass sie in der **Interpretation** ihrer Forschungsergebnisse ihre **Grenzen** kennen. Wie nicht anders zu erwarten, scheint dies abhängig von der Mentalität eines Forschers mehr oder weniger gut gewährleistet zu sein. Anzumerken bleibt, dass es unter den prominenten Naturwissenschaftlern ebenso Gottgläubige wie Atheisten gibt.

Ich zähle mich auch zu den Bewunderern der „hochkarätigen Wissenschaft", möchte aber darauf hinweisen, dass es andere wichtige Wissenschaften gibt, die große methodische Probleme zu überwinden haben, um zu einigermaßen verlässlichen Aussagen zu kommen, und sich damit redlich Mühe geben. Ich nenne hier die **Psychologie** und die **Soziologie**, die nach meiner Einschätzung einen größeren Beitrag für das auch für die Theologie interessante **Menschenbild** leisten, als die viel bewunderten „Neurowissenschaften". In letzteren werden z. B. mit einem ungeheueren technischem Aufwand Stoffwechselvorgänge im Gehirn in bunten Bildern sichtbar gemacht und bestenfalls bestimmten psychischen Leistungen zugeordnet. Aber was sagt das schon? Dass psychische Leistungen Gehirnfunktionen voraussetzen, gehört seit mehreren Generationen zu den Grundannahmen in der Psychologie und diese müssen natürlich irgendwo im Gehirn lokalisiert sein.

„Glauben" zählt außerhalb des Religiösen nicht viel – zu Unrecht. Denn die Menschen haben von jeher dort, wo sie etwas nicht wussten, **Annahmen** gemacht, also geglaubt, und auf die Richtigkeit ihrer Annahmen vertraut. Das geschah offensichtlich nicht zu ihrem Nachteil. Die Menschheit als ganze hat damit gut überlebt. Darum sollte man dem Glauben, auch dem religiösen Glauben, in einem rationalen, wissenschaftsfreundlichen Umfeld seine Berechtigung nicht generell absprechen.

D ie **Ratio**, die Vernunft, ist trotz der Beschränktheit des Erkennens ein hohes Gut, ein „göttliches Geschenk". Das haben schon die alten Griechen und nach ihnen die Römer und vor ihnen die Ägypter und Assyrer so gesehen. Sie haben von einem **göttlichen Licht** gesprochen, das erleuchtet und die Menschen Dinge verstehen lässt. Das Sinnbild für die Quelle der Erleuchtung war für sie die **Sonne**, die sie als Gott verehrten. „Aktis aeliou kalliston phaos" (griechisch: Strahl des Helios, schönstes Licht) heißt es in einem Chorlied aus dem Drama Antigone von *Sophokles* und so steht es unter einem Mosaik an der Stirnwand in der Aula der Münchener Ludwig-Maximilians-Universität. Das Bild zeigt den Sonnengott, wie er den von feurigen Rossen gezogenen Wagen über das Himmelsgewölbe lenkt. Die Erbauer der Universität konnten im Zeitalter der **Aufklärung** kein besseres Bild für diesen „Tempel der Wissenschaften" wählen.

Trotz dieses Lobpreises der Vernunft bleibt das bedrückende Eingeständnis, dass es für das Erkennen Gottes eine unüberwindbare Hürde gibt. Aber der Mensch verfügt in seiner psychischen Ausstattung über ein weiteres, sehr leistungsfähiges **Prinzip**, um sich im Leben mit seiner Umgebung auseinanderzusetzen zu können, die **Gefühle**. Unter **Mitwirkung und Anleitung des Verstandes** können in diesem System erstaunliche „Erkenntnisleistungen" erbracht bzw. **Erfahrungen** gesammelt werden. Wenn wir sagen, wir hätten etwas erfahren, drücken wir damit aus, dass uns bestimmte Sachverhalte zur **Kenntnis** gelangt sind. Dabei kann es sich auch um das **Bewusstwerden** von inneren Zuständen, wie z.B.

Gefühlen, handeln. Auch die Religionsphilosophie hat sich nicht allein auf das Rationale gestützt. Die Betrachtung des „gestirnten Himmels" war mehr als die Überlegung, es müsste einen Verursacher geben. Die Betrachter standen unter dem Eindruck eines Gefühls, wie es z. B. die Römer hatten, wenn sie von einem **Numinosum** sprachen. „Numen" war der lateinische Ausdruck für das geheimnisvolle Wirken eines Gottes in der Natur. Auch das **Mysterium fascinosum** (bezauberndes Geheimnis) bezog sich auf Phänomene mit einer geheimnisvollen Anziehungskraft. **Sacrum**, das Heilige, war in dieser Philosophie das nicht weiter zurückführbare Moment religiöser Erfahrung.

Ausgelöst werden solche Gefühle von den gewaltigen, unauslotbaren Dimensionen unseres **Kosmos** in Raum und Zeit, die alle Grenzen der Vorstellung übersteigen, und von der überwältigenden Vielfalt von Formen und Farben in einem wunderbaren Regeln folgenden Prozess des **Lebens**. Diese Eindrücke lassen den Menschen staunen und angesichts seiner eigenen Winzigkeit und seiner Vergänglichkeit zugleich erschaudern. Neben diesem **allgemeinen Erfahrungsgut** der Menschheit gibt es bedeutsame **persönliche Erfahrungen**, die etwas von einem göttlichen Atem spüren lassen oder wenigstens eine Ahnung davon vermitteln. Ich denke hier an Augenblicke, in denen sich lang anhaltende seelische Verhärtungen lösen und die Seele frei wird für eine Versöhnung oder für ein Mitgefühl gegenüber leidenden Mitmenschen und der geschundenen Kreatur. Ich denke an Situationen, in denen Groll und Feindseligkeit gegen andere verschwinden und sich das Gefühl einstellt, dass die Grenzen zwischen Ich und Du verschwimmen. Auch dort, wo sich quälende Ängste im Licht von Hoffnung und Zuversicht auflösen, wie der Morgennebel in der Sonne, bin ich geneigt, dies einer göttlichen Strahlenquelle zuzuschreiben. Aber auch ein tiefer innerer Friede, eine entschiedene Bereitschaft Verantwortung zu übernehmen, ein klarer Gerechtigkeitssinn, große Toleranz und besonders jede innige Liebe, auch die geschlechtliche, bezeugen für mich einen **göttlichen Ursprung** in dem Menschen, der dies in sich und an sich **erfährt**. Das sind keine Gottesbeweise, aber doch bewusste Erlebnisinhalte, die den Menschen weit über die reine Durchsetzungsmentalität eines Tieres hinausheben und ihn bereit machen für die Idee eines göttlichen Wesens.

Damit möchte ich natürlich nicht sagen, dass Gottes Wirken auf die genannten Situationen beschränkt ist. Gottes Geist dürfte in allen guten seelischen Regungen und Äußerungen, mehr oder weniger unbewusst, vorhanden sein. Die genannten Beispiele sind nur Anlass für mich, in diesem Zusammenhang an das **Wirken Gottes** und damit an seine Existenz zu denken. Es soll auch nicht der Eindruck erweckt werden, Gott gäbe sich immer dann zu erkennen, wenn sich in uns ein menschenfreundliches Gefühl oder eine sozial erwünschte Regung einstellt, gleichsam als Belohnung.

Manchmal sind es nicht nur Augenblicke der geschilderten Gefühlsregungen, sondern anhaltende **Zustände,** ausgelöst durch Lebensereignisse, wie die Errettung aus großer Gefahr, Heimkehr, Versöhnung, Erfolg oder die Genesung von einer schweren Krankheit, die uns mit tiefer **Dankbarkeit** erfüllen und neuen **Lebensmut** spenden. Sogar der **Rückblick** auf gelungene Lebensabschnitte oder ein gesegnetes langes Leben kann den **Frieden** schenken, den wir mit Gott in Verbindung bringen.

Das **Gefühl aktueller Gottesnähe** kann auch ohne erkennbaren Anlass und ganz ohne gedankliche

Beteiligung aufkommen. Wenn ich diesen Zustand als **Ergriffenheit** bezeichne, bin ich mir der Fragwürdigkeit einer solchen Charakterisierung bewusst. Ergriffen sind wir eventuell auch beim Betrachten einer schönen Landschaft, beim sinnlichen Eintauchen in die Wunder der Natur, beim Hören eines Musikstücks, beim Lesen eines Buches oder beim Sehen eines Theaterstücks. Was dabei nach uns greift, wird uns unmittelbar klar. Es gibt aber auch einen vergleichbaren Zustand ohne solche Anstöße. Ich erinnere mich an derartige Gefühle: Ich spüre, etwas greift nach mir, ich höre auf zu denken und verharre in einem Zustand der Ruhe und Zufriedenheit.

Ein Erlebnis dieser Art kam für mich so überraschend, grundlos und unerklärlich, dass ich es in einer Notiz festhielt. Es war am Morgen des 22. November 2008, eines Samstags, nach einem tiefen, erholsamen Schlaf. Mich umfing ein tiefer Friede, ich fühlte mich befreit von Sorgen, befreit von jeglichen irdischen Fesseln. Diese schienen abgefallen, so dass ich mich frei, leicht und unbeschreiblich glücklich und dankbar fühlte. Mir war, als sollte ich die Welt umarmen. Gleichzeitig hatte ich das Gefühl, wie wenn mir Schuppen von den Augen fallen und es hell wird. Da dachte ich: Es ist, wie wenn man durch Nebel und Wolken auf einen Berg steigt und gelangt an die Nebelgrenze; noch wenige Schritte und man befindet sich im schönsten strahlenden Sonnenlicht und schaut hinab auf das sonnenbeschienene Wolkenmeer. Der nächste Gedanke war: Wenn so der Übergang in ein anderes Leben wäre, das wäre ein Eintauchen in ein Meer des Glücks.

Ich möchte ein solches **inneres Erleben** nicht überbewerten. Man könnte sagen, es ist ein Produkt der Phantasie oder gar eine Halluzination, in jedem Fall das Ergebnis von physiologischen Vorgängen (Stoffwechsel,

Hormone, Botenstoffe). Mehr als das physiologische Korrelat aber würde mich interessieren: Warum, warum ich, warum jetzt? Ich fürchte, dass ich darauf keine Antwort erhalten werde. Aber der Verweis auf den „Zufall" ist mir zu wenig.

Für mich handelte es sich um ein Erlebnis **spiritueller Art**, das mich in einen Grenzbereich geführt hat. Bei nachträglicher Reflexion ist mir aufgefallen, dass in dem Erlebten Eindrücke enthalten waren, die auch von sogenannten **Nahtoderfahrungen** berichtet werden, eine Lichtfülle und ein Abfallen der Erdenschwere. Vielleicht gehört es zur Bestimmung unseres irdischen Lebens, dass wir unsere **physische** Existenz wie einen schweren **Panzer** mit uns schleppen müssen und der **Geist** seine wahre Natur nur in **lichten Augenblicken** ahnen darf. Vielleicht können wir unser irdisches Dasein, das vielfach ein Jammertal, ein Tal der Tränen, ist, nur ertragen, weil wir nicht wissen, wie es anders sein könnte. „Per aspera ad astra" (lateinisch: durch Widrigkeiten zu den Sternen), durch die Finsternis zum Licht, so ließe sich das Schicksal der Menschheit kurz charakterisierend beschreiben. Seit ich mich für derartige spirituelle Erlebnisse stärker interessiere, bin ich verschiedentlich auf Berichte gestoßen, in denen solche Erlebnisse geschildert werden.

In diesem Zusammenhang darf man auch an die Gefühlsreaktionen erinnern, die sich – nach dem Zeugnis von **Mystikern** – während religiöser Übungen, wie Gebet und Meditation, einstellen können. Diese mögen sich vielleicht weniger als Hinweise auf das Göttliche eignen, weil sie den tiefen Glauben bereits voraussetzen und man eventuell geneigt ist, das dabei Erlebte als das Ergebnis einer Autosuggestion zu interpretieren.

Insgesamt kann man von einem **inneren Erfahrungsbereich** sprechen, der Befindlichkeiten bewusst werden lässt, die man als **Fingerzeige** Gottes auffassen kann. Um diese so zu verstehen, bedarf es der **Bereitschaft**, die Existenz und das Wirken einer göttlichen Seele in uns zumindest als Möglichkeit anzuerkennen. Ich bin jedenfalls davon überzeugt, dass Gott so in der Seele erfahrbar werden kann. Was ich hier nur als Möglichkeit andeute, bezeugen andere aufgrund ihrer eigenen inneren Erfahrungen in wesentlich intensiverer Form und mit großer Entschiedenheit. Eindrucksvoll bringt es der Lyriker *Ludwig Steinherr* zum Ausdruck, wenn er seine persönliche innere Erfahrung Gottes mit einem Platzregen vergleicht, der ihn „triefnass dastehen" lässt. (zit. n. *Otto Betz:* Christ in der Gegenwart, 66. Jg., Nr. 44, Herder Verlag, Freiburg 2014). Uns allen, die wir Erfahrungen dieser Intensität nie hatten und vielleicht nie haben werden, sei gesagt, dass das nicht notwendig ist. Niemand erwartet es. Und trotzdem ist es tröstlich zu hören, dass es jemand gibt, dem gleichsam stellvertretend ein solches Geschenk zuteil wurde.

Ich kenne keine Statistik, der man entnehmen könnte, wie häufig derartige Erlebnisse sind. Aus Erzählungen im Bekanntenkreis habe ich den Eindruck gewonnen, dass es sich dabei um etwas selten Vorkommendes handeln muss. Noch interessanter wäre es, zu erfahren, worin sich Menschen mit solchen Erfahrungen von denen unterscheiden, die Derartiges nicht kennen, und ob es besondere Situationen und Bedingungen gibt, unter denen sie auftreten. Von einem Bekannten, dem man aufgrund seiner biederen, derben Art spirituelle Erlebnisse nicht unbedingt zutrauen würde, kenne ich die Schilderung einer Erfahrung, die für ihn ganz überraschend und in jeder Hinsicht überwältigend war. Obgleich er sich selbst nicht als besonders religiös bezeichnen wollte und auch nicht zu den schwärmerischen Naturen gehören dürfte, ist er sich selbst absolut sicher, dass es sich dabei um eine Erfahrung „aus einer anderen Welt" gehandelt hat.

Von kämpferischen Atheisten kann man manchmal den Einwand hören, Religion sei nur ein **Gefühl**. Daran stört mich das Wörtchen **„nur"**, weil mit dieser Abwertung die Natur des Menschen verkannt wird. Das Gefühl ist für den Menschen nicht nur allgemein ein wichtiges Beurteilungsmittel, es gibt auch Gefühle, die unmittelbar als „Belohnung" oder „Bestrafung" verstanden werden und so das Verhalten steuern; sie sind die Voraussetzung für viele lebens- und arterhaltende Reaktionen. Auch das Selbstwertgefühl und das Urvertrauen gehören zu dieser wichtigen Ausstattung des Menschen.

Ohne Gefühl gäbe es auch keine Freude, die doch zu Recht als Götterfunke bezeichnet wird. Ich unterstelle, dass die Atheisten auf ihre intellektuelle Leistung stolz sind, mit der sie Religion „als Produkt des Gefühls entlarven". Auch das ist letztlich ein Gefühl. Es gibt keine Verstandesleistung ohne Gefühl und auch das Gefühl wird uns bewusst und in sprachliche Kategorien gefasst mit Hilfe des Intellekts. Keinesfalls darf Religion auf ein Gefühl reduziert werden, das sich im Leben der Menschen als nützlich erweist, wie das der Psychologe *William James* um 1900 versucht hat. Die religiösen Erfahrungen, die hier als einer der Zugangswege zum Gottglauben beschrieben werden, sind **Bewusstseinsinhalte** des **fühlenden** und **denkenden** Menschen.

Gottesbegegnung findet **in uns** statt und dabei spielen tatsächlich Gefühle eine wichtige Rolle, aber nicht nur die bewusstseinsnahen, sondern vor allem auch die tief in unserem **Unbewussten** grundgelegten. Wir sollten uns nicht so sehr mit der Frage quälen, welche transzendente Realität dem entspricht, was wir in uns spüren. Wir dürfen und sollten uns auf unser Gefühl verlassen. Es kann uns zur **Gewissheit** werden. Das haben auch andere so gesehen. Berühmt geworden ist der Ausspruch von *Antoine de Saint Exupéry* (1900–1944): „Man sieht nur mit dem Herzen gut; das Wesentliche ist für die Augen unsichtbar". Auch der Heilige *Paulus* sprach von den Augen des Herzens, die Gott hellsichtig machen soll (Eph 1, 18). Dass Gott oder Göttliches in uns zu finden ist, hat, wie bereits erwähnt, am treffendsten der Zisterziensermönch und Mystiker *Bernhard von Clairvaux* zum Ausdruck gebracht, wenn er sagte: „Geh deinem Gott entgegen bis zu dir selbst". Eine Bestätigung der „Ankunft" liefert die gespürte **Resonanz**. Darum sagt der Mystiker *Johannes vom Kreuz* (1642–1691): „Gottes Sprache ist seine Wirkung in der Seele".

Das **Wissen**, dass Gott in einem ist, diese erworbene oder geschenkte subjektive Gewissheit, hat für den Menschen etwas ungeheuer **Entlastendes**. Er ist niemandem Rechenschaft schuldig für diesen Glauben außer sich selbst. Er muss sich nicht sorgen, ob er das, was er in sich erfährt, richtig benennt. Er muss sich nicht darum kümmern, ob andere genau dieselben Erfahrungen machen. Sogar die Frage, welche Realität dieser Erfahrung entspricht, außer der in seinem Inneren von ihm erlebten, wird irrelevant. Nur er und das göttliche Du in ihm treffen aufeinander, in einem intimen, geschützten, innerseelischen Raum. Er muss nicht einmal fürchten, dass er einem Anspruch von außen nicht genügt. Sobald er Gott in sich erkannt hat, löst sich das Problem von selbst. Er wird angemessen und richtig reagieren – vergleichbar einem Resonanzvorgang. Woher ich das weiß, ich weiß es nicht, aber der Gedanke drängt sich auf.

Den Ausdruck **„das göttliche Du in dir"** habe ich von *Ortrud Grön,* meiner Traumlehrerin, übernommen, die einmal auf meine Frage, wer der Absender unserer Träume bzw. Traumbotschaften sei, diese Formulierung gebrauchte. Sie war für mich deswegen so überzeugend, weil ich die darin zum Ausdruck kommende Wahrheit schon immer so gedacht und empfunden hatte.

Der **Weg nach innen** klingt auch in einem Spruch von *Lao-Tse* an, wenn er sagt: „Nicht wer nach ihm sucht und ausschaut, sondern wer die Augen schließt, wird des Unsichtbaren gewahr". Der Heilige *Paulus* kleidet es in die theologische Frage: „Wisst ihr nicht, dass ihr Gottes Tempel seid und der Geist Gottes in euch wohnt" (1Kor 3, 16). Dem Heiligen *Franz von Assisi* wird der Satz zugeschrieben: „Was du suchst, ist das was sucht". Dies klingt wie ein Zirkelschluss und könnte suggerieren, dass man stets nur sich selbst sucht. Gemeint ist vielmehr: Das Objekt unseres Suchens, Gott, ist in uns, ist ein Teil von uns und kann nur hier gefunden werden. Es ist zugleich **Triebfeder unseres Suchens.** „Ruhelos ist unser Herz", sagt der Heilige *Augustinus,* „bis es Ruhe findet in dir, o Herr". *Blaise Pascal* (1623–1662) lässt Gott sagen: „Du würdest mich nicht suchen, wenn du mich nicht schon gefunden hättest". Vielleicht sollte man den Satz präzisieren und sagen: „Wenn du mich in deiner Geistseele nicht schon erspürt hättest".

Das Erfahren Gottes in uns jemandem klar zu machen, der den Sinn dafür noch nicht entwickelt hat, ist schwierig. Es beruht auf einer komplexen **seelischen Fähigkeit,** die eine gewisse Sensibilität und die Bereitschaft, sich anrühren zu lassen, voraussetzt. Das angestrebte Ziel, die subjektive innere Gewissheit, lässt sich nicht erzwingen und schon gar nicht anderen vermitteln. Es ist vielmehr ein Geschenk.

Dass Gott wirklich in uns ist, kommt auch in einem Vers von *Angelus Silesius* zum Ausdruck:

> *„Halt an, wo läufst du hin,*
> *der Himmel ist in dir:*
> *Suchst du Gott anderswo,*
> *du fehlst ihn für und für".*

An anderer Stelle bezieht der Mystiker das Innewohnen auf Christus:

> *„Wird Christus tausendmal in Bethlehem geboren*
> *und nicht in dir, du bleibst noch ewiglich verloren".*

Wenn Gott in uns ist, dann dürfte man annehmen, dass es in tiefen Schichten unserer Seele bereits **Vorerfahrungen** mit dem Göttlichen gibt, lange bevor dergleichen – vielleicht – in unser Bewusstsein tritt. Wie eine Vorerfahrung das Erkennen ermöglicht, lässt sich aus einer Begebenheit ablesen, über die im Lukas-Evangelium (Lk 24, 13) berichtet wird: Nach dem Tod *Jesu* befinden sich zwei Jünger auf dem Weg von Jerusalem nach Emmaus, als sich ein Fremder zu den Wanderern gesellt. Zwischen den Dreien entspannt sich ein Gespräch über die aktuellen Geschehnisse jener Tage in Jerusalem, insbesondere über das Leben und Wirken *Jesu* und seinen Tod am Kreuz. Der Fremde erweist sich als schriftenkundig und erklärt den Jüngern, warum dies unter Bezug auf die alten Bibeltexte so ablaufen musste. Als es Abend wird, kehren die Drei in einem Gasthaus ein und speisen gemeinsam. Beim rituellen Brotbrechen erkennen die beiden Jünger in dem Fremden den auferstandenen *Jesus*, der dann ihren Augen entschwindet. Sie brechen sofort auf und eilen zurück nach Jerusalem, um den dort versammelten Aposteln von der Erscheinung zu berichten. Unterwegs wird den beiden in einer Unterhaltung ein zutiefst **innerseelischer Vorgang** bewusst. Sie sagen: „Brannte nicht unser Herz in uns, als er auf dem Wege mit uns redete und uns die Schriften erschloss"? Der **Schlüsselreiz** für das „Erkennen" mag der für *Jesus* typische Gestus beim Brotbrechen gewesen sein, die **innere Voraussetzung** dafür aber war, dass ihr **Gemüt** („brannte nicht unser Herz") ihn schon lange zuvor **erspürt** hatte.

Das Bild, das mit der Schilderung der kleinen Begebenheit eingefangen wurde, kann vielleicht als Prototyp jeder Gotteserkenntnis angesehen werden. Der anatomische Ort, an dem dieses Erkennen stattfindet, ist nicht die Großhirnrinde, also nicht der Verstand, sondern es sind die phylogenetisch alten Anteile des Stammhirns in Verbindung mit dem gesamten Vegetativum. Es ist der Ort der biologischen Querverbindungen zu allem Lebenden, der Ort, wo auch die Träume und Mythen der Menschheit wurzeln. In der geschilderten Szene geht es, genau betrachtet, nicht um ein Erkennen, sondern um ein **Wiedererkennen**. Die beiden Jünger hätten in dem Fremden nicht den Gekreuzigten und Auferstandenen erkennen können, wenn sie *Jesus* nicht schon zuvor in seinem **Wesen** gekannt hätten. Sie haben ihn wiedererkannt.

Wollen wir dabei bleiben, dass diese biblische Szene vorbildhaft für **Gotteserfahrung** ist, müsste man die Annahme dahingehend erweitern, dass diese ebenfalls ein **Wiedererkennen** ist. Das impliziert, dass der Mensch, jeder Mensch, im übertragenen Sinne eine Fähigkeit besitzt**, mit dem Göttlichen in ihm zu kommunizieren.** Dies wäre ein Erkennen, so wie ein Jungtier seine Mutter erkennt, Aufspüren einer **geheimnisvollen Zugehörigkeit**, Erkennen, weil das Gegenüber „von seiner Art" ist.

Worin diese Art, die innewohnende Göttlichkeit, besteht, lässt sich nicht so genau beschreiben. Vielleicht kann man es „an den **Früchten** erkennen". Göttlich hat sicher etwas mit **gut** und **liebevoll** zu tun. Der Gleichklang der Worte „Gott" und „Gut" ist sicher kein Zufall (im Englischen god und good). In einer einfachen kurzen Charakterisierung könnte man es so ausdrücken: Göttlichkeit ist daran zu erkennen, dass sich die Liebe gegenüber Feindschaft, Hass und Gewalt durchsetzt. Genau dasselbe meint *Ladislaus Boros* (1927–1981), wenn er sagt: „Die tätige Liebe ist der Ort, an dem wir Gott erfahren".

Vermutlich gibt es Mitmenschen, denen die Fokussierung auf die **subjektive innere Erfahrung** als **Haupterkenntnisquelle** für den Gottglauben nicht behagt. Die möchte ich auf einen Ausspruch von *Jean Paul* (1763–1825) verweisen: „Wir finden Gott zweimal, einmal in uns, einmal außer uns: In uns als Auge, außer uns als Licht" (Levana, III, 6). In diesem Bild kommt zum Ausdruck, dass es ein Organ gibt, das uns Gott erkennen oder wiedererkennen lässt. Es ist göttlichen Ursprungs und göttlicher Natur. Das „Sinnesorgan" und das „Wahrzunehmende" sind unmittelbar aufeinander bezogen, Auge und Licht, Gott in mir und Gott außer mir. Was mir an dieser Betrachtungsweise zusagt, ist, dass sie von einer **transparenten Realität** ausgeht und nicht mehr zwischen erkennbarem Diesseits und einem verschlossenen Jenseits unterscheidet; „deutlich und unsichtbar zugleich", wie *Franz Kafka* (1883–1924) es einmal ausgedrückt hat.

Was bedeutet das alles für die Frage nach der **Wahrheit**? Im Gegensatz zum Denken über Gott muss man bei der Bezugnahme auf die eigene Erfahrung nicht von Transzendenz sprechen. Die bewusst gewordenen **Gefühle** sind für den Gläubigen etwas **Reales** und können ihm eine subjektive Gewissheit verschaffen. Er kann aber auch seinen Gefühlen und ihrer Deutung misstrauen. Er kann sie als Beleg zurückweisen und sie verwerfen. Sie sind also nicht einmal für den, der die Erfahrung selbst gemacht hat, zwingend. Noch weniger muss der, der davon hört, allein aufgrund des Berichts an Gott glauben. Aber er bekommt einen Hinweis, ein Zeugnis und vielleicht auch einen Impuls, weiter dem Göttlichen in ihm nachzuspüren. Und wenn **ein** Zeugnis diese Wirkung verfehlt, können vielleicht viele **Zeugnisse** einer „begeisterten" Gruppe von Gläubigen andere „**überzeugen**".

Die hier dargelegte Gotteserfahrung muss redlicherweise **hinterfragt** werden, auch deswegen, weil sie sich nicht jedem in gleicher Weise bietet. Sie ist an positive erhebende Gefühle geknüpft. Wie aber stellt sich die Ausgangslage für den dar, der solche Erfahrungen nicht gemacht hat, der vielleicht sogar „Diabolisches" in sich gefunden hat? Hat sich Gott diesem verborgen oder gar verweigert? Müsste der vielleicht eher an das personifizierte Böse glauben? Ich weiß es nicht, aber ich glaube nicht. So wünschenswert eine Gotteserfahrung sein mag, ich nehme nicht an – auch das gehört zu meinem Gottesbild –, dass sie eine von Gott geforderte, heilsnotwendige Leistung ist und von uns so betrachtet werden muss. Wir sollten sie vielmehr zu den **Talenten** zählen, die manchen Menschen in einem bestimmten Maße gegeben sind, mit dem Auftrag sie bestmöglich zu nutzen.

Wenn Menschen, die bis zu einem bestimmten Zeitpunkt ihres Lebens nicht gottgläubig waren, aufgrund eines Erlebnisses, einer Begegnung, eines Gedankens, eines Traums, das unabweisbare Gefühl gewonnen haben, Gott selbst habe sie berührt, so kleiden sie das Erlebte gerne in die Worte: Gott hat sich mir offenbart. Solche meist mit Bekehrungen einhergehenden **„Privatoffenbarungen"** sind äußerst selten und geschehen, wenn man es genau betrachtet, vor einem besonderen lebenssituativen Hintergrund. Die später noch zu beschreibende Bekehrung des Heiligen *Paulus* ist dafür ein gutes Beispiel. Interessant ist in diesem Zusammenhang das persönliche Zeugnis des Heiligen *Paulus* (Gal 1, 11 ff). Er sagt: „Denn ich gebe euch die Versicherung, Brüder: Die von mir verkündete Heilsbotschaft ist nicht nach Menschenart. Denn ich habe sie nicht von einem Menschen empfangen oder bin darin unterwiesen worden, sondern durch die **Offenbarung** *Jesu Christi*". Dann schildert er nochmals seine frühere Rolle in der Christenverfolgung und seine Bekehrung und fährt fort: „Doch, als es dem, der mich von meiner Mutter Schoß ausersehen und durch seine Gnade berufen hat, gefiel, seinen Sohn **in mir** zu offenbaren, damit ich die Heilsbotschaft in ihm unter den Heiden verkünde, usw.". Er bezieht sich damit ausdrücklich nicht auf etwas, was er von anderen gehört hat, sondern auf eine höchstpersönliche **innere Erfahrung**. So betrachtet, wäre es angebracht, in jedem Fall, in dem ein Mensch aufgrund eigenen subjektiven Erlebens zu einem Gottglauben gelangt ist, von einer „göttlichen Offenbarung" zu sprechen. Im weitesten Sinne könnte sogar alles, was auf Gott hindeutet, so bezeichnet werden.

Im **engeren Sinn** aber wird unter Offenbarung eine göttliche **Botschaft** verstanden, die zum Ausgangspunkt einer religiösen Bewegung wurde. Fragt man einen Vertreter der Kirche nach dem richtigen Weg zum Glauben, wird man mit großer Wahrscheinlichkeit Antworten erhalten, die anders klingen, als das, was ich bis hierher dazu gesagt habe. Er wird vermutlich auf die **Lehre der Kirche** verweisen, die der Ausfluss **göttlicher Offenbarung** sei. Aber hat sich Gott den Menschen wirklich so offenbart und kann es so etwas, wie eine einzige „authentische Botschaft Gottes" geben, die Grundlage für eine allgemein geltende religiöse Lehre sein kann?

Die Religionsgeschichte kennt den Begriff der sogenannten **„Offenbarungsreligionen"**, die nach eigenem Bekunden ihre Existenz der Tatsache verdanken, dass Gott selbst zu den Menschen gesprochen hat oder ihnen durch Engel, Propheten oder Erleuchtete Botschaften hat zukommen lassen. So geht z. B. der Buddhismus auf die Erleuchtung des *Siddharta Gautama* um 600 v. Chr. zurück, die ihn zum Prediger und Religionsstifter hat werden lassen. Nach dem Glauben der Mohammedaner hat der Prophet *Mohammed* um 600 n. Chr. durch eine Erscheinung des Erzengels Gabriel von Gott eine Botschaft empfangen, die zum Kern des islamischen Glaubens wurde. Die Juden berufen sich auf die Zeugnisse ihrer Stammväter, *Abraham, Jakob* und *Moses* und verschiedener Propheten, die bekunden, dass Gott durch sie zu seinem auserwählten Volk gesprochen hat. Auch verschiedene neuere Sekten führen ihre Lehre auf Botschaften zurück, die ihre Gründer angeblich erhalten haben. Das Christentum nimmt unter den Offenbarungsreligionen insofern eine Sonderstellung ein, als hier Gott selbst in der Person *Jesu Christi* auf die Erde kam und sich den Menschen kundtat.

Alle diese Religionen nehmen für sich in Anspruch, dass sie die Botschaften Gottes in heiligen Schriften und in mündlicher Tradition authentisch weitergegeben haben. Die **Verbindlichkeit** solcher Offenbarungen wurde von Philosophen immer wieder **verneint**. So hat der in der Tradition *Immanuel Kants* (1724–1804) stehende *Johann Gottlieb Fichte* (1762–1814) eine Schrift mit dem Titel „Versuch einer Kritik aller Offenbarungen" veröffentlicht, die ihm den Vorwurf der Verbreitung atheistischer Ideen und den Verlust seiner Professur in Jena einbrachte.

In der **Katholischen Kirche** wurde anlässlich des II. Vatikanischen Konzils eine **„Dogmatische Konstitution über die Göttliche Offenbarung"** verabschiedet, in der es heißt: „Gott hat in seiner Güte und Weisheit beschlossen, sich selbst zu offenbaren und das Geheimnis seines Willens kundzutun". Das Entscheidende am Glauben aufgrund göttlicher Offenbarung ist, dass es dabei nicht mehr um ein Erkennen geht, allenfalls um eine persönliche Erfahrung. *Karl Barth* (1886–1968) hat dazu gesagt: „Göttliche Offenbarung ist das Aufgehen einer Tür, die sich nur von innen, nicht von außen öffnen lässt". Im Allgemeinen geht es nur noch um **Gehorsam** gegenüber einer **Autorität**. Da die **Botschaft**, wie versichert wird, **von Gott** stammt, ist **er** die höchste Autorität, von der die Glaubensverpflichtung abgeleitet wird. Stellvertretend für Gott nimmt auf Erden die **Kirche** diese Autorität gegenüber den Menschen wahr. Ich beziehe mich im Folgenden vornehmlich auf das Christentum und hier besonders auf die Katholische Kirche, in der die Stellvertretung am stärksten betont wird. Sie sieht sich nicht nur als die allein seligmachende und damit die universelle, von Gott autorisierte und legitimierte Kirche. Unter Berufung auf die Heilige Schrift meint sie, dass sie in geheimnisvoller Weise Christus selbst verkörpere: „Corpus Christi mysticum" (der mystische Leib Christi).

Bei dieser Selbsteinschätzung nimmt es nicht Wunder, dass im **Katholizismus** die hierarchisch strukturierte Kirche sich berechtigt fühlt, die **Glaubensinhalte** für die Gläubigen **verbindlich festzulegen**. So wurde über die Jahrhunderte hinweg eine große Zahl von **Glaubenssätzen** (Dogmen) formuliert, die das Ergebnis von Konzilsbeschlüssen der Bischöfe und von päpstlichen Enzykliken waren. Da manche Inhalte, die weit über die Existenz Gottes hinausgehen, schwer zu glauben sind, wurde der Glaube für kritisch denkende Menschen nicht selten zum heroischen Akt mit unsicherem Ausgang. Die wesentlichen konstituierenden Inhalte der Lehre flossen in das jeweilige „**Credo**" ein, eine in liturgischen Feiern verwendete Bekenntnisformel, die wie einen Fahneneid zu sprechen den Gläubigen abverlangt wird. Nach der Lehre der Katholischen Kirche ist der Gläubige verpflichtet, das als Wahrheit anzuerkennen, zu glauben und nach außen zu bekennen, was das **kirchliche Lehramt** vorschreibt. Eine offenkundige Leugnung kann als schwere Sünde, schon der Zweifel als moralische Verfehlung geringerer Art, angesehen werden. So zumindest habe ich die offizielle kirchliche Verkündigung, seit ich denken kann, immer verstanden.

Zugleich sind die Lehrer des Glaubens an den Glaubenskanon gebunden. Eine Abweichung gilt als **Häresie**. Die Häretiker oder Ketzer wurden in früheren Zeiten verfolgt und landeten nicht selten auf dem Scheiterhaufen. Ihre Schriften wurden auf den Index der verbotenen Bücher gesetzt und verbrannt. Auf diese Weise wurde die „Reinheit der Lehre" gewahrt und alle Zweifel darüber, worin der verpflichtende Glaube der Katholischen Kirche besteht, wurden ausgeräumt.

Auch heute noch wacht die **Glaubenskongregation** in Rom über die **Unverfälschtheit** des katholischen Glaubens. Der Präfekt dieser kirchlichen Institution, Kardinal *Gerhard Ludwig Müller,* vertrat die Auffassung, die Kirche sei in ihren Entscheidungen definitiv und unumkehrbar auf die „Offenbarung" festgelegt. Darum gäbe es in wichtigen Glaubensfragen für die theologische Wissenschaft nichts zu diskutieren. Alle Glieder der Kirche hätten sich an die Vorgaben des kirchlichen Lehramtes zu halten.

Die Sanktionen gegenüber Abweichlern sind heute weniger drastisch als früher, aber nicht aufgrund gewachsener Einsicht der Kirche, sondern weil der laizistische Staat eine Verfolgung durch die Kirche nicht mehr zulässt. Die in kirchlichen Diensten stehenden Abweichler, wie z. B. der Tübinger Theologieprofessor *Hans Küng,* mussten sehr wohl die Härte der Sanktionen des römischen Machtapparates spüren. Man hat ihm die Lehrerlaubnis in der Ausbildung der Theologiestudenten entzogen, wohl unter anderem deswegen, weil er die Unfehlbarkeit des Papstes in Abrede gestellt hat. Im I. Vatikanischen Konzil, vor 140 Jahren, hatte sich *Pius IX.* (1792–1878) in einem Dogma bestätigen lassen, dass der Papst vor Irrtümern geschützt, also **unfehlbar,** sei, wenn es sich um die verbindliche Darstellung (ex cathedra) der Glaubens- und Sittenlehre handelt. Ich bringe ein gewisses Verständnis für das Bemühen der Kirchenführung auf, eine Einheit in den theologischen Auffassungen innerhalb der Kirche sicher zu stellen. Die Angst, dass ohne ein bindendes kirchliches Lehramt die von Theologen vertretenen Meinungen rasch auseinander driften würden, halte ich angesichts des heute in allen Gesellschaftsschichten stark ausgeprägten Freiheitsdrangs für berechtigt. Umso wichtiger aber wäre es, dass sich die für die Lehre Verantwortlichen die Glaubenssätze unvoreingenommen und nicht auf ein zweifelhaftes Verständnis von Offenbarung fixiert betrachteten. Sie müssten meines Erachtens prüfen, wo die Lehre einer **Anpassung** bedarf und müssten den Kirchenmitgliedern eine größere **Freiheit** im Glauben einräumen.

Durch die rigide und autoritäre Haltung der Katholischen Kirche in Glaubensfragen wird ein **Konsens vorgetäuscht**, den es so nicht gibt. Selbst die bemühten, gutwilligen Katholiken glauben längst nicht alles, was man ihnen vorsetzt. Wie in manchen Fragen der Moral haben sie sich auch in Glaubensfragen ihrem Gewissen folgend eigene **abweichende Überzeugungen** zugelegt, ohne deswegen die Gemeinschaft zu verlassen. Ich habe den Eindruck, dass sogar unter den Verkündern des Glaubens, den Priestern, vermutlich auch den Bischöfen, nicht immer eine volle Übereinstimmung mit der offiziellen Linie der Kirchenführung gegeben ist. Vor allem manche wissenschaftlich tätige katholische Theologen scheinen heute in Glaubensfragen Positionen zu vertreten, die teilweise im Gegensatz zur lehramtlichen Verkündigung der Kirche stehen. Wenn es z. B. im katholischen Glaubensbekenntnis heißt: „Aufgefahren in den Himmel, von dort wird er kommen zu richten die Lebenden und die Toten", werden diese Aussagen von manchen Theologen als „mythologische Bilder des Mittelalters" bezeichnet. Das ist tröstlich für den zweifelnden Laien, steht aber im Widerspruch zur Lehre der Kirche, an die sich jeder zu halten hätte.

Für die **Protestanten** und Angehörige anderer Religionsgemeinschaften ist der Konsens in zentralen Glaubensfragen zwar ebenso wichtig, aber davon ist weniger das Verhältnis zwischen der Kirche und den

Gläubigen betroffen. Diese genießen in der evangelischen Kirche mehr Freiheit, was sie persönlich glauben wollen bzw. können. Andererseits gibt es evangelische Pfarrer, die es sehr bedauern, dass dem gegenwärtigen Protestantismus der evangelische Lehrkonsens im eigenen Pluralismus abhanden gekommen ist.

Die Glaubensfrage berührt zugleich die Frage der Rechtfertigung des Menschen vor Gott. Nach Auffassung von *Martin Luther* ist der sündige Mensch allein durch Gottes Gnadenhandeln gerechtfertigt (solus Christus, sola gratia). Dessen wird er gewiss, indem er glaubt und auf die Zusage Gottes in der Heiligen Schrift vertraut (sola fide, sola scriptura). Nach **katholischer** Auffassung reicht dies nicht, denn der Glaube ohne Werke, sagt man, sei tot. Zur Rechtfertigung bedarf es auch der tätigen Liebe. Beide Lehren haben gemeinsam, dass das Heilsversprechen Christi an den Glauben gebunden ist. „Erlöst ist, wer an Christus glaubt", heißt es in einem Kirchenlied.

So wird der Glaube zum Schlüssel für das Paradies, aber die Kirche bestimmt, was geglaubt werden muss. Daraus ergibt sich für die christlichen Kirchen faktisch eine starke Position gegenüber den Gläubigen. Die Kleriker könnten zumindest versucht sein, subtil **Macht** über das von ihnen abhängige Kirchenvolk auszuüben, ganz in dem Stil, den die jüdischen Priester zur Zeit *Jesu* gegenüber dem jüdischem Volk praktiziert haben, durch zahlreiche, zum Teil unsinnige Gebote, Verbote und kirchenrechtliche Vorschriften. Die **Herrschaftsattitüde**, die sich die christlichen Kirchen im Laufe ihrer Geschichte zugelegt haben, weicht in neuester Zeit einer Haltung, die eher dem Geist des Evangeliums entspricht. Danach soll man den Menschen und seine Freiheit respektieren und ihm möglichst überzeugende und gut begründete

Glaubensangebote machen. Der Evangelischen Kirche scheint dies leichter zu gelingen als der katholischen. Das schließe ich aus einer Weihnachtsbotschaft des ehemaligen Ratsvorsitzenden der Evangelischen Kirche Deutschlands *Nikolaus Schneider*, der von den in Halbdistanz (Ausdruck aus dem Boxsport) zur Kirche lebenden Gläubigen spricht, denen die Kirche Glaubensangebote machen wolle. So etwas scheint das Selbstverständnis der Katholischen Kirche, derzeit noch nicht zuzulassen.

Wenn man von der Haltung der Katholischen Kirche spricht, muss man allerdings unterscheiden zwischen den offiziellen **Verlautbarungen des Vatikans**, die hohe Anforderungen an den persönlichen Glauben stellen, und der Glaubensverkündigung wohlwollender Geistlicher, die viel Verständnis für die Glaubensprobleme ihrer Schützlinge aufbringen. Es gibt Pfarrer, die es verstehen, die Kirchenbesucher mit viel Einfühlungsvermögen anzusprechen und ihnen etwas vom Reichtum ihres eigenen Glaubens zu vermitteln. Aber es kann ebenso gut sein, dass sich die Gottesdienstbesucher einem älteren Verfechter strenger Glaubensdisziplin gegenüber sehen.

Ich erinnere mich an die Predigt eines sympathischen alten Pfarrers, der als Urlaubsvertretung des Ortsgeistlichen die Sonntagsmesse hielt. Zufällig ging es im verlesenen Evangelium um die Rede Jesu, in der er seinen Jüngern eine harte Glaubenskost zumutet (Joh 6, 4–70). Er selbst sei vom Himmel herab gekommen, um ihnen das Brot des Lebens zu geben. Dieses sei sein eigenes Fleisch. Das war für viele seiner Anhänger zu viel und sie verließen ihn. Darauf wandte sich Jesus an die kleine Schar der aus welchen Gründen auch immer gebliebenen: „Wollt auch ihr mich verlassen"? Da rang sich Petrus zu dem Bekenntnis durch: „Herr, wohin sollen wir gehen, du bist der Heilige Gottes". Die nachfolgende Predigt des Pfarrers ist mir deswegen in Erinnerung geblieben, weil dieser darin gleichsam in die Rolle von Jesus geschlüpft ist und, nicht ohne zuvor einen Seitenhieb auf seine liberalen Kollegen in der Theologenzunft abzugeben, die kleine Schar der meist betagten Zuhörer fragte: „Wollt auch ihr Jesus verlassen"? Die Gläubigen sollten mit höchster Autorität in die Pflicht genommen werden: Untersteht euch, diese Sätze der Bibel nicht wörtlich zu nehmen! Aber genau das müsste möglich sein. Mein Verständnis und meine Sympathie gehört den Anhängern Jesu, die ihm angesichts so schwer verständlicher Aussagen – „mein Fleisch ist wahrhaft eine Speise und mein Blut ist wahrhaft ein Trank" – nicht mehr folgen konnten und ihn verließen. Vermutlich hat auch Jesus sie verstanden. Ich bin überzeugt, dass sie vor Gott genau so gerechtfertigt sind, wie diejenigen, die bei Jesus blieben und vermutlich nicht wussten, warum sie es taten.

Wie kommt die Kirche zu der Erkenntnis, was der Mensch glauben soll? In der erwähnten **„Dogmatischen Konstitution über die Göttliche Offenbarung"** der Katholischen Kirche wird die Frage so beantwortet: Die Kirche hält sich dabei an die **„Heilige** Schrift", das „Wort Gottes", wie sie auch genannt wird. Da die Authentizität der Bibel, wie die Wissenschaft gezeigt hat, nicht hinreichend gesichert ist, hat angeblich die **„Heilige** Tradition" dafür gesorgt, dass nichts verfälscht werden konnte. Da es aber widersprüchliche Texte gibt und diese einer Auslegung bedürfen, wacht die **„Heilige** Theologie" darüber, dass sie richtig ausgelegt werden. Verbleiben dann noch Meinungsverschiedenheiten, gilt das unfehlbare Urteil des **„Heiligen** Vaters". Es ist sicher kein Zufall, dass in dieser Konstitution immer wieder das Attribut **„heilig"** verwendet wird. Damit wird der Anspruch deutlich, dass die Kirche hier in **Stellvertretung Gottes** spricht, und dass jeder Zweifel daran einem Sakrileg gleichkommt.

Das Wort „heilig" wird gleichsam wie eine Keule geschwungen. Niemand soll sich unterstehen, davon etwas in Zweifel zu ziehen.

Wie ernst und penibel Theologen jeden Buchstaben der Evangelien betrachten – ganz im Sinne der dogmatischen Konstitution – zeigt der Gelehrtenstreit im Hinblick auf die Übersetzung des „Kelchwortes in der Wandlung". Ob „pro multis" wörtlich mit „für viele" (für die *Jesus* gestorben sei) übersetzt werden müsse, oder ob man nicht besser sinngemäß „für alle" sagen solle, ist für einen Laien, wie mich, eine theologische **Spitzfindigkeit** weitab von den wirklichen Glaubensfragen der Menschheit. Zu diesen zählt die nicht weg zu diskutierende Tatsache, dass es verschiedene Religionen und mit ihnen auch verschiedene „Offenbarungen" gibt.

Ich habe mich gefragt, wie ich selbst zur göttlichen Offenbarung stehe, und komme zu diesem Ergebnis: Es spricht nichts dagegen, dass Menschen in **„heiligen Schriften"**, wie der Bibel oder dem Koran, alte, verehrungswürdige Dokumente „göttlicher Offenbarung" und **Quellen der persönlichen religiösen Inspiration** sehen. Problematisch wird der Umgang damit erst, wenn eine Kirche, die die absolute **Deutungshoheit** für sich beansprucht, in ihrer Lehrverkündigung den Mitgliedern eine enge, traditionelle Sichtweise auf Gott vorschreibt und alles davon Abweichende als „unbiblisch" verdammt. Damit kommen jene Gläubige in Konflikt, die vor dem Hintergrund eines wissenschaftlich fundierten Welt- und Menschenbildes, nicht alle Glaubenssätze einer Religion akzeptieren können und eher von einem „breiten Strom göttlicher Offenbarung" ausgehen, zu dem jeder seinen **eigenen Zugang** finden muss. Persönlich neige ich sogar der Meinung zu, dass göttliche Offenbarung, wie jede

Gottesbegegnung, in einer sehr individuellen Art innerhalb der menschlichen Seele stattfindet. Deren Inhalte, soweit sie als solche auszumachen sind, müssen sich nicht mit dem decken, was eine Kirche als göttliche Offenbarung ausgibt.

Als ich im Zuge der Befassung mit dieser Frage die zitierte „Dogmatische Konstitution" erstmals las, dachte ich: Dreist, was sich die Verfasser dazu haben einfallen lassen. Erst allmählich ist mir klar geworden, dass die darin zum Ausdruck kommende Sichtweise in einem engen Zusammenhang mit dem **Kirchenverständnis** (Ekklesiologie) der Katholischen Kirche steht. Diese meint, Christus lebe in „seiner" Kirche fort. Die Vertreter dieser Institution, die mehr sei als eine weltliche Organisation, repräsentierten Gott in dieser Welt. Sie seien die von ihm beauftragten **Stellvertreter**. Darum käme ihnen das Recht, ja die Pflicht, zu, über die Reinheit der Lehre zu wachen. Ob Papst *Franziskus*, der gesagt hat, „das Leben sei größer als die Theologie", dies ebenso sieht?

Unglaube und Zweifel

Der Unglaube, genauer gesagt der Zweifel, hat in der biblischen Welt einen Namen: „Thomas, der Ungläubige". Dieser Apostel hat bekanntlich vor den versammelten Anhängern *Jesu* erklärt, er wolle nur dann an *Jesu* Auferstehung glauben, wenn er die Möglichkeit bekäme, die Wundmale der Nägel an seinen Händen zu sehen und die Hand in die Wunde seiner Seite zu legen. Er forderte also genau das als Beweis, was den Christen unserer Zeit verwehrt ist, die **sinnliche Evidenz**. Laut Evangelienbericht wurde sie ihm gewährt.

Dass Menschen in Glaubensfragen **zweifeln**, ist für mich absolut **normal**. *Antoine de Saint Exupéry* (1900–1944) meinte sogar: „Unsere Zweifel sind nicht die Frucht unserer Laster, sondern die Frucht unseres Adels". Zweifeln zeigt, dass man sich mit den Fragen auseinander setzt. Mich wundert es eher, wenn Menschen ohne Anfechtung all das glauben können, was man ihnen vorgibt und suche dafür nach Erklärungen. Ich könnte mir vorstellen, dass ihnen das **Gemeinschaftserlebnis** ein Gefühl der Sicherheit bietet. Konformität mit einer Gruppenmeinung stabilisiert nach weithin akzeptierter Lehrmeinung in der Sozialpsychologie die eigene Überzeugung und fördert die Gruppenkohärenz.

Das Bewusstsein der **Übereinstimmung mit Gleichgesinnten** kann für manche sogar zu einer süßen Droge werden, die sie in einer Parallelwelt leben lässt, in der Zweifel verpönt sind und kritische Gedanken nicht mehr zugelassen werden. Ich will die Haltung dieser „Gläubigen" nicht kritisieren. Aber es gibt keine Rechtfertigung für eine **Diskriminierung** von Zweiflern, Ungläubigen oder Andersgläubigen. Erzwungener Glaube ist kein Glaube, wie ihn die Seele braucht. Er ist allenfalls ein abgetrotztes öffentliches Bekenntnis gegen die eigene innere Überzeugung. Die Kirchen täten also gut daran, nicht zu einem Glaubensgehorsam zu verpflichten, jeglichen inneren oder äußeren Druck aus ihrer Verkündigung zu nehmen und den **„erwachsenen Glauben"** als Ergebnis einer Einladung zu begrüßen. So betrachtet ist Glaube eine Frucht, die gereift ist. Glaube ist nicht primär etwas Intellektuelles. Er ist kein bloßer rationaler Vorgang sondern gründet tief im Gefühl. In den Glauben als Zustimmung sind verwoben das **Hoffen**, d.h. die vertrauensvolle Erwartung, und die **Liebe**, d.h. die

Selbsthingabe, als nicht voneinander zu trennende und sich gegenseitig bedingende Komponenten.

Worauf beziehen sich **Glaubenszweifel** am häufigsten? Menschen, die sich viel mit Naturwissenschaften beschäftigen, eventuell sogar selbst auf einem dieser Gebiete arbeiten, dürften sich immer wieder einmal fragen, ob sie mit ihren religiösen Überzeugungen nicht doch einer **Selbsttäuschung** unterliegen und ob die Welt, wie sie sie vorfinden, nicht doch ein Produkt des **Zufalls** sein könnte. Die Frage ist schon deswegen verständlich und auch berechtigt, weil wir Kinder dieser Welt sind und unser Denken weitgehend von weltlichen Dingen eingenommen wird. *Carl Friedrich von Weizsäcker* (zit. n. *P. Seewald*: Jesus Christus. Pattloch, München 2009) soll einmal geklagt haben, es sei in Westeuropa schwierig geworden, über Gott zu reden und weiterhin als Wissenschaftler ernst genommen zu werden. Das mag daran liegen, dass die Kirchen zu lange unter Bezug auf eine wörtliche Bibelauslegung ein Weltbild aufrecht erhalten haben, das durch die Wissenschaft längst widerlegt war. Dabei will niemand ein Außenseiter sein und nicht ernst genommen werden. Auch mich persönlich bewegen solche Fragen von Zeit zu Zeit. Aber mein **Bedürfnis nach Sinn**, das von den modernen Wissenschaften in keiner Weise befriedigt wird, ist zu stark ausgeprägt, als dass diese milden Zweifel meine Überzeugung von der Existenz Gottes ernsthaft ins Wanken bringen könnten.

Anders sieht die Sache aus, wenn ich mit **Glaubenssätzen der Kirche** konfrontiert bin, deren Gültigkeit mir nicht einleuchtet. Dann befallen mich ebenso starke Zweifel, wie viele andere Menschen, und ich bin nicht bereit, das Denken einzustellen und blinden Glaubensgehorsam zu leisten. Wenn es z. B. um das Dogma der **Unfehlbarkeit**

des Papstes geht, möchte ich nicht annehmen, dass Gott eine der existierenden Konfessionen in dieser Weise bevorzugt. Ich vertraue zwar auch auf die Summe der Weisheit, die sich in einer Institution mit langer Tradition angesammelt hat, aber ich glaube nicht, dass die Richtigkeit einzelner Entscheidungen des jeweils amtierenden Papstes garantiert ist. Diese Haltung schließt freilich ein, dass die Zweifel bereits dort beginnen, wo die **Kirche das Dogma begründet**, am „Wort Gottes" und seiner lehramtlichen Interpretation. Ich möchte bestimmt **niemanden verunsichern**, der an seinem ihm lieb gewordenen traditionellen Glauben festhalten möchte. Mit meinen Überlegungen wende ich mich mehr an die **Zweifler** und **Ungläubigen**, die wegen eines falschen Gottesbildes nicht zum Glauben gelangen bzw. nicht zurückfinden und meinen, deswegen abseits stehen zu müssen.

Vor kurzem habe ich erstmals von der Einrichtung sogenannter **Thomasmessen** gehört. Das sind Gottesdienste, die vornehmlich für die Gruppe der zweifelnden Christen konzipiert sind. Ich war von dieser Nachricht eigenartig berührt. Zweifeln ist für mich der Normalfall. Und alle kirchlichen Aussagen sollten so gehalten sein, dass sie den kritischen Ohren aller ernsthaft bemühten Gottsucher zugemutet werden können und letztlich auch vor dem „Ohr Gottes" Bestand haben. Dabei ist nicht nur an die offiziellen kirchlichen Verlautbarungen und an die Katechese, die Glaubensvermittlung in Wort und Schrift, zu denken, sondern auch an den Eindruck, den **Gebets- und Liedtexte** beim Hörer oder Leser hinterlassen.

Mir kommt an dieser Stelle der Text eines Gebets in den Sinn, mit dem – mehrfach gehört in einer Dorfkirche –

*fromme Frauen den heiligen Erzengel Michael bitten, ihnen im Kampf gegen böse Geister beizustehen, die in der Welt umherschleichen und versuchen sie ins Verderben zu stürzen. Ich will in diesem Zusammenhang nicht über meine eigenen Gefühle und Gedanken sprechen. Ich stelle mir nur vor, ich wäre gemeinsam mit meinen Enkeln in einer solchen Gebetsstunde. Ihnen wollte ich diesen Glauben im 21. Jahrhundert nicht zumuten. Nun könnte man natürlich auf Formen der Volksfrömmigkeit verweisen und um Nachsicht bitten. Aber ich meine, dass man den Glauben als Ganzes mit allen Inhalten ernst nehmen sollte. Die Kirche trägt mit Rücksicht auf alle Gläubigen eine Verantwortung für ihr Erscheinungsbild. Ich will keine „Thomasmessen" mit für kritische Hörer bereinigten Texten. Ich möchte die generelle **Glaubwürdigkeit**.*

Heilige Schriften

Gedanken und gesprochene Worte sind flüchtig und fallen leicht dem Vergessen anheim. Dank der Kulturerfindung Schrift aber lassen sie sich festhalten und, sofern die Dokumente nicht verloren gehen, der Nachwelt überliefern. Für jede religiöse Lehre ist es daher wichtig, von Gott **Offenbartes in Schriftform** zu erhalten und an die folgenden Generationen weiter zu geben. Das niedergeschriebene Gedankengut einer Religion besitzt daher einen **Kultstatus**, man spricht von den „heiligen Schriften". Mit dem Attribut „heilig" wird von den Gläubigen eine gewisse **Verehrung** eingefordert und den Schriften **Autorität** verliehen.

Die **Vedas** sind die heiligen Schriften des **Hinduismus**. Sie wurden ungefähr in der Zeit 1000–300 v. Chr. in einer frühen Form des Sanskrit verfasst. Auch der **Buddhismus** bezieht sich auf eine umfangreiche Sammlung von Schriften in verschiedenen Literaturgattungen, unterschiedlichen Lehrtraditionen und mit dem jeweiligen regionalen Hintergrund. Sie wurden über einen Zeitraum von mehr als 1000 Jahren in verschiedenen Sprachen (Pah, Sanskrit, Chinesisch, Tibetisch, Japanisch, Koreanisch) abgefasst. Herausragend ist das **Hinayana**, eine erste Sammlung der Reden des Buddha, die auf dem ersten buddhistischen Konzil von einem seiner Schüler rezitiert wurden.

Die in hebräischer Sprache verfasste heilige Schrift der **Juden** ist die **Thora**, bestehend aus den fünf Büchern Mose (später als Pentateuch in das Alte Testament des Christentums übernommen), dem Tanach, den Prophetenbüchern, Psalmen und Chroniken. Der wesentlich später verfasste Talmud umfasst die Halacha (jüdisches Recht), die Mischna (Lehre) und die Gemara (Deutung mit Gleichnissen). Die alten Schriften handeln unter anderem vom offenbarten Wort Gottes, wie es von den Urvätern in Gottes- und Engelserscheinungen empfangen oder aus dem Mund von Propheten übernommen wurde. Die Thora-Rollen gelten als heilig. Sie wurden auf den Wanderungen des israelitischen Hirtenvolkes in der sogenannten **Bundeslade** mitgeführt und später im **Tempel** von Jerusalem im „Allerheiligsten" aufbewahrt. Noch heute genießen die Thora-Rollen, auch wenn es sich um Abschriften handelt, in den jüdischen **Synagogen** eine besondere Verehrung und werden an einem sicheren, geheiligten Platz verwahrt.

Als Heilige Schrift des **Islam** gilt der **Koran**, der in einem Zeitraum von rund zwanzig Jahren von Mohammed, dem

Propheten, verfasst wurde. Es soll sich um die wörtliche Niederschrift dessen handeln, was ihm angeblich vom Erzengel Gabriel zunächst in Mekka, später in Medina verkündet wurde. Der Koran umfasst 114 Suren, die neben der islamischen Glaubenslehre biographische Angaben zum Leben Mohammeds und das islamische Gesetz, die Scharia, enthalten. Zur Authentizität des Korans gibt es einen lebhaften Gelehrtenstreit, weil es zeitgenössische, historische Quellen zum Leben Mohammeds nicht zu geben scheint.

Die Heilige Schrift der **Christen** nennt man auch kurz die **Bibel**. „Biblos" ist das altgriechische Wort für Buch. Man spricht auch vom „Buch der Bücher", weil es als Druckwerk weltweit so oft verkauft wurde, wie kein anderes Buch. Bibel wurde auch zum Synonym für niedergeschriebene Lehren. So wurde z.B. das politische Manifest der chinesischen Kommunisten nach ihrem Anführer *Mao Tse Tung* kurz die Mao-Bibel genannt.

Die christliche Bibel umfasst das von den Juden übernommene „**Alte Testament**" und das „**Neue Testament**" mit den vier Evangelien (von den Evangelisten *Matthäus*, *Markus*, *Lukas* und *Johannes* verfasste Berichte über das Leben und Wirken *Jesu*), der Apostelgeschichte (*Lukas*), den Briefen des Heiligen *Petrus*, des Heiligen *Paulus* und anderer und die „Geheime Offenbarung" des *Johannes*. Daneben gibt es noch die apokryphen (geheimen aber nicht verbotenen) Schriften, Texte aus späteren Jahrhunderten, die nicht in die Sammlung der anerkannten Evangelien aufgenommen wurden.

Mit der „**Heiligkeit**" der Texte soll zum Ausdruck kommen, dass Gott selbst Garant für die Wahrheit des darin verkündeten göttlichen Wortes ist. Das heißt zugleich: Wer aus der Bibel zitiert, tritt mit einem hohen Wahrheitsanspruch auf, er weiß Gott an seiner Seite. Darum ist mit Menschen, die mit Bibelzitaten argumentieren, schwer zu diskutieren. Für viele Katholiken und Protestanten, aber mehr noch für Angehörige christlicher Sekten, ist das, was in der Bibel steht, von Gott verbürgte Wahrheit und die Texte werden meist **wörtlich**, wie sie geschrieben stehen, verstanden. In der Spätscholastik (*Wilhelm von Ockham*, 1288–1347) vertrat man sogar die Auffassung, dass Erkenntnisse über Gott **nur** aus der Heiligen Schrift zu gewinnen seien.

Soll man **das wirklich glauben?** Schon als Jugendlichen hat mich diese Frage beschäftigt. Am Gymnasium ist man damals im Religionsunterricht Diskussionen über solche Fragen ausgewichen. Darum habe ich gerne die Gelegenheit genutzt, einen Großonkel, einen Geistlichen im Ruhestand, einen liebenswürdigen alten Herrn, zu fragen, wie die eine oder andere Stelle in der Heiligen Schrift zu verstehen sei. Seine stereotype Antwort war: „So, wie es drinnen steht". Das konnte nichts anderes heißen, als: Die Frage ist nicht erlaubt, schon das in Frage stellen hat etwas von einem Sakrileg.

Dankenswerterweise ist die Theologie, genauer gesagt die **Bibelwissenschaft**, nicht an diesem Punkt stehen geblieben. Die Theologen haben, wohl mit dem Einverständnis der Kirchenführung, mit **„historisch-kritischen" Methoden** an den Bibeltexten gearbeitet, weitgehend unter Ausschluss der Öffentlichkeit. Das erarbeitete Wissen wurde zwar dem relativ kleinen Kreis der Theologen bekannt, und wäre darüber hinaus interessierten Laien prinzipiell zugänglich gewesen, blieb aber dem Kirchenvolk lange unbekannt.

Danach steht fest, dass es keine schriftlichen Aufzeichnungen *Jesu* gibt, und dass auch **keine Originalhandschrift** aus der Zeit, in der *Jesus* gelebt hat, erhalten ist. Die ältesten **Niederschriften** von bis dahin mündlich weiter erzählten Begebenheiten stammen aus der Zeit 70–100 n. Chr., abgefasst in Hebräisch, Aramäisch oder Griechisch. Erhalten sind meist nur Abschriften, Originale allenfalls in Fragmenten. Die älteste erhaltene vollständige Handschrift des Neuen Testamentes ist der **Codex Sinaiticus** aus dem 4. Jahrhundert n. Chr. Die in Alexandria von rund siebzig Gelehrten erstellte griechische Fassung des Alten und Neuen Testaments, die „**Septuaginta**", wurde von *Hieronymus* ab 382 n. Chr. ins Lateinische übersetzt (**Vulgata**). Die bekannteste deutsche Übersetzung stammt von *Martin Luther*, der zum Teil auf die griechische Fassung zurückgriff.

Das für Christen wichtige **Neue Testament** geht auf mehrere Autoren zurück, die verschiedenen Berufsgruppen angehörten und sich auch in ihrem Bildungsgrad unterschieden. Auswahl und literarische Form der Erzählungen passten sich der von den Autoren hauptsächlich angesprochenen Leserschaft an. In den Evangelien finden sich viele Gleichnisse, die geeignet sind, auch psychologisch komplizierte Lehrinhalte dem einfachen Volk verständlich zu machen. In allen Evangelien ist das Bemühen der Verfasser erkennbar, die Verbindung mit der Religionsgeschichte des Judentums herzustellen und auf die **jüdische Tradition** zu verweisen. So finden sich im Neuen Testament viele Zitate aus dem Alten Testament. Manches ist, wie man von jüdischen Experten gelernt hat, ohne Kenntnis der jüdischen Tradition nicht richtig zu verstehen. Die beachtlich große Zahl von Hinweisen auf Aussagen im Alten Testament legt die Vermutung nahe, dass man das Auftreten *Jesu* als heilsgeschichtlich tief im Judentum verankert darstellen wollte. Die betreffenden Stellen, die übrigens keineswegs immer korrekt zitiert wurden, sollten offensichtlich **auf *Jesu* Erscheinen hin gedeutet** werden. Um einige Aussagen (z. B. „Ich bin der Weg und die Wahrheit") besser verstehen zu können, sollte man auch daran denken, dass die Autoren Mitglieder einer frühen Gemeinde von Judenchristen waren, die einem starken Rechtfertigungszwang gegenüber den Vorstehern der jüdischen Synagogen unterlagen und sich ständig bedroht fühlten.

Die zwischen 70 und 90 n. Chr. entstandenen **Evangelien** der sogenannten **Synoptiker**, *Markus* (älteste Schrift), *Matthäus* und *Lukas*, zeigen ein großes Maß an Übereinstimmung im Aufbau, in der Abfolge der berichteten Begebenheiten aus dem Leben *Jesu* und in der Diktion. Es gibt aber auch bemerkenswerte Abweichungen in der Berichterstattung, darunter Darstellungen, die sich gegenseitig ausschließen. Das um 100 n. Chr. verfasste Evangelium des *Johannes* hebt sich von den drei Evangelien der Synoptiker deutlich ab. *Johannes* reflektiert stärker die heilsgeschichtliche Bedeutung der Lehre *Jesu*. Für alle vier Evangelien gilt, dass man sie nicht als Reportagen oder Tatsachenberichte verstehen darf. Es handelt sich vielmehr um **„Verkündigungen"**, mit denen die Autoren einen Zweck verfolgten. Am stärksten wird das im Johannesevangelium deutlich. *Johannes* versuchte immer wieder die besondere Sendung *Jesu* und seine Beziehung zum „Vater" herauszustellen, die ihn als „Sohn Gottes" über die normale Stellung eines Propheten hinaushebt. Das war in der Zeit, in der die Evangelien abgefasst wurden, besonders wichtig, weil die jüdischen Priester in *Jesus* einen Gotteslästerer sahen und seine Anhänger immer in der Gefahr waren, aus den Synagogen ausgeschlossen zu werden.

Bei der genannten Entstehungsgeschichte der Heiligen Schrift wäre es verwunderlich, wenn sich keine **Übertragungsfehler** eingeschlichen hätten. Man darf sich daher fragen, was von der Bibel **authentisch** ist und wie die einzelnen Textpassagen zu verstehen sind (Exegese). Keinesfalls sollte man alle Aussagen wörtlich nehmen. Es muss auch erlaubt sein, den Inhalt der Bibel nicht als eine verbindliche Originalbotschaft Gottes an die ganze Menschheit aufzufassen, vor allem nicht als das einzige und „letzte" Wort. Die Bibel ist eine Sammlung von wunderbaren Texten zur Religion des **Christentums**. Aus dem Gesamtwerk lässt sich der **Kern der Lehre** *Jesu* herausschälen, nicht mehr, aber auch nicht weniger.

Die Kirche fordert von den Gläubigen eine besondere **Verehrung** der **Heiligen Schrift**. Darum lässt sie z. B. während der Messfeier am Ende von Lesungen laut verkünden: „Wort des lebendigen Gottes". Sofern man diese Anfügung nicht grundsätzlich überhört, drängt sich immer wieder die Frage auf: Kann man das soeben Verlesene wirklich als ein von Gott an die hier Anwesenden gerichtetes Wort begreifen? Das fällt bei manchen Inhalten, vor allem solchen, die aus dem Alten Testament stammen, schwer. Ob das Alte Testament als fester Bestandteil der Christlichen Bibel betrachtet werden soll, darüber gibt es aktuell unter Theologen der Evangelischen Kirchen eine lebhafte Diskussion.

Die **Bibel zu lesen**, lohnt sich für jeden. Er kann darin Worte finden, die ihn ganz persönlich ansprechen, die ihn ergreifen, aufrütteln, beruhigen, trösten oder ermahnen. Das Innere des Lesers kann durch die Lektüre in Schwingung versetzt werden. Vielleicht wird der Leser oder Hörer sogar den Eindruck gewinnen, Gott, das göttliche Du in ihm, wollte gerade mit diesen Worten zu ihm persönlich sprechen. Andererseits ist nicht auszuschließen, dass ihm über weite Strecken der Texte der innere Zugang verwehrt bleibt und nichts in Schwingung gerät, weil die nötige Aufnahmebereitschaft fehlt, ganz im Sinne des biblischen Gleichnisses vom göttlichen Sämann und der ausgeworfenen Saat (Mt 13, 1).

Schriften, in denen das Wesentliche einer Religion zusammengefasst ist, werden oft wie eine „Ikone" behandelt, als ein verehrungswürdiges Dokument, das zudem noch den Vorteil besitzt, dass es vervielfältigt werden kann, früher mühsam in Klöstern durch ein Heer von Schreibern, nach Erfindung der Buchdruckerkunst durch *Johannes Gutenberg* (1398–1468) ganz einfach und kostengünstig. Die reine Schrift kam jenen entgegen, die **Bilder** in Verbindung mit dem Göttlichen ablehnten. Das traf im Islam im Hinblick auf den Koran zu. Um auch diese Texte künstlerisch zu gestalten und so ihre Heiligkeit hervorzuheben, entwickelte man als neue Kunstform die **Kalligraphie**, vor allem in den arabischen Ländern. Im Christentum, besonders im Katholizismus, in dem man keine Vorbehalte gegen Bilder kannte, entstand die Kunstgattung der **Buchillustration**. Hier galt das künstlerische Bemühen nicht nur der Schrift, vor allem der Gestaltung der Anfangsbuchstaben, sondern auch der sinngemäßen Bebilderung der geschilderten Ereignisse. Dies war in Zeiten, in denen das gemeine Kirchenvolk weder lesen noch schreiben konnte, von großem Vorteil für die Glaubensverkündigung. Die Gläubigen erfuhren von den **„biblischen Geschichten"** durch die Lesung der Evangelien während der Messfeier, zum Teil interpretiert in den Predigten, und sie konnten sie wieder erkennen in den Bildern, die sie in Volksbibeln und Religionsbüchern fanden.

In der Katholischen Kirche galt die Bibel zwar immer als **heiliges Dokument**, aber es gab noch andere Kristallisationskerne der frommen Verehrung Gottes. Als das „Allerheiligste" wird die konsekrierte Hostie, aufbewahrt im Tabernakel einer Kirche, verehrt. Von der göttlichen Präsenz kündet dort das „ewige Licht", eine brennende Öllampe. Da die Protestanten nichts Vergleichbares kennen, rückt hier die Bibel an diese Stelle und erhält den zentralen Platz und die höchste Verehrung. Eine ähnlich hohe Aufmerksamkeit genießen die Thora-Rollen in den jüdischen Synagogen.

Dass manche Menschen des 21. Jahrhunderts trotz sich ausbreitender Säkularisierung noch wie selbstverständlich von der **Autorität** des „Wortes Gottes" ausgehen, ist erstaunlich. Sie gelangen nicht zum Gottglauben, weil sie über den Sinn des Lebens nachdenken oder in sich hineinhören, sondern weil für sie feststeht, dass Gott durch *Jesus Christus* – oder einen anderen Religionsstifter – zu den Menschen gesprochen hat.

Mir ist das nie so bewusst geworden, wie in einem für mich interessanten Gespräch über Religion, das ich mit einem evangelischen Pastor, Zimmergenosse in einem Krankenhaus, am Abend vor einer Operation geführt habe. Für den feinfühligen, gebildeten, modern denkenden Mann war wirklich das Wort Gottes, die Bibel, das à priori, der Ausgangspunkt und Urgrund seines Glaubens. So schien es mir wenigstens. Und das, obwohl gerade die evangelische Theologie die historisch-kritische Bibelexegese so stark gefördert hat, dass man nur noch sehr bedingt von einem authentischen Wort Jesu sprechen kann. Das Wort Gottes schien für diesen Pfarrer wie ein „Haltegriff" zu sein, an dem er immer wieder Sicherheit gewinnen konnte. An einer Stelle des Gesprächs, so hatte ich aufgrund einer kurzen Irritation, eines kurzen Flackerns seiner Augen, den Eindruck, suchte er sich zu vergewissern, ob der Griff noch Halt bietet. Dabei lag es mir fern, ihn zu verunsichern, weil Glaubenszweifel, wie früher bereits erwähnt, für mich etwas ganz Normales sind. Aber ich hatte in diesem Gespräch mit dem Pfarrer kurz zuvor von einem Erlebnis berichtet, das ich in einer „psychotherapeutischen Traumgruppe" hatte. Dort hatte ein älterer evangelischer Pastor einen eigenartigen Traum erzählt und die Gruppe quälte sich mit verschiedenen Deutungsansätzen, als ich teils an den Pastor, teils an die Gruppe gerichtet, in bester Absicht die Frage stellte, ob nicht ein Glaubensproblem des Pastors hinter dem Traum stehen könnte. Was dann in der Traumgruppe passierte, werde ich nie vergessen. Der Pastor wurde bleich, seine Frau, ebenfalls Pastorin und in der Gruppe anwesend, fiel mit einem ungeheuren Redeschwall über mich her, assistiert von der sich mit dem Paar weitgehend solidarisierenden Gruppe. Ich hatte offensichtlich in ein Wespennest gestochen. Glaubenszweifel tangieren sehr stark das Selbstverständnis eines Geistlichen und sind daher tabu. Das schien auch mein Gesprächspartner in der Klinik zu spüren und für sich selbst kurz zu reflektieren. Vermutlich war dies der Auslöser der von mir beobachteten Irritation.

Die Bibel ist ein **wunderbares** Buch. Das ist mir erst so richtig bewusst geworden, nachdem ich begonnen hatte, mich stärker hinein zu vertiefen. Man sollte sich nur nicht irritieren lassen, wenn man auf Texte stößt, die nicht dorthin zu passen scheinen. Je mehr von der Entstehungsgeschichte der Heiligen Schrift bekannt wird, desto leichter sollte es gelingen, auch die darin enthaltenen **„Ungereimtheiten"** zu verstehen. Deren Eingeständnis nimmt der Bibel vielleicht ein wenig von ihrer „Heiligkeit", aber nichts von ihrer Großartigkeit. Keinesfalls sollte man die Bibel **instrumentalisieren**, etwa indem man sie als

Waffe oder als Mittel zur Disziplinierung von Menschen missbraucht. Das gilt sinngemäß auch für alle anderen Heiligen Schriften, auch für den Koran.

Exegese

Die **Quelle für die Glaubenslehre** der Kirche ist die Heilige Schrift in Verbindung mit der Tradition, der mündlichen Weitergabe des in der Kirche frühzeitig entwickelten Glaubensverständnisses. Lange Zeit wurden die Evangelien als wörtlich zu verstehende Tatsachenberichte und authentische Predigten *Jesu* verstanden. Erst im Zuge der Aufklärung hat sich – auf breiter Front – eine Bibelwissenschaft etabliert, deren methodisches Instrument, wie bereits erwähnt, die **historisch-kritische Bibelexegese** wurde. Damit hat man heraus zu finden versucht, in welchem Zusammenhang die einzelnen Teile entstanden sind, welche Autoren sie verfasst haben und für welche Leserschaft sie geschrieben wurden. Außerdem wurden die Texte mit verschiedenen **sprachwissenschaftlichen** Methoden untersucht und miteinander verglichen. Um entscheiden zu können, wie einzelne Aussagen wirklich gemeint sind, haben die Exegeten Regeln entwickelt, die sie als methodisches Instrumentarium benutzen. Zum Teil konnte man die Inhalte auch mit den Ergebnissen von **Ausgrabungen** abgleichen.

Die durchweg schwierige **wissenschaftliche Aufarbeitung** der historischen Quellen hat zu einer turbulenten Entwicklung geführt, die manche Glaubenswahrheit in einem anderen, völlig neuen Licht erscheinen ließ. Manches musste umgeschrieben werden. Da sich die wissenschaftlichen Aktivitäten der beteiligten Theologen, Sprachwissenschaftler und Historiker lange Zeit hinter der Bühne der offiziellen Glaubensverkündigung abgespielt haben, haben die Änderungen erst spät Eingang in die Glaubensverkündigung gefunden.

Die Abfolge der bekannt gewordenen Korrekturen hat im Kirchenvolk zu einer erheblichen **Verunsicherung** geführt, weil man nie sicher sein konnte, ob nicht eine gerade getroffene, korrigierte Aussage in absehbarer Zeit im Licht neuerer Ergebnisse überholt sein könnte. Wenn z. B. bekannt gemacht wurde, dass es eher unwahrscheinlich sei, dass *Jesus* in Bethlehem geboren wurde, hat sich der Laie gefragt, was denn überhaupt noch stimme. Irgendwie sah sich die Volksfrömmigkeit auch um eine ihrer anrührenden Geschichten betrogen. Neueste Erkenntnisse sollen übrigens Bethlehem als Geburtsort *Jesu* doch wieder wahrscheinlich erscheinen lassen. Die **Verwissenschaftlichung** der Exegese hat auch mehr zum kritischen Umgang mit den Forschungsmethoden und zum bloßen Gelehrtenstreit geführt, während die Erfassung des Sinns der Texte mit dem Herzen, eine Voraussetzung für die persönliche Frömmigkeit, in den Hintergrund geriet.

Einen radikal andersartigen Weg der Bibelauslegung hat *Eugen Drewermann*, Theologe, Priester und Psychoanalytiker, gewählt. Er sieht in den biblischen Texten eine **mythologische Bildsprache**, deren Sinn, wie er meint, durch die **Tiefenpsychologie** entschlüsselt werden könne. Er geht also an die Exegese genau so heran, wie an die Auslegung von Märchen und Träumen. Gott spräche, so *Drewermann*, auf diese Weise zu uns.

Wenn nach diesem Verständnis von Wahrheit die Rede ist, ist nicht mehr die historische Wahrheit, sondern das richtige Verstehen des Sinns einer Begebenheit gemeint. Die interessanten Auslegungen *Drewermanns* sind bei den meisten Kirchenvertretern auf starke Ablehnung gestoßen.

Wenn man sich je auf die Exegese von *Drewermann* einlassen und einigen könnte, hätte dies – das sollte man erkennen – einen entscheidenden Vorteil: Niemand müsste mehr Angst haben, dass neue historische Funde den Glauben in der bisherigen Form ins Wanken brächten. Einen weiteren Vorteil sähe ich darin, dass damit entscheidende biblische Wahrheiten in das Ich, in die eigene Seele verlegt werden, von der ich an anderer Stelle ausgeführt habe, dass sie der eigentliche und einzige Ort der Gottbegegnung ist. Die Kirchenverantwortlichen täten meines Erachtens gut daran, den *Drewermann*schen Deutungsansatz zumindest nicht zu schnell in Bausch und Bogen zu verwerfen.

Um dem Leser, der die Schriften *Drewermanns* nicht kennt, einen Eindruck von seinem Deutungsansatz zu vermitteln, möchte ich seine Auslegung der Geschichte von *Jesu* Geburt und dem Kindermord durch König *Herodes* hier skizzieren. Ich bitte um Nachsicht, wenn ich mich dabei, um nahe an seiner Diktion zu bleiben, in größerem Umfang wörtlicher Zitate bediene.

Drewermann sagt: „Alle Versuche, die Erzählung von der Geburt des Herrn in der sogenannten Wirklichkeit der äußeren Tatsachen heimisch zu machen, führen im Grunde zu nichts". Der Sinn der Erzählungen von der jungfräulichen Geburt des Gotteskindes sei nur auf der Ebene der inneren Wahrnehmung, des Traums, des

Gefühls, zu verstehen. „Immer wenn Menschen von ihrer Erlösung träumen", meint er, „legt sich ihnen im Unbewussten gegen den Protest ihres Ichs das Bild des jungfräulich geborenen Kindes nahe". Dieses Symbol sei dann notwendig, wenn das, wovon erlöst werden müsse, gerade in einem zwanghaften Großseinwollen bestehe. Der Mensch sehne sich danach, wie ein Kind in der Unschuld des Daseins, ganz selbstverständlich leben zu dürfen. Diese Sehnsucht richte sich zugleich gegen das permanente Grundgefühl von Schuld.

„Jungfräulich heißt in diesem Zusammenhang, dass das Entstehende ohne unser Zutun wie von selbst da ist, wächst und reift. Das mythische Symbol für diese nicht gezeugte, jungfräulich geborene Gestalt ist in den Träumen und Mythen stets das göttliche, heilende Kind. Ihm steht die Gestalt des Mannes, des Josef, gegenüber, die die Sphäre von Vernunft und Verstand und die Ebene des Bewusstseins bezeichnet. Seine Aufgabe wäre eigentlich zu schützen und zu unterstützen, was da in der Frau, im Gemüthaften, Dunklen, Ursprünglichen, im Inneren des Unbewussten heranreift. Aber er reagiert, wie das Neue Testament sagt, ganz anders. Wenn das Erlöserkind zur Welt kommt, wird unser Bewusstsein immer wie Josef handeln. Aus Angst vor Schande möchte er seine Verlobte mit ihrem Kind in aller Heimlichkeit entlassen", so *Drewermann*. Der Engel, der Josef im Traum erscheint, sei die Urgestalt der eigenen Person. Im Engel redet Gott in der Gestalt des eigenen Wesens zum Menschen.

Drei Magier tauchen vom Stern geleitet aus dem Morgenland auf und erkundigen sich zum Erschrecken des Königs *Herodes* nach dem neugeborenen König. *Herodes* symbolisiert nach *Drewermann* diejenigen Ich-Kräfte, die sich im Bewusstsein nach wie vor weigern, das göttliche Kind anzuerkennen. Er verkörpert, was dem Kind im Wege steht, was fürchtet Herrschaft zu verlieren. Hier bricht ein scharfer Konflikt zwischen Bewusstsein und Unbewusstem aus, das Geordnete, Gesetzmäßige gegen das Ursprüngliche aber Chaotische, Unheimliche. Alles läuft auf die Entscheidung zu: „Entweder es lebt der Sohn der Jungfrau – dann ist das Leben zuinnerst ein Geschenk reiner Gnade, oder es herrscht König *Herodes* – dann ist der Mensch nur das, als was er selbst sich erschafft. Aus Angst kann *Herodes* nicht anders als die von jeher bedrohte Herrschaft zu verteidigen. Er entschließt sich zur Verstellung und zum Kindermord, Anbeten oder Töten".

Zusammenfassend sagt *Drewermann*: „Der ganze Weg, mit dem die Bibel die Geburt und Kindheit des Erlösers schildert, malt in sich selbst, wie sich in der tiefenpsychologischen Betrachtung zeigt, in allen archetypischen Handlungsabfolgen die Stadien, die in dem Leben eines jeden Menschen notwendig durchlaufen werden müssen, um von Gott her sich selbst in einem wahren Leben wieder zu gewinnen. Alle Gestalten und Begebenheiten dieses Weges sind über sich hinaus Symbolträger eines Prozesses, der sich in jedem abspielt, der zu seinem Heil hinfindet".

Was kann man zu der außergewöhnlichen Bibelexegese *Drewermanns* sagen? Die Kirche hat sie, wie zu erwarten war, rundweg abgelehnt. Aus meinen eigenen Kenntnissen der Psychologie kann ich nur bestätigen, dass die von *Drewermann* gezeichnete **Seelenlandschaft stimmig** erscheint. Was als psychischer Vorgang beschrieben wird, spielt sich oft, wenn auch nicht immer in derselben Weise, in der menschlichen Seele ab. Die als symbolisch erkannten **Parallelen** erscheinen plausibel. Trotzdem möchte man zur **Vorsicht** raten. Die Folgerungen *Drewermanns* sind keineswegs zwingend. In solchen Kategorien über Religion zu denken, ist zudem ungewohnt und überfordernd. Die lange historische Denktradition kann man nicht einfach auslöschen. Andererseits fügt sich dieser exegetische Ansatz gut in die Vorstellung von einer Gottbegegnung und göttlichem Wirken in uns selbst ein. Offen bleibt nur die Frage, wie dieses Wissen in die biblischen Erzählungen gekommen ist und welche Inspiration die Autoren der Weihnachtserzählung gemeinsam hatten.

Vielleicht gibt es in uns, verankert in tiefen Schichten der Seele, ein **geheimes Wissen** um die phylogenetische und ontogenetische Entwicklung, um unsere Individuation, um den psychologischen Reifungs-, Wandlungs- und Differenzierungsprozess des Selbst. Im Zuge solcher komplexen psychischen Entwicklungsprozesse ging es sicher auch um die Macht von Anteilen der Seele und um dramatische Fehlentwicklungen, wie sie in der Geschichte vom göttlichen Kind angedeutet sind.

Ich frage mich nur, ob sich *Drewermann* der Notwendigkeit bewusst ist, auch den Rest der Heiligen Schrift nach besagtem Muster zu deuten, da man nicht annehmen darf, dass nur ein Teil der Bibel symbolisch zu interpretieren ist. Vielleicht kann man aber auch verschiedene Deutungsansätze nebeneinander stehen lassen oder da und dort auf tiefsinnige rationale Erklärungen verzichten. Denn der **Sinn** der meisten Geschichten in den Evangelien ist **ziemlich klar** und bedarf keiner Auslegung. Wenn es richtig ist, dass Kinder Märchen mit tiefenpsychologischem Hintergrund auch ohne Psychologiestudium verstehen können, wird das auch auf biblische Geschichten zutreffen, so dass das Wissen um den Deutungshintergrund nicht unbedingt notwendig ist. Ich frage mich sogar, ob der all zu rationale Umgang mit Botschaften aus der Gefühlswelt richtig und angemessen ist.

Interessant ist, dass *Drewermann* in einer Passage seines Buches „Tiefenpsychologie und Exegese" (Band. II, Walter Verlag, Olten 1985, S. 378) selbst versucht hat, den Bogen zum **Faktischen** zu schlagen. Er schreibt: „Jede Gotteserfahrung ist zunächst psychologisch als eine besonders intensive Form der Selbsterfahrung zu verstehen, und erst in der psychologischen Reflexion der Bedingungen der Möglichkeit solcher Erfahrungen wird man im Hintergrund des Erlebens auf ein Vertrauen stoßen, das nur möglich ist, wenn das im seelischen Bild Geschaute theologisch in der Tat als etwas von außen Geschenktes, mithin als etwas auf eine Macht jenseits des Menschen Verweisendes begriffen wird". Ich meine, dies verstanden zu haben, würde aber so zu niemandem über Gott sprechen wollen.

Mich selbst beschäftigt in diesem Zusammenhang hauptsächlich die Frage: Ist eine Wahrheit nur dann eine Wahrheit, wenn sie sich in der **geschichtlichen** Dimension als **Faktum** nachweisen lässt? Kommt es nicht vielmehr auf den **geistigen Gehalt einer Botschaft** an? Und wir sollten uns nicht darum kümmern müssen, wie der Geist in die Botschaft gelangt ist. So, wie ich von Gott denke, ist er frei, wie er dafür sorgt, dass seine Botschaft und mit ihr der göttliche Geist zu mir gelangen. Ich hätte auch nichts dagegen, wenn sich Gott in einer Summe menschlicher Erkenntnisprozesse und individueller spiritueller Erfahrungen **offenbaren** würde. Das für mich Entscheidende bliebe, wie ich ihn aufnähme und welche Resonanz er in mir fände. Gegen eine solche Denkweise haben viele Theologen Vorbehalte. Aber auch für viele Laien ist nur das real, was ihnen historisch verankert erscheint, alles andere ist **Fiktion** und damit irreal. Sie erkennen nicht, dass sie mit der Abwertung des Geistigen allen spirituellen Ansätzen und somit auch der Mystik die Grundlage entziehen.

Wenn *Drewermann* geglaubt hätte, dass seine Deutungen nicht einen Sturm der Entrüstung auslösen, müsste man ihm Realitätsferne bescheinigen. Schon die Tatsache, dass sich seine Fachkollegen, darunter Professoren von internationalem Rang, damit düpiert vorkommen mussten, weil man ihnen indirekt attestierte, dass sie als Nichtpsychologen für diese Art der Exegese nicht kompetent seien, war ungeheuerlich. Ich kenne und toleriere – als Insider im Wissenschaftsbetrieb – bis zu einem gewissen Grad die Eifersüchteleien von Wissenschaftlern. Aber das ging der Fachwelt, auch denen, die Sympathien für außergewöhnliche Gedanken aufgebracht hätten, zu weit. So kam es, wie es kommen musste, man entledigte sich des unbequemen Theologen und Priesters *Drewermann*.

Was *Drewermann* blieb, ist eine kleine **fanatische Anhängerschaft**, die nur eines eint, der Gedanke: Hier sagt einer, der es besser weiß, etwas gegen die verhasste Kirche. Auch von den kritischen **Medien** wurde *Drewermann* in diesem Sinne als Kronzeuge in Anspruch genommen. Da er in begnadeter Weise das Talent besitzt, gewandt und druckreif zu sprechen, war er dafür besonders geeignet. Die öffentliche Aufmerksamkeit mag ihm geschmeichelt haben. Aber ich halte ihn für zu selbstkritisch und ehrlich, als dass er mit dieser Situation glücklich wäre.

Dass in der Bibel geschilderte Begebenheiten nicht als Tatsachenberichte behandelt sondern als **fiktiv** und belehrend gewertet werden, ist unabhängig von der

*Drewermann'*schen Exegese nicht ganz neu. So hält man z.B. den Kindermord von Bethlehem durch König *Herodes* nicht für einen auf Tatsachen beruhenden Bericht, weil dieses Ereignis sonst aufgrund seiner Bedeutung auch in die Geschichtsschreibung Eingang gefunden haben müsste, was aber nicht der Fall ist. Wenn nun an dieser Stelle nicht von **Fakten** ausgegangen werden kann, erhebt sich die Frage, für welche anderen Stellen dasselbe gilt.

Welche Schwierigkeiten bei der Auslegung von heiligen Schriften **anderer Religionen**, z. B. des Islam, auftreten, ist mir nicht bekannt. Ich stelle mir folgendes vor: Je umfangreicher die religiösen Texte sind, je detailreicher ihre Berichte und Schilderungen sind und je mehr aus den Schriften für den Glaubensfundus und den religiösen Kult einer Religion abgeleitet wird, desto mehr kommt es auf eine angemessene Interpretation der Schrift an, desto größer ist somit die Problematik. Im **Judentum** gibt es die Auffassung, man müsse die sich zum Teil widersprechenden Bibeltexte jeweils im Licht und **nach dem Geist**, der die Bibel **insgesamt** charakterisiert, interpretieren. Diese von dem jüdischen Philosophen *Emmanuel Levinas* (1906–1995) geäußerte Meinung sollte für alle heiligen Schriften gelten.

Da im **Islam** ein stark reduziertes, ziemlich abstraktes Gottesbild vorherrscht und der Kult sich weitgehend auf hymnische Gebete beschränkt, vermute ich, dass die Deutung des **Korans**, verglichen mit der der Bibel, einfacher sein müsste. Vielleicht ist dafür die Verbindlichkeit in Fragen der Moral aus dem Koran umso schwieriger zu erschließen. Manche Suren, die sich auf den Dschihad, den heiligen Krieg, beziehen, scheinen von verschiedenen Koranschulen unterschiedlich interpretiert zu werden. So hofft die Menschheit auf die richtige, zum Frieden führende Deutung. Auch zu den schriftlichen Zeugnissen des Hinduismus und des Buddhismus kann ich nichts Wesentliches aussagen.

Wunder

D a Wunder, soweit sie in Heiligen Schriften berichtet werden, zur „Offenbarung" gehören, wenn sie selbst erlebt wurden, aber dem persönlichen Erfahrungsbereich zuzurechnen sind, ist der Zugang zum Glauben durch die **Überzeugungskraft** von Wundern ein Weg „sui generis" (ganz eigener Art), dem ich eigene Überlegungen widmen möchte.

„Wenn ihr nicht Zeichen und Wunder seht, glaubt ihr nicht" (Joh 4, 46–54), kritisiert *Jesus* seine Zuhörer. Da die Evangelien aber voll von Berichten über Wunder sind, die *Jesus* gewirkt haben soll, scheint er doch sehr auf deren **Wirkung** für die Verbreitung seiner Botschaft gebaut zu haben. Wunder erregten die Aufmerksamkeit der Massen, vor allem wenn es sich um **Heilungswunder** handelte. Das Elend der vielen Kranken und Gebrechlichen und das Unvermögen der damaligen Heilkunst sicherten einem erfolgreichen Heiler einen gewaltigen Zulauf. Für den Start einer neuen Bewegung und die rasche Verbreitung einer Lehre ist eine Serie von Wundern also von unschätzbarem Wert.

Wundergläubigkeit gibt es auch in anderen Religionen, für das Christentum ist sie ein wichtiger Wesenszug.

Man denke an die vielen Wunder *Jesu* aber auch an die später seinen Aposteln zugeschriebenen wundersamen Heilungen. Nach Auffassung seiner Jünger war jedes Wunder *Jesu* ein Beleg seiner göttlichen Sendung und eine Legitimation für seinen Auftrag.

In der erfahrbaren Umwelt des Menschen gelten weitgehend verlässliche Gesetzmäßigkeiten, z. B. die gut erforschten **Naturgesetze**. Die menschlichen Verhaltensstrategien sind sehr stark auf die Erwartungen bezüglich des Eintretens von Ereignissen ausgerichtet. Geschieht etwas völlig Unerwartetes, was nicht oder kaum für möglich gehalten wurde, löst das eine Reaktion des Staunens aus. Man sagt: der Beobachter **wundert** sich. Von einem Wunder spricht man, wenn das Eintreten eines beobachteten Ereignisses als **unmöglich** gilt, weil damit die geltenden Naturgesetze aufgehoben sein müssten, aber auch, wenn das Eintreten für möglich aber extrem **unwahrscheinlich** gehalten wird.

Peter Seewald sieht durch Geschichtsforschungen bestätigt, dass keine andere Person vor und nach *Jesus von Nazaret* ähnlich gewirkt hat, wie er. *Jesus* sei ohne die in der Bibel dargestellten „Zeichen" nicht vorstellbar. Darum wendet sich *Seewald* nachdrücklich gegen die im Zuge des Rationalismus vollzogene **Leugnung, Relativierung oder Umdeutung** der Wunder *Jesu*. Bei den Wundern, meint er, ginge es um die „Gottesfrage".

Jesus führt sich selbst bei den Juden mit Wundern ein und dokumentiert durch diese Art des Auftretens seine Rolle als der im Alten Testament verheißene **Messias**. „Die Zeit ist erfüllt, das Reich Gottes ist nahe. Kehrt um und glaubt an die Heilsbotschaft" (Mk 1, 15), verkündet *Jesus*. Und als die Jünger von *Johannes dem Täufer* ihn fragen, ob er der Messias sei, antwortet *Jesus* mit einem Zitat aus *Jesaja*: „Blinde sehen, Lahme gehen, Aussätzige werden rein, Taube hören, Tote werden auferweckt und den Armen wird das Evangelium verkündet" (Mt 11, 5). Was wollt ihr mehr, reicht euch das nicht, möchte *Jesus* sagen, seht ihr nicht, dass die Zeit da ist und ich es bin, der da kommen soll.

Die von *Jesus* vollbrachten Wunder sind **verschiedenartig**. Manche Heilungen liegen im Bereich des psychosomatisch Erklärbaren, der Wirkung von **Suggestion**, die man auch aus anderem Zusammenhang kennt. In meinen Augen nimmt dies dem Geschehen nichts vom Wunderbaren. Manches Wunder könnte man auch mit dem **Zufall** erklären, z. B. das Wunder vom „reichen Fischfang". Dieses war wie geschaffen für praktisch veranlagte Menschen, die sich ihres auf reiche Erfahrung gestützten Urteils sicher sind. Die Fischer, die den ganzen Tag über vergeblich die Netze ausgeworfen hatten, wussten um die Sinnlosigkeit von *Jesu* Vorschlag, jetzt nochmals auf den See hinauszufahren. Aber, wie um ihn zu widerlegen, versuchten sie es auf sein Wort hin noch einmal und erlebten ein **Wunder auf Ansage** (Lk 5, 4). Mich beeindruckt dieses Wunder deswegen so sehr, weil es ein Wunder speziell für die hiermit angesprochenen Personen war. Unbeteiligte hätten vielleicht gesagt, dass hier rein zufällig ein großer Fischschwarm des Weges kam. Kein Naturgesetz wurde außer Kraft gesetzt. Natürlich gibt es in der Bibel auch Wunder, die nicht so leicht zu erklären oder ganz und gar unerklärlich sind. Manch einer würde vielleicht sagen, das seien die **eigentlichen** Wunder.

Ich meine, dass Wunder etwas ist, was sich im **Inneren** des Betrachters abspielt und nach einer psychologischen Erklärung verlangt. Manchmal sprechen wir von

Wundern auch im **säkularen** Bereich. Ein schönes Beispiel ist das „Wunder von Bern". Was macht dieses von der deutschen Nationalmannschaft gegen Ungarn mit 3:2 gewonnene Endspiel der Fußball-Weltmeisterschaft von 1954 zu einem Wunder? Sicher, die Deutschen gehörten nicht zu den Favoriten, aber mit einer Aufhebung von Naturgesetzen hatte dieser Spielausgang wirklich nichts zu tun. Und trotzdem sprachen viele von einem Wunder. Das ist nur vor dem Hintergrund zu verstehen, dass Deutschland nach vielen Jahren leidvoller Erfahrungen und nach selbst verschuldeter nationaler Demütigung wider Erwarten einen Kristallisationskern für ein neues Selbstwertgefühl des Volkes fand, weit über die Grenzen der Fußballbegeisterten hinaus. Das war etwas ganz Unwahrscheinliches, etwas **Wunderbares**. Ganz ähnlich empfand ich das Wunder der deutschen Wiedervereinigung. Etwas Belastendes, etwas Widerliches für viele Menschen auf beiden Seiten des unmenschlichen Grenzwalls wurde plötzlich auf wundersame Weise hinweggewischt, ist verschwunden, hat sich in Rauch aufgelöst.

Ich hatte noch vier Wochen vor dem Mauerfall die Gelegenheit, an der Universität Greifswald einen Vortrag zu halten. Unter großen Schwierigkeiten bin ich in Berlin in die DDR eingereist. Am Bahnhof Friedrichstraße wurde ich von einem mir gut bekannten Kollegen aus Greifswald mit dem PKW abgeholt und später wieder nach Berlin zurückgebracht. Auf der Rückfahrt fragte ich den Kollegen nach seiner Meinung, wie es mit den beiden deutschen Staaten weitergehen könnte. Er meinte, es bestünde wenig Hoffnung auf Erleichterung oder gar Veränderung in der DDR, weil das die an der Macht befindlichen „Betonköpfe" nicht zuließen. Vier Wochen später war der Spuk vorbei. Für mich und für andere ein Wunder.

So ähnlich muss sich für viele Juden, die nach einer langen, leidvollen Geschichte und unter der aktuellen Demütigung durch die römische Besatzung einen machtvollen Retter und Erlöser herbeisehnten, das Erscheinen *Jesu* angefühlt haben, der, wie er sagte, mit „Vollmacht", göttlicher Vollmacht, auftrat. Das Wunder war für sie nicht die einzelne Heilung – Wunderheiler gab es im Laufe der Zeit auch andere – sondern die Vielzahl der Wunder und die **Hoffnung**, die an *Jesu* Wirken geknüpft wurde. Wunder geschehen demnach **im Auge des Betrachters**, oder noch besser, ob für mich etwas ein Wunder ist, entscheidet sich in meiner Seele, wenn mich das wahrgenommene Geschehen mit einem **unsagbaren Staunen** und oft auch mit einer **tiefen Dankbarkeit** erfüllt.

Wie haben die unmittelbaren Nutznießer der Heilungswunder *Jesu*, die Geheilten, reagiert? Nach Schilderung der Bibel sehr unterschiedlich. Manche fielen *Jesus* zu Füßen und dankten Gott, von anderen wissen wir es nicht. Von zehn Aussätzigen, die *Jesus* geheilt hatte, und die sich zur Wiedereingliederung in die Gesellschaft den Priestern zeigen sollten, wird berichtet, dass nur einer, ein Samariter, zurückkam und Gott Ehre und Dankbarkeit erwies (Lk 17, 11). Für uns alle, die wir nicht Zeugen der Wunder *Jesu* waren, obgleich wir uns vielleicht gut in die jeweilige Situation hineinversetzen können, ist es irgendwie bedauerlich, dass wir nicht von einem der vielen Geheilten, darunter sicher auch intelligenten, schriftkundigen, ein persönliches schriftliches Zeugnis des Heilungsgeschehens haben. Darum hoffe ich auf Verständnis, wenn ich gegenüber **Wunderberichten**, nach denen Naturgesetze aufgehoben gewesen sein müssten, **zurückhaltend** bin und mich mehr an solche Geschehnisse halte, die ich selbst erlebt habe, die **mir** ein Wunder waren.

Ich denke zurück an eine Skitour, die zum Abenteuer wurde. Als Zwanzigjähriger bin ich mit einem Freund aufgebrochen, um vom Spitzingsee aus auf die Rotwand zu steigen und von dort mit den Skiern abzufahren. Wir hatten den Gipfelkamm vor uns, aber kannten den Weg dorthin nicht. Zuerst gab es noch Wegweiser, die Wege und Pfade wurden immer schmaler, bis wir uns total verstiegen hatten. Durch tief verschneite Latschenfelder kämpften wir uns weiter dem Ziel entgegen. Irgendwann standen wir oben auf einem Grat, einige Meter vor uns ein Abbruch, über den hinaus wir nicht sehen konnten. Vorsichtig bewegten wir uns darauf zu, um zu erkunden, wie es weiterging. Plötzlich merkten wir, dass es beim Auftreten auf den durch den Wind glatt gefegten Schnee hohl klang. Schlagartig wurde uns bewusst, dass wir auf einer überhängenden Schneewechte standen. Vorsichtig gingen wir zurück und unterhalb des Grates weiter, bis wir an einen Einschnitt kamen, der es uns ermöglichte, auf die andere Seite des Kamms zu wechseln und durch eine äußerst steile, schmale Rinne uns vorsichtig einige hundert Meter abwärts zu bewegen, die Ski auf den Schultern und uns mit den Spitzen der Stöcke gegen das Abrutschen sichernd. Am Fuß der fast senkrecht abfallenden Wand hatten wir den vollen Blick auf den Gipfelgrat mit der überhängenden Schneewechte, auf der wir gestanden hatten. Dort heil geblieben zu sein ist eines meiner persönlich erlebten Wunder.

Ich glaube ähnlich, aber weitaus dramatischer muss es Jörg Zink erlebt haben, der in seinem Buch „Sieh nach den Sternen, gib Acht auf die Gassen" (Kreuz-Verlag, Stuttgart 1992) beschreibt, wie er mit einem Jagdflugzeug über der Biskaya abgeschossen wurde. War es schon unwahrscheinlich, den Absturz ins Meer zu überleben und in einer Tiefe von ca. 40 Metern fast unverletzt aussteigen zu können, so war es schier unglaublich, dass er gemeinsam *mit einem Kameraden in der aufgewühlten See rechtzeitig vor dem Erfrieren von einem deutschen Schiff gefunden und aufgenommen werden konnte – ein Wunder.*

Auch an das „Wunder von Lengede" sei erinnert, wo es um die Rettung verschütteter Bergarbeiter ging. Am 24. Oktober 1963 passierte das Grubenunglück. Unter den fieberhaften Bemühungen der Rettungsmannschaften gelang es mit hohem technischem Aufwand bis zum 7. November elf Verschüttete zu bergen. Natürlich sind das alles keine Wunder im engeren Sinne. Es sind Ereignisse, wunderbare Fügungen, die weithin nachhaltiges Erstaunen auslösen und einen so starken Eindruck hinterlassen, dass man noch lange davon erzählt. Wenn etwas nicht ganz und gar unmöglich ist, was da passiert, sagt man auch: „Es grenzt an ein Wunder". So bewerten das zumindest die Beobachter und Zeitzeugen, was der davon Betroffene selbst als persönliches Wunder erlebt hat.

Im folgenden Fall war die Betroffene selbst „sprachlos", während die Menschen ihrer Umgebung immer wieder von einem Wunder sprachen. Eine gute Freundin von mir ist 1945 lebend aus dem Konzentrationslager Auschwitz in ihr Heimatdorf in der Slowakei zurückgekehrt. Ihre Nachbarn konnten es lange Zeit nicht fassen und beharrten darauf, von einem Wunder zu sprechen. So berichtete es meine Bekannte in einer Rede, die sie am 27. Januar 2011 auf einer Gedenkveranstaltung Überlebender von Auschwitz gehalten hat. Von den 71000 aus der Slowakei verschleppten Juden überlebten nur einige wenige; ein Wunder.

Die bis hierher angestellten Überlegungen, wie Menschen zu einem Gottglauben gelangen, gingen jeweils von der Situation des nachdenkenden und in sich hinein fühlenden Individuums aus, das sich vor die Gottesfrage gestellt sieht, einer Person also, die **reif** ist, sich mit einer solchen Frage auseinander zu setzen. Der **erste Kontakt mit Religion** hat aber normalerweise schon lange vor dieser Phase in der Familie stattgefunden. Obwohl das heute nicht mehr die Regel ist, werden noch immer viele Kinder in eine Umgebung hineingeboren, in der Gott ein fester Begriff ist, meist eingebettet in die religiöse Lehre, der die Familie anhängt. Dort wird dem Kind nicht nur die **Gottesidee** vermittelt, der/die Heranwachsende wird auch mit den **Glaubenssätzen** der betreffenden Religion konfrontiert und mit den **kultischen Traditionen** der Religionsgemeinschaft vertraut gemacht. Wissen und Gewöhnung schaffen aber allein noch kein tragfähiges Fundament für den Aufbau einer persönlichen spirituellen Beziehung. Mit zunehmendem Alter stellt sich dem mündig werdenden Gläubigen immer dringlicher die Frage, was er von der betreffenden Lehre in seinen **persönlichen Glauben übernehmen** kann.

Goethe legt Faust den Satz in den Mund: „Was du ererbt von deinen Vätern hast, erwirb es, um es zu besitzen". Damit soll zum Ausdruck kommen, dass es nicht genügt, eine Tradition fort zu führen. Man muss den Glauben zur eigenen Sache machen, sich damit identifizieren. Das verlangt den seelischen Akt der **Aneignung**, und zwar für alle wesentlichen Inhalte der religiösen Lehre. Diese Aufgabe steht zumindest für den an, der – ein bestimmtes intellektuelles Niveau vorausgesetzt – sich selbst die **Gretchenfrage** beantworten möchte. Was kann er sich von all dem bis dahin weitgehend unreflektiert Übernommenen durch ein **prüfendes Nachspüren und Nachsinnen** zu Eigen machen?

Als „Gläubiger" nach den wesentlichen Inhalten des Christentums gefragt, meine ich, dass ich nicht Christ sein kann, ohne das Gebot der **christlichen Nächstenliebe** zu erfüllen. Auch die Hoffnung auf ein Weiterleben im Lichte Gottes dürfte zu den Kernstücken der christlichen Religion, aber auch anderer Religionen, gehören. Speziell christlich ist die **Heilslehre**, die besagt, dass Gott in der Person *Jesu* Christi in die Welt gekommen ist, um die Menschen durch sein Leiden und Sterben am Kreuz zu erlösen, und dass er dann, von den Toten auferstanden, in den Himmel aufgefahren ist. Hinzu kommt eine Reihe **weiterer Glaubenssätze**, die zum Glaubensgut christlicher Kirchen gehören. Mit Vielem kann ich mich problemlos identifizieren. Zu Manchem fehlt mir der innere Zugang, aber ich kann es in Achtung stehen lassen. Einiges, z. B. das Dogma von der „leiblichen Aufnahme *Marias* in den Himmel", kann ich definitiv so nicht glauben und will mich damit nicht weiter auseinandersetzen, weil ich es für überflüssig halte. In diesem Punkt ist die Aneignung nicht gelungen.

Der Versuch der Aneignung geht nicht ohne ein **Selektieren**, schließt also grundsätzlich die **Möglichkeit einer Ablehnung** ein, sofern sich nicht ein **anderes Verständnis** einer „Glaubenswahrheit" anbietet. Wie stellt sich die Kirche dazu? Nach meinen bisherigen Erfahrungen verlangt zumindest die Katholische Kirche die **Akzeptierung** des **gesamten Glaubenspakets** in seiner Originalform. Dem Einwand, dass für jeden Menschen seine **innere Stimme** die entscheidende

Instanz ist, trat der verstorbene Mainzer Weihbischof *Dr. Werner Guballa* entschieden entgegen (zitiert nach der Allgemeinen Zeitung Mainz vom 18. 02. 2010). Es sei, so meinte der angesehene Kirchenmann, eine Illusion, zu denken, Religion sie so intim, dass wir sie mit uns allein ausmachen könnten. Ich meine, dass uns das niemand abnehmen kann. Jeder muss die Glaubensfrage mit sich selbst ausmachen, notfalls alleine.

Vor der internationalen Theologenkommission des Vatikans wandte sich *Papst Benedikt XVI.* gegen Versuche, die Theologie aus dem kirchlichen Lehramt zu lösen. In diesem Zusammenhang erklärte er, dass es auch bei Nichttheologen eine Art übernatürlichen Instinkts gebe, der ihnen Glaubenswahrheiten aufscheinen ließe. Allerdings dürfte das Gottesvolk nicht unter Berufung auf seinen **„Glaubenssinn"** (Sensus fidei fidelium) die Lehre der Kirche **anfechten** (zitiert nach einer Meldung von „Christ in der Gegenwart", 64. Jg., Nr. 51, Herder Verlag, Freiburg 2012). Der zitierte Satz *Benedikts XVI.* ist gleichbedeutend mit einem Glaubensdiktat. Wer sich dem beugt, muss entweder seinen „Glaubenssinn" ignorieren oder jede neue, daraus gewonnene Erkenntnis zu allererst **prüfen**, ob sie mit der Lehre der Katholischen Kirche **übereinstimmt**. Diese hält jeden ihrer Glaubenssätze für göttlichen Ursprungs und darum sakrosankt.

Wer sich eigene Gedanken über Gott macht und diese äußert, sieht sich rasch dem Vorwurf ausgesetzt, er betreibe eine „Privattheologie" und bastele sich eine **„Eigenbau-Religion"** (*Rupert Maria Scheule,* Theologische Fakultät Fulda und Philipps-Universität Marburg, in einem Interview mit „Glaube und Leben", 68. Jg., Nr. 41, Bistum Mainz 2012). Solche negativen Etikettierungen werden dem Auftrag der Kirche, den Menschen zu dienen, nicht gerecht. Die **Evangelische Kirche** scheint in dieser Frage toleranter zu sein. So meint Pfarrer *Dr. Volker Jung*, Kirchenpräsident der Evangelischen Kirche in Hessen und Nassau: „Die Kirche als Institution ist nicht zwingend ein Bindeglied zwischen Gott und den Menschen. Sie sieht sich eher als Helferin, dass jeder Einzelne seine Beziehung zu Gott für sich finden und gestalten kann" (Allgemeine Zeitung Mainz, 162. Jg. Nr. 201 vom 29. August 2012). Kirchenzugehörigkeit darf nicht mit einer **Entmündigung** verbunden sein.

Es soll – gerechterweise – nicht unerwähnt bleiben, dass es auch in der Katholischen Kirche Theologen gibt, die sich und dem mündigen Laien eine größere **Freiheit im Denken** zugestehen. Wenn der Professor für Fundamentaltheologie *Johann Baptist Metz* in einem Symposium sagt: „Wir brauchen eine Sprache, die nicht vorgesprochen ist", meint er damit vermutlich nicht die Ausdrucksweise und den Redestil, sondern die individuelle Art, über Gott zu denken. Vermutlich lassen das die hierarchischen Strukturen in der **Katholischen Kirche** und das offiziell gültige Verständnis der „Glaubenswahrheiten" noch nicht zu. Auch der Theologe *Hermann Schalück* fordert im „Anzeiger für die Seelsorge" von der Kirche eine „Reinigung und Erneuerung der Sprache" und zielt, wie man seinen weiteren Ausführungen entnehmen kann, mehr auf die Inhalte der Verkündigung. Die Kirche müsse darauf verzichten, Sachwalter letzter Wahrheiten zu sein.

Aneignungsversuch

Die katholische **Glaubenslehre**, die ich in meinem Leben kennen gelernt habe, umfasst einen Schatz von

Gedanken, den man sich als Katholik aneignen soll. Das ist mir weithin gelungen. Aber es gibt darin Teilaspekte, die ich für nicht oder nur schwer annehmbar halte. Der **Gott, an den ich glaube**, ist kein drohender und strafender sondern ein liebender, gütiger Gott, voll Huld für seine gesamte Schöpfung. Er ist ein Gott für die ganze Menschheit, in gleicher Weise für alle Menschen, gleich welchen Geschlechts, welcher Nationalität, welcher Hautfarbe, welcher sozialen Schicht, welchen Bildungsgrades und welcher Konfession. Er ist ein Gott der Hindus, der Buddhisten, der Mohammedaner, der Juden, der Orthodoxen, der Katholiken, der Protestanten, der Angehörigen von Sekten, anderer Religionen und ein klein wenig auch der „Atheisten", genauer gesagt von Menschen, die sich für Atheisten halten, weil sie diese Welt nicht mit dem Bild von einem personalen Gott in Verbindung bringen können. Kein göttlicher Funke geht verloren.

Wenn das **Christentum** anderen Religionen vielleicht etwas voraus hat, dann ist es der Geist der Lehre *Jesu* und die Figur des Christus, die zwei **göttliche Eigenschaften** beinhalten bzw. personifizieren: Die **Liebe** und die unter besonderen Umständen daraus erwachsende **Duldsamkeit** (Liebe unter erschwerten Bedingungen). Wenn es in liturgischen Texten heißt, dass der Tod durch das Kreuz besiegt wurde, könnte man das so verstehen, dass nach diesem beispiellosen Akt der Selbsthingabe *Jesu* die Lieblosigkeit und die biologisch grundgelegte, blanke Durchsetzungsmentalität in der Welt als überwindbar gelten können. Für die **menschliche Natur** bedeutet das so etwas, wie eine Umgestaltung, eine **Metamorphose**. Die heiligen Texte sprechen in diesem Zusammenhang auch vom „Anziehen des Neuen Adam". Der alte Adam/Eva ist noch mehr Tier und unterliegt den animalischen Gesetzen.

Der **neue Adam** ist der „vom Tod Auferstandene", der dem **Gesetz der Liebe** Folgende – „ein neues Gebot gebe ich euch, liebet einander, wie ich euch geliebt habe" (Joh 13, 34). Seine persönliche „Auferstehung" sollte für den Christen etwas sein, was nicht irgendwann im Jenseits stattfindet, sondern hier im Diesseits, in einem Geschehen, in das er selbst involviert ist.

Die **Metamorphose**, die Entwicklung vom Tier über den geistbegabten Menschen zum Geistwesen, ist in der Menschheitsgeschichte nicht datierbar. Sie ist vielmehr ein **kontinuierlicher Vorgang**. Was in der Bibel von Christus gesagt wird und was die christlichen Kirchen als zentrales Geheimnis feiern, Tod und Auferstehung, **symbolisiert** diesen Prozess. Ein Glaubensproblem ergibt sich meines Erachtens nur deshalb, weil Theologen dem Vorgang einen **Platz in der Historie** zugewiesen haben. Die Geschichte aber ist zu sehr mit dem beobachtbaren Geschehen in Raum und Zeit verbunden, als dass es wahrscheinlich wäre, darin Gott, wie wir ihn uns vorstellen sollten, zu finden. Um unseren Urgrund in Gott zu spüren, müssen wir eintauchen in das Reich des **Geistigen**, das wir in unserer eigenen Geistseele finden.

Wenn wir sagen, alle Menschen hätten **Anteil am Göttlichen**, hätten eine Seele in sich und diese sei göttlicher Natur und göttlichen Ursprungs, dann ist das gleichbedeutend mit der Feststellung: Alle Menschen sind Söhne und Töchter Gottes. Da *Jesus* zweifellos Mensch war, war er als solcher auch **Sohn Gottes**. Mit Blick auf den Geist, der aus seiner Lehre spricht, und das Beispiel, das er durch sein Leben und seinen Tod gegeben hat, kann man aber auch sagen, dass sein „Sohngottessein" eine neue Qualität besitzt. Er wird für seine Mitmenschen zu einer **besonderen Figur**, zu einem Messias, wie *Petrus* bekennt (Mk 8, 27–31), zu einem Hoffnungsträger, zu einem **Gott auf Erden**. Aus der Sicht der Anhänger seiner Lehre hat eine **Inkarnation** stattgefunden, „das göttliche Wort ist Fleisch geworden", eine Formel, der man sich – unabhängig von ihrem Realitätsgehalt – ehrfurchtsvoll nähern kann.

Eine solche Erscheinung, eine derartige Verdichtung göttlicher Eigenschaften, kann mit dem Tod der historischen Person *Jesus* nicht einfach vom „Radarschirm des Göttlichen" und aus der Aufmerksamkeit der Menschheit verschwinden. Jesus musste **verklärt als Christus**, als die **göttliche Heilsfigur**, wieder **auferstehen**. „Durch ihn hindurch kann man Gott sehen", sagte der Fernsehpfarrer *Michael Broch* in seinem Buch „Jesus" (Katholisches Bibelwerk, Stuttgart 2013).

Dies ist die Geschichte von *Jesus* dem **Wanderprediger** und die Figur des **Christus**, wie ich sie verstehe. Die entsprechende **Botschaft** der christlichen Kirchen klingt für mich jedoch etwas anders. Nach dieser ist zu einem konkreten historischem Zeitpunkt vom göttlichen Geist ein Kind gezeugt und von einer Mutter geboren worden, die selbst dabei Jungfrau blieb, ein Kind, das gleichzeitig Gott und Mensch war (Konzil von Chalcedon 451). Nach einem Leben, das gekennzeichnet war durch öffentliche Reden und Wunder, die er gewirkt haben soll, ist dieser „**Gottmensch**" den gewaltsamen Tod am Kreuz gestorben, angeblich zur Sühne für die Sünden, die von Menschen begangen wurden und begangen werden. Am dritten Tag nach seinem Tod ist er von den Toten auferstanden und vierzig Tage später in den Himmel aufgefahren, von wo er am „Ende der Zeiten" wiederkommen soll, um die Menschen zu richten.

Mit dieser **Version** des Glaubens habe ich – zugegeben – meine Schwierigkeiten. Sie ist mit meinem **Gottesbild** schwer vereinbar. Ich sehe nicht den Gott, der, nachdem er die Welt vor Urzeiten einmal angestoßen hat und sie offenbar ohne weiteres Eingreifen nach intelligenten, logischen Gesetzen sich hat weiter entwickeln lassen, plötzlich selbst in Menschengestalt als Protagonist auf die Bühne der Menschheitsgeschichte tritt, zu einem genau datierbaren Zeitpunkt. Der Gott, der mit so viel Geduld über Milliarden von Jahren hinweg dem Werden seines Werks zugesehen hat, soll auf einmal aktiv geworden sein, um eine Fehlentwicklung zu korrigieren und die Menschen, seine Geschöpfe, vor seinem Zorn zu retten? Dieser Gott soll es für notwendig erachtet haben, seinen Sohn zu opfern als Sühne für ein Fehlverhalten der Menschen? Ich halte das für eine **problematische Interpretation von Bibeltexten.**

An dieser Stelle lege ich großen Wert darauf, richtig verstanden zu werden. Ich versteife mich nicht auf die Aussage: *Jesus* ist nicht Gott. Eingebettet in einen größeren Verständnisrahmen kann ich dem folgen. Auch die Bibel ist in dieser Frage nicht eindeutig. So könnte man nach der Bedeutung einer Aussage in der Apostelgeschichte (10, 38) fragen, in der es heißt: „ ... denn Gott war mit ihm" (anstatt: *Jesus* ist selbst Gott). Und im Brief des Apostels *Paulus* an die Kolosser (Kol 1, 15–20) heißt es: „Christus ist das Ebenbild des unsichtbaren Gottes" und „Gott wollte mit seiner ganzen Fülle in ihm wohnen". Für mich bedeutet die „Gottheit" *Jesu*, die christliche Kirchen in das Zentrum ihrer Lehren stellen, etwas Beispielhaftes, Verehrungswürdiges. Ich weiß, dass es Mitmenschen gibt, die kein Problem damit haben, auf der „Projektionsfläche *Jesus*", in der Figur des Christus, noch mehr zu sehen und mit ihrem Gefühl zu umfangen. Das muss jedem unbenommen bleiben. Aber die Kirchen täten gut daran, ihre Gläubigen im Begrifflichen nicht zu eng festzulegen.

Es gibt noch eine weitere Überlegung, die dagegen spricht, dass *Jesus* in einem anderen Sinne, als dem bereits erwähnten, Gott war, die Tatsache nämlich, dass sich um seine Geburt, sein Leben, seinen Tod und seine Auferstehung so, wie die Verfasser der „Heiligen Schrift" dies berichten, eine ganze Reihe von **Wundern** rankt, die bei wörtlicher Auslegung der Bibel zwangsläufig anzunehmen wären. Ich bin keineswegs grundsätzlich gegen die Annahme von Geschehnissen, die uns als „Wunder" erscheinen, obwohl mich dabei immer ein ungutes Gefühl befällt. Aber ich möchte in meinem Verständnis soweit wie möglich ohne Wunder auskommen. Meine persönliche Erfahrung der Welt ist stark von einer **Konstanz** geprägt, die ich als Gültigkeit wunderbarer Gesetzmäßigkeiten auffassen und deren Ursprung ich unschwer einem höheren Wesen zuschreiben kann. Aufgrund dieser Sichtweise darf ich annehmen, dass Gott seine Gesetze nicht ohne äußerst wichtigen Grund durchbricht, vielleicht überhaupt nicht durchbricht.

Zum Beispiel **im wörtlichen Sinne** glauben zu sollen, dass *Jesus* auf völlig unnatürliche Weise gezeugt und geboren wurde, unter Erhaltung der **Jungfräulichkeit *Marias***, halten viele für eine Zumutung. Für dieses „Wunder" ist keine Notwendigkeit erkennbar, so lange man davon ausgehen darf, dass die Natur, wie sie ist, und damit auch die natürliche Zeugung im Plan Gottes vorgesehen sind. Ich weiß, dass diese Äußerung für einen traditionell frommen Katholiken schockierend, vielleicht sogar blasphemisch klingt. Und ich rechne nicht damit, dass meine nachfolgende Versicherung daran etwas ändert. Ich versichere, dass ich an dem „verehrungswürdigen Bild der Gottesmutter" nicht rühren möchte, auch dass es mir fern liegt, anderen meine Sichtweise aufzudrängen. Ich meine nur, dass die **Kirche keine Einwendungen** dagegen erheben sollte, wenn Gläubige danach fragen, welche Glaubensinhalte für sie **stimmig** sind. Das könnte die Annahme einschließen, dass manches, was die Verfasser der Heiligen Schriften in die menschliche Historie projiziert haben, in Wirklichkeit erhabene **seelische Bilder** sind, die für alle Zeiten gelten.

Mit einer gewissen Genugtuung habe ich kürzlich festgestellt, dass es auch Theologen gibt, die die „Jungfrauengeburt" als Ausdruck der besonderen Bedeutung *Jesu* und somit als theologische Aussage der Evangelisten verstehen. Im mediterranen Kulturraum wurde das Außergewöhnliche einer Person auch bei Figuren, wie *Alexander dem Großen,* auf diese Weise hervorgehoben. Auch die Erlösung durch Christus wird in Theologenkreisen unterschiedlich interpretiert. So habe ich den Satz zur Kenntnis genommen: „Erlösung ist ein innerer, durch *Jesu* Tod und Auferweckung ausgelöster und fortwirkender Prozess" (Herders Neues Bibellexikon). Dort habe ich auch erfahren, dass es zur Zeit *Jesu* in der griechischen Philosophie (Gnosis) bereits einen Erlösermythos gab.

Wer die **Glaubensfrage**, über die Existenz Gottes und das Gottesbild hinaus, auf **alle Glaubenssätze** der Kirche bezieht und nicht bereit ist, an diesem Punkt das Denken einzustellen, kommt an deren **kritischer Prüfung** nicht vorbei. Das Ergebnis solchen Nachdenkens wird nicht immer die Annahme oder Ablehnung sein. Es kann auch in einem von der kirchlichen Lehre **abweichenden Verständnis** einer biblischen Aussage liegen, wie im Fall der Göttlichkeit *Jesu Christi.* Dies wäre für den Gläubigen im Hinblick auf die Zugehörigkeit zu seiner Kirche unproblematisch, wenn diese nicht unduldsam wäre und auf den **Alleinbesitz der Wahrheit** pochen würde. Die Kirche sollte in Betracht ziehen, dass ein solcher Anspruch nicht in unsere Welt- und Menschheitsgeschichte passt. Vielleicht muss man Gott größer und universeller denken. Er ist der Gott aller Menschen und dürfte daher nicht für eine der vielen Religionen Partei ergreifen. Das muss nicht heißen, dass es für den Einzelnen belanglos ist, wo er aufgrund seiner Biographie seinen Platz findet. Schon gar nicht verlangt es eine Abkehr von seinem spirituellen Weg in einer konkreten Glaubensgemeinschaft, aber es erfordert eine **Relativierung** des **Absolutheitsanspruchs** ihrer Lehre.

Die **Wahrscheinlichkeit**, dass die Aneignung einer „Glaubenswahrheit" **misslingt**, manche Glaubenssätze einer religiösen Lehre von Angehörigen einer Glaubensgemeinschaft also nicht akzeptiert werden, ist dann besonders groß, wenn die Lehre sehr **viele**, ins Detail gehende **Glaubenssätze** enthält, darunter solche, die im Widerstreit zu den gesammelten Erfahrungen der Menschheit stehen. Dies ist nicht selten dann der Fall, wenn wesentliche Teile der Lehre von alten, schwer nachprüfbaren Überlieferungen hergeleitet werden und die Aussagen in Form und Inhalt hinter der intellektuellen Entwicklung der Menschheit zurückgeblieben sind, eine **Anpassung** des religiösen Denkens somit nicht stattgefunden hat, zumindest nicht in der **offiziellen Verkündigung**.

Die **Verantwortung für den** „Glauben" liegt nach Auffassung der Kirchen bei den einzelnen Gläubigen. Dagegen ist nichts einzuwenden. Jeder soll sich redlich bemühen, die Glaubenslehre seiner Kirche zu übernehmen.

Aber noch mehr Verantwortung für das Gelingen sehe ich bei den **Kirchen**, die den Menschen ihrer Zeit ein wohl durchdachtes, akzeptables **Glaubensangebot** machen sollten und von dem Gedanken abrücken müssten, dass die „Gläubigen" grundsätzlich an jede einzelne Aussage in der von den Kirchen erklärten Bedeutung **gebunden** seien. Die Verantwortung, die die Kirchen als Institutionen gegenüber ihren Gläubigen haben, liegt in dem, was sie **offiziell** als Glaubenslehre verkünden. Diese Glaubenssätze und ihre lehramtliche Interpretation sind für jeden einzelnen Gläubigen und daher auch für den Kritiker die entscheidende Vorgabe. Menschen mit Glaubensproblemen trösten sich manchmal mit der Vorstellung, es wäre vielleicht nicht alles so gemeint, schließlich gäbe es abweichende Auffassungen einzelner Theologen. So tröstlich das für diese Menschen sein mag, eine Lösung sehe ich darin nicht. Die **offizielle Kirche steht in der Pflicht**, für alle ihre Mitglieder hier und jetzt. Der Gedanke, Theologen, die heute für die Kirche Verantwortung tragen, könnten über ihre eigenen traditionellen Lehraussagen einmal „großzügig" hinwegsehen und rückblickend von einer „mythologischen Epoche" in der Kirchengeschichte sprechen, empfände ich als zynisch. Auch den Hinweis auf **„pastorales Versagen"** einzelner Geistlicher ließe ich als Erklärung und Entschuldigung nicht gelten, wenn diese Geistlichen ein hohes Amt in der kirchlichen Hierarchie innehaben oder gar der Vatikanischen Glaubenskongregation vorstehen.

Was ist im Fall **misslungener Aneignung** zu tun? Für alle, die die Aussage eines Dogmas nicht glauben können, stellt sich die Frage, ob sie dessen Inhalt nach einem modifizierten Verständnis akzeptieren können. Ist ihnen auch das in einer Reihe von Glaubenssätzen nicht möglich, werden sie prüfen müssen, ob der Geist der Lehre für sie insgesamt noch so überzeugend ist, dass sie der betreffenden Kirche angehören möchten. An den Verantwortlichen der Kirche liegt es, zu entscheiden, ob sie Gläubige, die so denken, in ihren Reihen **dulden** möchten.

Die Aneignung der Glaubensinhalte einer Religion würde umso leichter gelingen, je mehr sich die vermittelnde Institution auf den wesentlichen **Kern eines Gottglaubens** beschränkte. Wenn dazu noch Toleranz und die Bereitschaft kämen, im Vertrauen auf den Heiligen Geist **Entwicklungen zuzulassen**, müsste sich niemand um die Zukunft von Religion und Kirche Sorgen machen. Jenen, die auf Veränderung hoffen, sei gesagt: Entwicklungen brauchen Zeit – aber was sind schon einige hundert Jahre in der Menschheitsgeschichte?

Der alternde *Hermann Hesse* (1877–1927) hat rück-blickend auf sein Leben gesagt: „Ich habe zeitlebens die Religion gesucht, die mir zukäme". Dabei war er schon 1918 nahe am Ziel, als er in der Betrachtung „Kapelle" schrieb: „Der Gott, an den wir glauben müssen, ist in uns innen". Offensichtlich maß er die ihm bekannt gewordenen Religionen (religiöse Lehren) an seinem persönlichen Gottglauben (Religion) und fand diesen in keiner der Lehren ausreichend verwirklicht. Er hat ihn also in keiner „Religion" wieder gefunden, so dass er sich deren Glaubenssätze hätte aneignen können.

Aus der Sicht der Kirche ist es nicht nur wichtig, dass Menschen den Weg zum Glauben finden oder auf sonst eine Weise unter ihrer Mitwirkung zur Glaubensgemeinschaft gelangen, sondern auch, dass sie darin **bleiben**.

Abfall vom Glauben, gibt es so etwas überhaupt? Wenn Menschen eine Glaubensgemeinschaft verlassen, aus einer Kirche austreten oder zu einer anderen übertreten (konvertieren), haben sie damit ihren ursprünglichen Glauben verraten? Wahrer Glaube müsste unumkehrbar sein. Ich kann mir zumindest die Bedingung schwer vorstellen, unter der ein einmal gewonnener Gottglaube wieder verloren geht. Damit meine ich natürlich den Kern des Glaubens an Gott, nicht den Glauben an ein Dogma, wie die Unfehlbarkeit des Papstes. Auch im Buddhismus dürfte ein „Erleuchteter" für den Rest seines Lebens im Zustand der Erleuchtung bleiben.

Bei einem „Abfall vom Glauben" unterstelle ich, dass ein wahrer Glaube nie vorhanden war, oder dass er später durch besondere Lebensumstände überdeckt wurde. Das **innere Bild** müsste jedenfalls erhalten bleiben und eine Rückkehr ermöglichen. So bin ich, um ein Beispiel aus der Bibel zu bringen, davon überzeugt, dass der Glaube des „verlorenen Sohnes" (Lk 15, 11–32) an die Güte seines Vaters auch in der Ferne verborgen in seinem Herzen weiterlebte, bis er aufbrach und die Umkehr einleitete.

In einem bekannten Kirchenlied heißt es: „Fest soll mein Taufbund immer stehen, ich will die Kirche hören. Sie soll mich allzeit gläubig sehen und **folgsam ihren Lehren**". Weil die Melodie dieses Liedes so eingängig ist, habe ich es oft voll Inbrunst mitgesungen, ohne auf den Text zu achten. Dabei drückt der Text genau das aus, was die Kirche vom „Gläubigen" verlangt: Die eingegangene Verbindung muss für alle Zeiten Bestand haben. Mit der sakramentalen Handlung der Taufe wurde das unmündige Kleinkind an die Kirche gebunden und nun soll der Erwachsene seine Treue und seinen Gehorsam immer wieder neu geloben (in einer neueren Fassung heißt es: **„folgsam Gottes Lehren"** –, die die Kirche verkündet).

Natürlich sollten Gläubige ihrer Gemeinschaft verbunden bleiben. **Treue** ist etwas Wertvolles, sie sorgt für die Verlässlichkeit, ohne die es keinen Zusammenhalt in der Gruppe gibt. Aber „Treue" darf nicht heißen, dass man etwas vertritt, von dem man nicht überzeugt ist, zu dem man deswegen auch nicht stehen kann. Wenn ein Mensch zu spüren beginnt, dass er sich zeitweise selbst etwas vorgemacht hat, dass er gemeinsam mit anderen **Positionen** eingenommen hat, bei denen ihm im Innersten unwohl war, gibt es zwei Möglichkeiten. Entweder er setzt sich mit seinen Zweifeln auseinander und kommt zu neuen Überzeugungen – ein oft langwieriger und steiniger Weg – oder er verdrängt alle abweichenden Gedanken und igelt sich ein. Das kann eine gewisse Zeit gut gehen, besonders wenn er andere in seinem Umfeld findet, die dieselbe Haltung einnehmen. Aber immer, wenn ein derart „Treuer" mit einem Andersdenkenden und dessen Gedankengut in Berührung kommt, melden sich seine eigenen Bedenken und Vorbehalte. Seine Psyche reagiert mit **Angst,** eventuell auch mit **Aggression.**

Menschen, die trotz gravierender Glaubensprobleme **in der Kirche verbleiben**, müssen mit dem Bewusstsein leben, dass ihre Auffassungen mit denen der Kirchenleitung nicht im Einklang stehen und, wenn sie ihre Überzeugung laut aussprechen, sie eventuell von der Kirche ausgeschlossen, allenfalls als Fremdkörper geduldet, werden. Am schwersten haben es vermutlich die kirchlichen Amtsträger mit einer abweichenden Meinung, weil sie in das System eingebunden sind. Sie brauchen einen sehr starken persönlichen Glauben und ein gesundes Selbstbewusstsein. Dann können sie in der **„inneren Emigration"** überleben und für ihren Glaubensweg Begriffe, wie „kreative Treue" (P. *Wendelin Köster*, SJ), prägen.

Wenn gläubige Menschen **aus der Kirche austreten**, müsste sich an ihrem Verhältnis zu Gott im Grunde nichts ändern, aber sie verlieren den Halt durch die Gemeinschaft. Auf sich allein gestellt kann es für sie schwierig werden, eine lebendige spirituelle Beziehung aufrecht zu erhalten. Aber, muss jemand, der die Glaubenslehre seiner Kirche nicht in allen Punkten mittragen kann, die Kirche verlassen? Es gibt manches in meiner Kirche, das ich nicht voll mittragen kann. Die Abweichungen sind aber für mich nicht gravierend genug, dass ich deswegen der Kirche den Rücken kehren müsste. Nachdem das Christentum über eine **reiche Spiritualität** verfügt, diese Religion ferner großartige Denker, Mystiker und Glaubenszeugen hervorgebracht hat, darunter solche, die in einer Diktatur für ihren christlichen Glauben Opfer gebracht oder sogar ihr Leben gelassen haben, man also in einer **christlich geprägten, kulturellen Tradition** eine geistige Heimat besitzt, wird man wegen einiger Bedenken und des zeitweise schlechten Erscheinungsbildes der Institution **seine Kirche nicht verlassen**, auch dann nicht, wenn die Mitgliedschaft mit einem finanziellen Opfer verbunden ist. Eine Voraussetzung sollte allerdings gegeben sein. Die Kirche muss auch die kritischen „Gläubigen" in ihren Reihen dulden.

Neben den genannten Neigungen zur „Treulosigkeit" gegenüber Gott, dem Glauben, der Kirche gibt es noch **Versuchungen** ganz anderer Art und anderen Ausmaßes, die selbst die Treuesten und Frömmsten, oder vielleicht gerade sie, überfallen. Die Berichte von Mystikern und Heiligen sind voll von Schilderungen **absoluter Glaubensfinsternis**, die als große Not erlebt wird. Die Selbstverständlichkeit von Religion in einem religiösen Umfeld macht sensible Menschen mit einem hohen Anspruch an sich selbst besonders anfällig für derartige Erschütterungen. Der Dichter *Jean Paul* (1763–1825), Pfarrerssohn und selbst Theologe und Philosoph, ließ eine seiner Romanfiguren von einem Traum erzählen, in dem der tote Christus vom Weltgebäude herab spricht: „es ist kein Gott". Er habe in den Abgrund geschaut und gerufen: „Vater, wo bist du"? Er habe aber nur „den ewigen Sturm gehört, den niemand regiert". Nicht nur die Romanfigur wird ob solcher Mitteilung von Schauder ergriffen, diese wäre geeignet, jeden frommen Gottgläubigen in Verzweiflung zu stürzen. Im Zuge der Heiligsprechung von *Mutter Teresa* gelangten ihre Tagebuchaufzeichnungen an die Öffentlichkeit, in denen sie von erschütternden Selbsterfahrungen berichtet. Von „Dunkelheit, Kälte und Leere" ist da die Rede. Sie nahm zeitweise an, dass Gott sich ihr entzogen hat. Dann hat sie sich umso intensiver dem Dienst an den Ärmsten der Armen gewidmet und so Gott im Nächsten gesucht und wohl auch gefunden. Gottlob sind derart erschütternde Erlebnisse der Gottesferne meist nur vorübergehende Erscheinungen.

Zusammenfassung
und Schlusswort

Die Gabe des Verstandes eröffnet dem Menschen eine faszinierende „Welt des Geistes", in der er sich frei und lustvoll bewegen kann. Wenn er damit aber die letzte Ursache für die Entstehung der Welt und gar den Sinn seines Lebens ergründen möchte, gelangt er an eine unüberwindbare Grenze. Er kann sich vage vorstellen, dass die Welt von einem mächtigen, übernatürlichen Wesen erschaffen wurde. Dessen Existenz lässt sich jedoch weder beweisen noch widerlegen. Das gesammelte gegenwärtige Wissen der Menschheit über sich und die Welt verlangt nicht zwingend die Annahme eines solchen Wesens, das man Gott nennt, aber es rechtfertigt diesen Glauben. Denn wir kennen keine andere vernünftige Erklärung. Vor die „Gretchenfrage" gestellt haben wir nur die beiden Möglichkeiten: das Wagnis eines Glaubens an Gott und die Verweigerung einer Antwort, weil die entscheidenden Dinge nicht mit ausreichender Sicherheit erkannt werden können.

Ein aufmerksamer, sensibler Selbstbeobachter kann jedoch jenseits rationaler Überlegungen in seinem Bewusstsein Erfahrungen sammeln, die auf eine übernatürliche Realität hindeuten. Bewusst werdende Gefühle und Reaktionen aus dem Unbewussten sind das geheimnisvolle Tor zu einer anderen Welt. Gottesbegegnungen finden im Innersten des Menschen statt, in seiner Seele, die geistiger Natur ist und unsterblich

258

sein soll. Weil sie dort und nur dort stattfinden, ist Religion eine intime, höchst persönliche Angelegenheit. So betrachtet könnte man auch sagen, dass es so viele Religionen gibt, wie Menschen auf dieser Erde leben, gelebt haben und in Zukunft leben werden. Seine Religion ist für den Menschen zugleich die richtige und wahre.

Ob aufgrund eigener Überlegungen und Erfahrungen ein Gottesglaube gelingt, scheint stark davon abzuhängen, was wir uns unter Gott vorstellen. Man muss zugeben, dass es extrem schwierig ist, ein angemessenes Gottesbild zu gewinnen. Einige Grundforderungen sollten dabei erfüllt sein. So muss das Gottesbild mit dem gesicherten Wissen der Menschheit über die Entstehung und Entwicklung des Universums zumindest im Einklang stehen. Die unfassbaren Dimensionen in Raum und Zeit, die lange Entstehungsgeschichte unserer Welt und der damit verbundene Aufwand müssen sich darin widerspiegeln. Vielleicht sollte auch an den Umstand gedacht werden, dass die Welt nicht als fertiges Endprodukt geschaffen, sondern als Prozess initiiert wurde, in dem das Prinzip des Zufalls nicht ganz auszuklammern ist. In jedem Fall muss die in den erforschten Zusammenhängen erkennbare intelligente Ordnung Eingang in den Versuch einer Charakterisierung Gottes finden. Dies gilt besonders auch für die Wunder der Natur, für das Leben und die Entstehung der Lebensformen und für den Menschen einschließlich seiner kulturellen Entwicklung.

Bei der Beschränktheit unseres Erkennens wird man auch davon ausgehen müssen, dass die Kategorien unserer Sprache für eine Beschreibung Gottes nicht ausreichen. Deshalb ist zu allererst eine Andersartigkeit zu unterstellen. Als zentrale göttliche Eigenschaft wird immer wieder die Heiligkeit Gottes hervorgehoben. Diese kann man vielleicht gefühlsmäßig erfassen, aber kaum definieren. Auch auf Analogien, wie Weisheit, Macht und Gerechtigkeit Gottes, kann man nicht ganz verzichten, wenn man sich anschickt, Eigenschaften eines göttlichen Wesens zu postulieren. Die Kernaussage in diesem Beschreibungsversuch aber ist der Satz: „Gott ist die Liebe". Er befriedigt nicht nur unser subjektives Empfinden, er passt auch gut zu der Annahme einer Weiterentwicklung der Welt vom Materiellen hin zum Geistigen. Im Zuge dieser Entwicklung sollte die Menschheit einen Aufschwung erfahren, von ihrem in mancher Hinsicht grausam und abstoßend wirkenden animalischen Erbe hin zum Geist des Guten und Göttlichen. Der sprachliche Gleichklang von Gott und Gut (englisch: god und good) sollte kein Zufall sein. Man könnte sogar vermuten, dass dieser geheimnisvolle Prozess einmal in eine wunderbare, volle „geistige Wiedervereinigung" mit Gott münden könnte. Wer an die vielen aktuellen menschlichen Grausamkeiten in der Welt denkt, dürfte sich zwar gegen diese Annahme sträuben, aber könnte es nicht sein, dass wir noch ziemlich am Anfang eines mühevollen Weges stehen, auf dem es immer wieder Rückschläge gibt?

Normalerweise kommt der Mensch innerhalb von Kirchen und Religionsgemeinschaften mit Religion in Berührung. Deren Glaubenslehren beziehen sich zumeist auf „göttliche Offenbarungen", die den Religionsstiftern, wie berichtet wird, durch Visionen, Träume oder Engelsbotschaften zukamen. Diese „Selbstoffenbarungen Gottes" wurden in mündlichen Überlieferungen und Heiligen Schriften von Generation zu Generation weitergegeben. Das Christentum nimmt unter den sogenannten Offenbarungsreligionen insofern eine Sonderstellung ein, als hier Gott selbst in Menschengestalt auf die Erde gekommen sein soll, um sich in der Person *Jesu* den Menschen mitzuteilen. Das Ergebnis solcher Überlieferungen und ihrer Deutung sind Sammlungen von Glaubenssätzen, die den „Gläubigen" von den Kirchen zu glauben aufgegeben werden. Der Grund des Glaubens ist dabei nicht die Einsicht und selten eine innere Erfahrung, leider oft nur der blinde Gehorsam gegenüber den Weisungen der Kirche. Diese leitet ihre Autorität von der Autorität Gottes ab, in dessen Stellvertretung sie zu sprechen und zu handeln vorgibt. Die Wahrheit der oft weit her geholten Inhalte kirchlicher Glaubenssätze soll von Gott selbst garantiert sein. Da man den Menschen unserer Zeit, auch wenn sie für Religion aufgeschlossen sind, einen solchen Glaubensgehorsam nicht abverlangen kann, sollte sich niemand wundern, dass die „Gläubigen" die Inhalte nur auf sich wirken lassen, um zu prüfen, ob sie sich diese zu Eigen machen können. Der Versuch der Aneignung solcher Glaubenssätze kann misslingen, was oft zu Schwierigkeiten mit einer hierarchisch strukturierten Kirche führt, die unduldsam ist, wenn Vorbehalte gegenüber ihrer Lehre gemacht werden. Das sollte aber keinen abhalten, auf seine innere Stimme zu hören und zu seiner Religion die Haltung einzunehmen, die ihm möglich ist.

Alle mit einem Wahrheitsanspruch verbundenen Glaubenssätze in das persönliche Glaubensgut zu integrieren ist schwierig und wird zunehmend schwieriger, weil das in den kirchlichen Lehren enthaltene Denken über Gott und die Welt von der allgemeinen kulturellen Entwicklung der Menschheit abgekoppelt zu sein scheint. Für den denkenden Gläubigen einer Kirche wird es immer unwahrscheinlicher, sich die gesamte Lehre, ohne Abstriche, aneignen zu können. Daran wird sich nichts ändern, solange die Kirchen prinzipiell an der Unabänderlichkeit ihrer hauptsächlich biblisch begründeten Glaubenslehren festhalten und notwendige Anpassungen unterlassen.

Trotzdem ist es empfehlenswert, sich einer religiösen Gemeinschaft anzuschließen, weil Religionen, wie am Beispiel des Christentums gezeigt wird, über eine reiche Spiritualität und über einen großen Schatz ansprechender kultischer Formen verfügen. Der besondere Charakter der Gottesbeziehung verlangt jedoch, dass der Gläubige, obgleich eingebunden in eine Gemeinschaft, in seiner persönlichen Beziehung zu Gott frei und unabhängig bleibt.

Das in diesem Buch angedeutete Gottesbild und die dargestellte Art des Glaubens ermöglichen mir, auch in dieser Zeit, auf der Grundlage eines modernen Welt- und Menschenbildes, gottgläubig zu sein. **So und nur so kann ich glauben.** Das sollte auch für viele Mitmenschen, die ihre Religion innerhalb einer Gemeinschaft leben wollen, sich aber mit der Glaubenslehre ihrer Kirche nicht mehr voll identifizieren können, möglich sein. Ob und inwieweit Kirchen und Glaubensgemeinschaften eine solche Haltung ihrer Mitglieder tolerieren, dürfte für die Zukunft die alles entscheidende Frage sein.

Die Weiterentwicklung kirchlicher Lehren ist wünschenswert und auf lange Sicht auch notwendig. Aber man darf keine raschen Änderungen erwarten, weil es schwierig ist, konsensfähige Anpassungen zu finden. Bis sie gefunden sind, müssen die Gläubigen auf die Bereitschaft ihrer Kirchen hoffen, mehr Freiheit für einen individuellen Glauben zu gewähren. Niemand sollte seine Religionsgemeinschaft wegen einer abweichenden

Meinung verlassen müssen und so seine geistige Heimat verlieren. Nach dem Wort *Jesu* „In meines Vaters Haus sind viele Wohnungen" (Joh 14, 2), könnten in der Kirche unter einem weiten Dach viele „Gläubige" ihren Platz finden. Man sollte dort sogar allen ein Wohnrecht einräumen, die in sich mehr zu entdecken bereit sind als bloßen Materialismus und Durchsetzungsmentalität.

Prof. Dr. Hans Georg Sergl
Fachzahnarzt für Kieferorthopädie
und Diplom-Psychologe

Vita

- 1936 in München geboren, römisch-katholisch getauft
- Seit 1964 verheiratet, Vater zweier Töchter
- Abiturient des Wilhelms-Gymnasiums München
- Student der Zahnheilkunde an der Ludwig-Maximilians-Universität München
- Kieferorthopädische Fachausbildung und
- Zweitstudium der Psychologie an der Friedrich-Alexander-Universität Erlangen-Nürnberg
- Oberarzt an der Georg-August-Universität Göttingen
- 27 Jahre Inhaber eines Lehrstuhls für Kieferorthopädie und Klinikleiter an der Johannes-Gutenberg-Universität Mainz
- Präsident der European Orthodontic Society
- Ehrenmitglied mehrerer wissenschaftlicher Fachgesellschaften
- 2001 Emeritierung

*Im Ruhestand (ab 2001) kam der Autor, anknüpfend an sein früheres Studium der Psychologie und die wissenschaftliche Beschäftigung mit Fragen der Psychosomatik, über eine Weiterbildung in „Traumarbeit" zum Thema **„Religion"**. Die Überlegungen, die er hierzu angestellt und in diesem Buch niedergelegt hat, könnten auch für andere Gottsucher, Gläubige und Zweifler hilfreich, Orientierung gebend und entlastend sein.*

Im Folgeband:
Vom Gottglauben zur Religion als Element
des persönlichen und gesellschaftlichen Lebens

Hans Georg Sergl

Im Kraftfeld
der Liebe Gottes

Religion, wie ich sie verstehe

Taschenbuch (408 Seiten)   ISBN 978-3-7439-8476-9   16,99€
Gebundene Ausgabe (408 S.)   ISBN 978-3-7439-8477-6   24,99€
e-Book (408 Seiten)   ISBN 978-3-7439-8478-3   2,99€

Die Bücher sind erhältlich:
    im Verlagsshop: www.tredition.de/buchshop
    im Online-Buchhandel
    in allen Buchhandlungen

Zum Inhalt:

> Der Autor greift Gedanken aus seinem vorangegangenen Buch zum Thema „Gottesglaube" auf.

> Glaube ist Grundlage und Voraussetzung für Religion, aber diese erschöpft sich nicht in Glaubensfragen.

> „Religion" umfasst auch:
> - die Spiritualität der religiösen Lehre
> - die Strukturen der sie verkündenden Kirche
> - die Formen ihres Kults (Gottesverehrung)
> - ihre Ansprüche an die Moral der Gläubigen
> - die typischen Erwartungen an ein „Jenseits"

> Das individuelle Gottesbild eines Menschen ist bestimmend nicht nur für seine Glaubensentscheidung sondern auch für die Art seiner Gottesbeziehung.

> Die Möglichkeit, mit dem Göttlichen in Berührung zu kommen, findet der Mensch in seinem Inneren, in seiner Geistseele.

> Eine Kirche kann ihn dabei unterstützen, indem sie ihm das Sakrale nahe bringt.

> Kirchen haben in ihren Lehren lange Zeit das Bild eines fordernden und strafenden Gottes vermittelt.

> Weil Gott aber die Liebe ist, sollte auch die Ethik von diesem Grundsatz her definiert werden.

> Wie die Anziehungskraft der Sonne dafür sorgt, dass auch der kleinste, weit entfernt kreisende Himmelskörper auf seiner Umlaufbahn gehalten und nicht durch seine Fliehkraft in die finsteren Weiten des Alls hinausgetragen wird, sollte die unendlich große Liebe Gottes garantieren, dass keines seiner Geschöpfe verloren geht.